R. P. HUC

PRÊTRE MISSIONNAIRE DE LA CONGRÉGATION DE SAINT-LAZARE

SOUVENIRS D'UN VOYAGE DANS LA TARTARIE LE THIBET ET LA CHINE

-- II --

DANS LE THIBET

Nouvelle édition publiée et préfacée par

H. D'ARDENNE DE TIZAC

Conservateur du Musée Cernuschi

Avec carte et portrait

PARIS

LIBRAIRIE PLON

PLON-NOURRIT ET Cie, IMPRIMEURS-ÉDITEURS

8, RUE GARANCIÈRE-6e

Tous droits réservés

SOUVENIRS D'UN VOYAGE
DANS LE THIBET

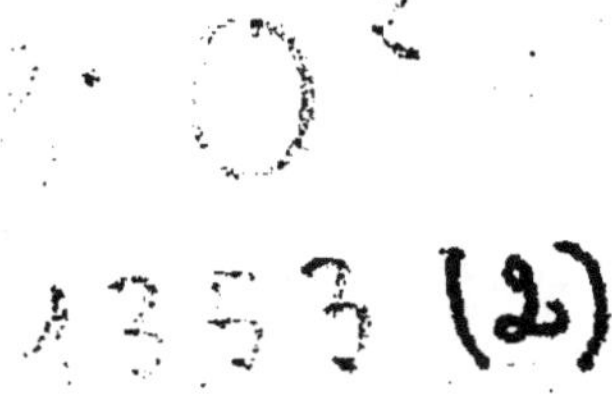

LE R. P. HUC EN COSTUME CHINOIS

Extrait de la nouvelle édition des " Souvenirs du P. Huc ",
annotée et illustrée par J.-M. Planchet, missionnaire
lazariste (Pékin, 1924.)

R. P. HUC

SOUVENIRS D'UN VOYAGE DANS LA TARTARIE LE THIBET ET LA CHINE

— II —

DANS LE THIBET

Nouvelle édition publiée et préfacée par

H. D'ARDENNE DE TIZAC

Conservateur du Musée Cernuschi

Avec carte et portrait

PARIS

LIBRAIRIE PLON

PLON-NOURRIT et Cⁱᵉ, IMPRIMEURS-ÉDITEURS

8, RUE GARANCIÈRE-6ᵉ

Tous droits réservés

PRÉFACE

Quand le Père Huc et son compagnon, le Père Gabet, abordèrent les hauts plateaux thibétains, ils ne possédaient pas le moindre aperçu des populations parmi lesquelles leur zèle apostolique allait les jeter. Point de notions justes, nulle préparation d'esprit, c'est vrai ; mais, d'autre part, aucune de ces idées préconçues qui faussent aisément le jugement des voyageurs. Si les vues du Père Huc sur le Thibet n'atteignent pas toujours au cœur des institutions ni des croyances, elles charment, en revanche, par une merveilleuse fraîcheur. Un assez long séjour en Tartarie avait donné aux missionnaires la pratique des tribus mongoles, et le parcours de la Terre des Herbes ne leur ménageait pas trop d'occasion de s'étonner. Mais au Thibet, tout leur devient nouveau, saisissant, inattendu : ajoutez que les péripéties du voyage les exposent aux plus redoutables périls, par la rudesse de la nature autant que par la malice des hommes. De là, l'intérêt encore plus puissant qu'offre cette partie de leur relation.

***

Nous les avons laissés à la limite du pays désolé des Alechan, ayant décidé de traverser la province chinoise du Kan-Sou et d'atteindre le Thibet par le Koukou-Noor. Que voulaient-ils ? Saisir le lamaïsme

*à son état pur, l'attaquer dans son sanctuaire d'ori-
gine, le plus mystérieux, le plus inaccessible, le plus
révéré : en un mot planter la croix à Lha-Ssa.*

*Mais il y avait chez le Père Huc, peut-être sans
qu'il le sentît, un aiguillon tout aussi vif que le désir
de propager sa foi. Plus on s'attache à cette figure —
et c'est plaisir de voir comme elle s'élève et s'éclaire —
plus elle apparaît abondante, moins simple assurément qu'on ne l'attendait. On découvre dans ses ori-
gines deux éléments bien curieux : d'abord toute une
lignée d'esprits actifs, indépendants, tenaces, prompts
à s'élancer sur tout mouvement revendicatif, qu'il soit
cathare ou huguenot, — puis, parallèlement, un goût
marqué pour l'aventure, chez ceux-là mêmes qui res-
taient attachés aux croyances traditionnelles : la
branche catholique de sa famille s'établit à la Marti-
nique sous Louis XIV, et le propre père du missionnaire naît aux Antilles. Quels héritages recueille ainsi
notre Régis-Évariste, quand il vient au jour, en 1813,
sur les bords dorés de la Garonne!*

*« On retrouve chez Régis-Evariste (dit sa descen-
dante Mme Huc-Maryx, dans des Souvenirs de famille dont elle a l'extrême obligeance de me communiquer quelques pages), on retrouve ces traits des races
ardentes chez lesquelles, de tout temps, on naît un peu
insurgé. Ce double atavisme, à lui seul, expliquerait
humainement l'aventureuse ardeur, la fièvre d'imagination qui l'arrachèrent, à peine entré dans la congrégation de Saint-Lazare, au professorat, pour le
diriger vers les routes, alors spécialement périlleuses,
de l'Extrême-Orient. Logiquement ces forces secrètes
pouvaient aussi bien en faire un marin ou un soldat
colonial. L'élément mystérieux de la vocation religieuse intervint, au moment où il dut faire choix d'une
carrière, d'une façon telle qu'il paraîtrait difficile de
ne pas y voir la marque d'une singulière prédestination.*

Le lecteur nous saura gré de rapporter les circonstances, jusqu'ici inconnues, de cette vocation. « Sa mère, femme d'une grande piété et d'âme simple (écrit encore Mme Huc-Maryx), avait perdu plusieurs enfants, ou âgés à peine de quelques mois, ou ayant succombé à des couches malheureuses. Sa dévotion, jointe à d'assez naturelles appréhensions, la porta, lorsqu'une fois encore elle se sentit mère, à faire le vœu — d'une imprudence que l'Église elle-même réprouve — que l'enfant attendu, si elle le conservait, serait prêtre ou religieuse. Cet enfant vécut, grandit, et ce fut précisément Régis-Évariste. Or, et c'est ici que, presque visiblement, l'action providentielle se fait sentir : Rose Huc, soit que réellement elle eût oublié sa téméraire promesse, soit qu'elle redoutât le conflit qui pouvait en résulter, ne parla jamais à son fils de ce vœu. Et spontanément l'adolescent vint un jour lui avouer le penchant qui l'entraînait à la fois vers la prêtrise et vers les missions.

« Elle joignit les mains, racontait sa fille (morte centenaire en 1917; et qui, de quatre ans seulement moins âgée que son frère, tenait ce récit de lui-même ou de leur mère), elle joignit les mains, garda un instant le silence, et répondit à Évariste : «Dieu, mon fils, ne pouvait me faire une plus grande grâce, ni moins méritée. Quant à la douleur infligée par de telles séparations et les dangers que tu pourras courir, je l'accepte, je dois l'accepter comme le châtiment de mon vœu trop imprudent d'abord, et ensuite de ma négligence à te diriger dans cette voie! » Après quoi, disait avec une simplicité biblique Mlle Huc lorsqu'elle racontait cette scène, ils prièrent ensemble, et elle fut consolée. »

*

***

De telles indications ne sont pas inutiles pour comprendre les sentiments qui agitaient le Père Huc quand il résolut de pénétrer jusqu'à la capitale du Thibet. Souvenons-nous que Lha-Ssa, d'où tout Européen se voit rigoureusement exclu aujourd'hui encore, était, il y a cent ans, le lieu du monde qu'enveloppaient les plus fabuleuses légendes. Le zèle apostolique animait le jeune missionnaire, mais assurément était-il excité par le sang hardi qui travaillait ses veines. S'il brûlait de professer sa croyance, le plus grand péril, le parti le plus téméraire attiraient aussi naturellement son choix.

Le voyage du Thibet se place au moment où le Père Huc était dans la pleine force de son âge et réunissait les meilleures chances de réussir. Les notes qu'il a laissées montrent qu'il se sentait au point culminant de ses facultés. La congrégation qui l'avait accueilli avait su reconnaître, dès le début, la nature de ce prosélyte de choix : quand il débarqua à Macao, en juillet 1839, on le revêtit des propres vêtements sous lesquels le Père Perboyre venait d'être torturé et mis à mort, et c'est vers la Mongolie, point extrême des missions, qu'il fut dirigé bientôt. Langage et mœurs mongols, il les connut et les aima vite. Mais son esprit aventureux le poussait plus loin, plus haut. En 1842, la Mongolie est érigée en vicariat : parfaite occasion pour partir, quelques mois plus tard, dans le but avoué de reconnaître les limites de la circonscription nouvelle, mais avec le dessein secret « d'aller à la source des superstitions qui dominent la Haute Asie. »

Par hasard, la source des superstitions se trouve enfermée dans une contrée défendue par un terrible climat et par une politique implacable. Quelles pers-

pectives pour un cœur épris d'aventures! Le Père Huc obtint vite de son compagnon une adhésion à ce projet magnifique. Pauvre Père Gabet! il eût hésité peut-être, si, d'avance, il se fût vu livide, aux trois quarts congelé, roulé dans des couvertures et ficelé sur le dos d'un chameau, objet de curiosité pour les brigands rencontrés en route et qui examinaient avec curiosité ce paquet bizarre.

Quant au Père Huc, son tempérament lui permettait de mieux supporter les rigueurs du froid et les épuisantes fatigues de la route. C'est aux pires moments que l'âme audacieuse des ancêtres l'entraînait, le portait, le soulevait. Sa verve garonnaise lui venait aussi en aide. « M. Huc, dit encore Mme Huc-Maryx qui a si finement pénétré ce caractère, tenait de la nature les dons indispensables au voyageur : l'ardente curiosité d'esprit, la passion de tout voir et de tout comprendre, l'absence de préjugés étroits, la bonne humeur qui se plie à tous les incidents, même douloureux, de la vie nomade. Il ne l'accepte pas, cette existence incertaine; il l'aime; il l'épouse avec ardeur... Il se distinguait encore par un secret filon de gaïeté, une sorte de gaminerie innée que l'on voit percer chez lui aux minutes les plus graves, les plus menaçantes même. Elle lui inspire, pour faire face aux situations les plus critiques, les plus ébouriffantes audaces, et qui réussissent. Ce trait apparaît à la fin du séjour au Thibet, lorsque cité devant l'ambassadeur Ki-Chan et le Régent, il fait du prétoire une école où les juges, docilement, épellent des mots français. Il éclate surtout d'un bout à l'autre dans ces deux volumes de l'Empire Chinois, où M. Huc conte ce que l'on peut appeler « la Retraite de Chine » des missionnaires captifs, gardés à vue, livrés à des satellites sans scrupules, dépourvus de tout appui européen : on les voit, par leur volonté, leur force d'âme, je dirai même par *leur courageuse et originale fantaisie, transformer en marche à demi triomphale ce périlleux retour à Macao. Malgré l'abandon, la distance, la maladie, les périls de toute sorte, les subtiles tentations secrètes de la terreur et du désespoir, je crois fermement qu'ils ne se sont jamais tant amusés de leur vie. » Et si, après des années et des années, nous goûtons un si joli plaisir au récit des voyageurs, c'est, en effet, « qu'ils se sont amusés »; c'est leur gaieté qui donne aux lignes du Père Huc un bondissement si jeune, si leste!*

***

Au mérite d'être les premiers Européens, explorateurs authentiques de Lha-Ssa au dix-neuvième siècle, les deux lazaristes joignent l'originalité d'un itinéraire que peu de voyageurs ont suivi après eux. La plupart de leurs successeurs ont pris pour base l'Inde anglaise. Eux, ayant lentement et difficilement cheminé pendant dix-huit mois en transportant leur tente à travers la Terre des Herbes, écornèrent la province chinoise du Kan-Sou, parcoururent le Koukou-Noor, et se trouvèrent aux prises avec les effrayantes difficultés que les marches orientales du Thibet dressent sur la route de Lha-Ssa.

Ils s'étaient si peu préparés à ce voyage qu'ils ignoraient la langue même du pays où ils se risquaient. Il fallut le hasard d'une halte forcée à la lamaserie de Kounboum pour qu'ils prissent un maître qui leur fît commencer cette étude, continuée et perfectionnée quelques mois plus tard dans le propre palais du Régent du Thibet, à Lha-Ssa. Il ne semble pas que cette lacune les ait beaucoup gênés dans leur marche; ils ne dissimulaient pas leur qualité d'étrangers.

Assurément, l'accès du Thibet est devenu plus ardu depuis un siècle. Pour atteindre la capitale, nos mis-

sionnaires eurent à surmonter les obstacles naturels, plus que le mauvais vouloir des populations. Les autorités de Lha-Ssa leur furent favorables; elles redoutaient les Anglais, dont l'avance par l'Inde leur donnait à penser, et surtout les Chinois qui ne cessaient d'intriguer pour assumer une mainmise diplomatique et militaire sur le pays, mais les étrangers d'une autre origine ne leur étaient guère suspects, et les ennuis que les missionnaires subirent à Lha-Ssa, et qui se terminèrent par leur expulsion, furent suscités uniquement par l'ambassadeur chinois. Ils s'attendaient aux persécutions, même au martyre : selon leur propre témoignage, le Régent leur fit un accueil gracieux, s'intéressa à la religion qu'ils prêchaient, et les soutint en secret, autant qu'il le put, contre les menées de l'ambassadeur.

La politique thibétaine est devenue autrement hostile. La menace étrangère l'a jetée dans une aveugle opposition à toute intrusion du dehors. Le désastre de la mission française Dutreuil de Rhins, en 1894, n'est qu'un épisode de cette lutte implacable. Les Pères Huc et Gabet voyageaient sans contrainte, en proclamant leur qualité de ministres du Seigneur du Ciel, de Lamas du ciel d'Occident. Tout près de nous, au contraire, Mme Alexandra David dut se déguiser en mendiante, et M. Montgomery Mac Govern, se donner pour le domestique de ses propres domestiques, afin de pénétrer à Lha-Ssa; et M. Mac Govern ayant déjoué les pièges des policiers qui le guettaient tout le long du chemin, vit la populace assiéger sa maison dans la capitale, et reprit en hâte la route de Darjeeling. Si bien que deux malheureux missionnaires, isolés, sans appui, privés de tout secours, jouirent, il y a presque cent ans, de plus de facilités qu'un voyageur moderne pour connaître les mœurs de ce pays.

**

Les tableaux qu'en a retracés le Père Huc ont tout le pittoresque, la vivacité, la belle humeur de ceux de la Tartarie; la touche en est même plus colorée, car le voyageur se trouvait en présence de spectacles entièrement neufs, sur lesquels sa sensibilité ne s'était pas émoussée. Les scènes piquantes, les notes malicieuses abondent, jetées sur la page avec ce style à la fois élégant et rapide qui n'en est pas le moindre agrément. Nos yeux, fatigués par l'accumulation des épithètes littéraires et par le fatras d'inutiles détails dont abuse notre époque, se reposent avec plaisir sur les paysages, de dessin sobre et de couleur juste, que le conteur place çà et là sans effort, comme d'une plume négligente.

Il avait l'esprit éveillé de sa race; un incident amusant, un trait imprévu excitent aussitôt sa verve. La ville de Tang-Keou-Eul, peuplée de matamores, les lamaseries de Kounboum et de Tchogortan, l'antique Akayé, l'étudiant bègue, l'avare Kitat-Lama, l'histrionesque Sandara-le-Barbu, nous avons vécu dans ces lieux, et ces personnages restent pour nous des amis. Même vivacité quand il s'agit de décrire l'aspect, les coutumes, l'agitation des habitants de Lha-Ssa, les scènes d'un comique riche et savoureux avec l'ambassadeur Ki-Chan, enfin, ce trajet de retour, semé de dangers dans des contrées terribles, mais où la silhouette du burlesque mandarin Ly, le Pacificateur des Royaumes, fait de temps en temps des apparitions si drôles. Et je donnerais comme modèle à beaucoup de nos romanciers tel petit épisode de vingt lignes, comme la séparation du Pacificateur et de son épouse thibétaine.

Nul ne prétend que le narrateur d'un simple et rapide voyage ait eu, du Thibet, des vues entières et définitives. Son séjour fut trop court et trop accidenté, sa *préparation* — *je l'indiquais plus haut* — *trop insuffisante. Souvent il n'a vu et ne pouvait voir que l'extérieur des choses, par exemple du lamaïsme; mais ceci mérite quelque développement.*

*
* *

Le Père Huc insiste à plusieure reprises sur les analogies du catholicisme et du lamaïsme. Il est saisi d'étonnement en voyant le Grand-Lama de Koun-boum, visitant les Fleurs de beurre, dans un costume « qui est rigoureusement celui des évêques » : mitre en tête, crosse en main, et, sur les épaules, un manteau de taffetas violet, retenu sur la poitrine par une agrafe, et semblable en tout à une chape. Le missionnaire note d'autres ressemblances : office à deux chœurs, psalmodie, exorcismes, encensoir soutenu par cinq chaînes, façon de bénir, chapelet, célibat ecclésiastique, retraites spirituelles, culte des saints, jeûnes, processions, litanies, eau bénite, — « voilà, dit-il, autant de rapports que les bouddhistes (du Thibet) ont avec nous. » Ce n'est pas tout : l'organisation théocratique du Thibet lui paraît calquée sur le gouvernement ecclésiastique des États pontificaux, le Talé-Lama correspondant au Pape. Et le Père Huc ne cache pas que ces rapports ne semblent pas dus au hasard : il y voit des traces d'une prédication catholique qui se serait implantée profondément au Thibet vers le quatorzième siècle.

L'histoire reste sceptique sur cette supposition. Si je me souviens bien, la congrégation des Lazaristes fit des réserves sur le bien-fondé des rapprochements signalés par son missionnaire, et elle n'eut pas tort. L'énumération qu'il faisait garde sa justesse en plusieurs points, mais de simples rencontres de détail, sur des parties de rituel ou de costume qui sont communes à bien des cultes, n'impliquent aucun contact direct, encore moins aucune relation entre deux religions dont l'essence demeure absolument dissemblable.

Il faudrait, déjà, écarter le dogme fondamental de la transmigration, pour pouvoir rapprocher quelques sentences communes du bouddhisme et du catholicisme, par exemple sur le pardon des fautes. Mais le lamaïsme n'est qu'une forme très altérée du bouddhisme, et ses altérations mêmes l'écartent encore davantage des dogmes catholiques.

*
* *

Le bouddhisme indien n'atteignit le Thibet que tard, au septième siècle. Il était chargé d'influences civaïtes; et comme le pays où il s'insinuait était, par excellence, la terre des magiciens, on voit quelles impuretés vinrent s'amalgamer à lui. Le réformateur Tsong-Kaba, au quatorzième siècle, tenta de le ramener dans la tradition orthodoxe. En réalité, et sous la pression des superstitions populaires, le lamaïsme resta pénétré d'esprit tantrique et de sorcellerie.

Dans ce dur Thibet, sous le climat le plus âpre du monde, l'imagination, écrasée par un ciel menaçant, assaillie par des vents d'une violence sauvage, secouée sans repos entre l'épouvante et la douleur, se contracte, se pervertit, prend refuge dans les complications d'une théurgie cruelle que souille le sang, qu'encombre la mort. Où sont les claires nuits qui permettaient aux pasteurs chaldéens de lire le secret de l'univers, dans les étoiles? L'étouffante végétation de l'Inde alourdit les sens, mais donne à la pensée un puissant aliment par le spectacle de la vie sans cesse en gestation et en transformation. Ici, au Thibet, des plateaux glacés, des monts, des nuées, la neige stérile ou le rocher nu, et des moines entassés par milliers dans leurs lamaseries, ou bien solitaires, reclus, immobiles, vivant durant des années au fond d'une petite grotte inaccessible.

D'où viendrait une pensée douce? Aussi trouve-t-on sans étonnement, parmi les accessoires du culte, des coupes libatoires formées d'un crâne, des os humains employés comme flûtes, des tambours magiques faits de calottes craniennes accolées, et ces terrifiants masques de goules et de démons, usités pour les danses sacrées. A côté des figures bouddhiques traditionnelles, Bouddha central, Dhyani-Bouddhas, Bodhisattvas, le lamaïsme invente une infinie quantité de divinités mâles ou femelles, où le goût de la mort se mêle à une sensualité farouche. Voici, au hasard, Marici aux trois têtes, assise sur son porc, Çridevi, guidée par l'ogresse à tête de lion et tenant à la main le crâne de son fils, l'effroyable Yamantaka à tête de taureau, Yama, dieu des morts, debout sur le taureau et brandissant un sceptre formé d'un squelette d'enfant, la yogini Laksmikara à la tête ornée d'un diadème de crânes, et le mahasiddha Kapalika qui pendant neuf ans pratiqua le culte mystique à l'aide d'ornements faits avec les os de ses fils, et d'une coupe qui était le crâne de sa femme.

J'ai sous les yeux une petite peinture : une vingtaine de personnages y sont dessinés minutieusement en or sur fond noir. Rien ne peut rendre sa douceur chatoyante, relevée çà et là par quelques touches roses, vertes ou bleu de ciel. Mais si l'on examine le détail des figures, c'est pour s'apercevoir que cet ensemble délicat n'est formé que de scènes hideuses et macabres. Au centre, une divinité à face de porc, dont les cheveux de flammes sont parsemés de têtes de mort, danse férocement sur un être humain, nu; autour d'elle, des gardiens, comme lui parés de têtes de mort, gambadent, brandissant des viscères, et l'un d'eux porte sur son dos un cadavre renversé dont les jambes se nouent sous son menton. Est-ce tout? Non. Des divinités, tenant des membres ou des têtes fraîchement coupés, chevauchent mulets, taureaux, oiseaux; plus haut, un corps décapité marche tout dégoulinant de sang; un pendu lui fait face; çà et là, des têtes, des troncs, des ossements, un homme empalé par la poitrine; une divinité à corps et à coiffure de reptiles s'élève d'un buisson de foudres et de nuages précieusement enroulés, tandis qu'à sa droite et à sa gauche un chien se repaît d'un cœur, un tigre dévore une tête humaine.

Toute peinture du Thibet n'accumule pas tant d'images épouvantables, mais sous la plus gracieuse on trouve ce goût du supplice, cette hantise du cadavre. Je pense à une inoubliable Dakini dansant, de la collection Goloubew. Peut-on rêver corps plus onduleux, déhanchement plus lascif? Sur un fond d'un bleu lapis, la goule, entourée de flammes rousses, danse avec une légèreté et une indifférence suprêmes; sa tête est couronnée de crânes et de fleurs; un vaste collier de têtes coupées s'enroule autour de ses épaules, de son buste, de ses cuisses; elle foule un être humain dont le corps rose et nu se tord sans que l'on puisse dire si c'est de volupté ou de douleur. Et comme cadre à cette danse horrible et délicieuse, les nuages ondulent, les sources s'écoulent, les fleurs s'épanouissent, le cerf poursuit la biche sur des pentes gazonnées; à peine si, çà et là, des têtes sourient ou grimacent au milieu des fleurs, pour rappeler combien la souffrance est proche du plaisir, la mort de la vie. Est-il possible d'exprimer plus clairement, plus volontairement, le mépris tranquille du monde pour la créature, ce qu'il y a d'innocent, d'implacable et de cruel dans la destinée?

Ni le catholicisme, ni le bouddhisme hindou, n'ont jamais pensé à donner de tels ornements aux figures qu'ils ont créées, et les rapprochements dénoncés par le

Père Huc entre le rituel de Rome et celui de Lha-Ssa sont bien peu de chose, quand on pense aux oppositions fondamentales qui séparent les deux religions.

On ne doit pas croire, bien entendu, que les inventions de quelques solitaires, si elles ont imprégné l'imagerie religieuse du Thibet, aient atteint à égal degré le sentiment populaire. Le Père Huc a fort bien noté la gaieté et la bonhomie de la foule de Lha-Ssa. La grande majorité des Lamas eux-mêmes ne rêve ni d'égorgement, ni de dépeçage, ni peut-être de rien du tout. Les obligations de la vie monacale les occupent; en dehors des cérémonies, ils sont médecins, herboristes, enlumineurs, imprimeurs, voire bousiers; et beaucoup sont pareils à ce vieux et sec Akayé, que le Père Huc nous montre grommelant sans arrêt quelque formule de prière, « tout en grattant la peau rude et sonore de ses bras. »

H. D'ARDENNE DE TIZAC.

SOUVENIRS D'UN VOYAGE
DANS LE THIBET

CHAPITRE PREMIER

Arrivée à Tang-Keou-Eul. Comment parvenir au Thibet?

Après avoir traversé plusieurs torrents, gravi grand nombre de collines rocailleuses, et franchi encore deux fois la grande muraille, nous arrivâmes à *Tang-Keou-Eul.* Nous étions au mois de janvier ; quatre mois à peu près s'étaient écoulés depuis notre départ de la *Vallée-des-Eaux-Noires. Tang-Keou-Eul* est une petite ville, mais très populeuse, très active et très commerçante. C'est une véritable tour de Babel : on y trouve réunis les Thibétains orientaux, les *Houg-Mao-Eul* ou Longues-Chevelures, les Oelets, les Kolo, les Chinois, les Tartares de la mer Bleue, et les Musulmans descendants d'anciennes migrations du Turkestan. Tous portent dans cette ville le caractère de la violence. Chacun marche dans les rues armé d'un grand sabre et affectant dans sa démarche une indépendance féroce. Il est impossible de sortir sans être témoin de quelque bataille.

Tout cela était à merveille ; mais en définitive, qu'allions-nous devenir? Cette question ne laissait pas que de nous préoccuper, et de nous tourmenter un peu.

II.   I

A cette heure il s'agissait de poursuivre notre plan, et de pénétrer jusqu'à Lha-Ssa, capitale du Thibet. Or, la chose semblait hérissée de difficultés presque insurmontables. *Tang-Keou-Eul* était pour nous comme des colonnes d'Hercule, avec leur désolant *Nec plus ultra*, « Vous n'irez pas plus loin. » Cependant nous avions déjà parcouru trop de chemin pour être accessibles au découragement. Nous apprîmes que presque annuellement des caravanes partaient de Tang-Keou-Eul, et finissaient par arriver jusqu'au cœur du Thibet. Il ne nous en fallait pas davantage ; ce que d'autres hommes entreprenaient et exécutaient, nous avions la prétention de l'entreprendre et de l'exécuter aussi ; cela *ne nous paraissait pas au-dessus de nos forces.* Il fut donc arrêté que le voyage se ferait jusqu'au bout, et qu'il ne serait pas dit que des missionnaires catholiques auraient moins de courage, pour les intérêts de la foi, que des marchands pour un peu de lucre. La possibilité du départ étant ainsi tranchée, nous n'eûmes plus à nous occuper que de l'opportunité.

Notre grande affaire fut donc de recueillir tous les renseignements possibles sur cette fameuse route du Thibet. On nous en dit des choses affreuses ; il fallait, pendant quatre mois, voyager à travers un pays absolument inhabité, et par conséquent faire, avant de partir, toutes les provisions nécessaires. Dans la saison de l'hiver, le froid était horrible et souvent les voyageurs étaient gelés ou ensevelis sous *des avalanches de neige.* Pendant l'été, il s'en noyait un grand nombre ; car il fallait traverser de grands fleuves, sans pont, sans barque, n'ayant d'autre secours que des animaux qui souvent ne savaient pas nager. Puis par-dessus tout cela venaient les hordes de brigands, qui à certaines époques de l'année parcouraient le désert, détroussaient les voyageurs, et les abandonnaient, sans habits et sans nourriture, au milieu de ces épouvantables contrées ; enfin on nous racontait des choses à faire dresser les cheveux sur la tête. Ces récits, en apparence fabuleux, ou du moins très exagérés, étaient toutefois les mêmes dans toutes les bouches, et toujours d'une effrayante uniformité. On pouvait d'ailleurs voir et interroger, dans les rues de Tang-Keou-Eul, quelques Tartares-Mongols, qui étaient comme les pièces justificatives de ces longues histoires d'aventures tragiques ; c'étaient les débris d'une grande caravane, assaillie l'année précédente par une troupe de brigands. Ils avaient trouvé moyen de s'échapper, mais leurs nombreux compagnons avaient été abandonnés à la merci des Kolo (brigands). Tous ces renseignement, incapables d'ébranler notre résolution, furent seulement pour nous un motif de ne pas précipiter notre départ, et d'attendre une bonne occasion.

Il y avait six jours que nous étions à Tang-Keou-Eul, lorsqu'une petite caravane de Tartares-Khalkhas vint mettre pied à terre dans notre Maison de repos. Elle arrivait des frontières de la Russie, et s'en allait à Lha-Ssa pour rendre hommage à un tout jeune enfant, qui, disait-on, était le fameux *Guison-Tamba* nouvellement transmigré. Quand ces Tartares surent que nous attendions une occasion favorable pour nous acheminer vers le Thibet, ils furent au comble de la joie ; car ils voyaient que leur petite troupe allait inopinément se grossir de trois pèlerins, et en cas de guerre contre les Kolo, de trois combattants. Nos barbes et nos moustaches leur donnèrent une haute idée de notre valeur, et nous fûmes spontanément décorés par eux du titre de *Batourou* (braves). Tout cela était fort honorable et fort engageant. Cependant, avant de nous décider au départ, nous voulûmes préalablement faire quelques paisibles et mûres réflexions. La caravane qui encombrait la grande cour de la Maison de repos, ne comptait que huit hommes ; tout le reste n'était que chameaux, chevaux, tentes, bagages et instruments de cuisine ; il est vrai que ces huit hommes, à les entendre, étaient tous des foudres de guerre. Au moins étaient-ils armés jusqu'aux dents ; ils venaient étaler en notre présence leurs fusils à mèche, leurs lances, leurs flèches, et surtout une pièce d'artillerie, un petit canon de la grosseur du bras ; il était sans affût, mais bien ficelé entre les deux bosses d'un chameau ; il devait produire un effet merveilleux. Tout cet appareil guerrier était peu fait pour nous rassurer ; d'autre part, nous comptions médiocrement sur l'influence morale de nos longues barbes. Il fallait pourtant prendre une détermination ; les Tartares-Khalkhas nous pressaient vivement, et nous répondaient d'un succès complet. Parmi les personnes désintéressées en cette affaire, les unes nous disaient que l'occasion était excellente, qu'il fallait en profiter ; d'autres assuraient que c'était une imprudence, qu'une si petite troupe serait infailliblement *mangée par les Kolo :* qu'il valait mieux, puisque nous n'étions pas pressés, attendre la grande ambassade thibétaine.

Nous attendrons la grande ambassade.
Visite d'un prince du Koukou-Noor.

Cette ambassade ne faisait guère que d'arriver à Péking ; elle ne pouvait être de retour que dans huit mois. Ce long retard nous parut ruineux. Comment, avec nos modiques ressources, nourrir dans une auberge cinq animaux pendant un si long temps? Ayant tout pesé, tout calculé..., A la garde de Dieu, dîmes-nous, et partons. Nous annonçâmes notre résolution aux Tartares qui en furent dans l'enthousiasme. Aussitôt le chef de la Maison de repos fut chargé de nous acheter de la farine pour quatre mois. — Pourquoi des provisions pour quatre mois? nous dirent les Tartares. — On dit que la route est de trois mois au moins, il est bon de s'approvisionner pour quatre, en cas d'accident. — C'est vrai ; l'ambassade thibétaine met beaucoup de temps à faire cette route. Mais, nous autres Tartares, nous voyageons autrement ; il nous faut au plus une lune et demie ; nous allons au galop, tous les jours nous parcourons à peu près deux cents lis (vingt lieues)... Ces paroles nous firent spontanément changer de résolution. Nous étions dans l'impossibilité absolue de suivre cette caravane. D'abord, pour notre compte, n'étant pas accoutumés, comme les Tartares, à des marches forcées, nous eussions été tués au bout de quelques jours ; puis nos animaux, maigres et épuisés par quatre mois de fatigues continuelles, n'eussent pu résister longtemps au galop de nos compagnons. Les Tartares avaient à leur disposition une quarantaine de chameaux ; ils pouvaient impunément en crever la moitié. Ils convinrent qu'avec nos trois chameaux, il était impossible de se mettre en route ; aussi nous conseillaient-ils d'en acheter une douzaine. Le conseil était, en soi, excellent ; mais relativement à notre bourse, il était absurde ; douze bons chameaux nous eussent coûté trois cents onces d'argent ; or nous n'en avions guère que deux cents.

Les huit Tartares-Khalkhas étaient tous de famille princière. La veille de leur départ, ils reçurent la visite du fils du roi du Koukou-Noor, qui se trouvait alors à Tang-Keou-Eul. Comme la chambre que nous occupions était la plus propre de toutes

celles de la Maison de repos, ce fut chez nous qu'eut
lieu l'entrevue. Le jeune prince du Koukou-Noor
nous étonna par sa belle mine et la grâce de ses
manières : il était facile de voir qu'il passait plus
de temps à Tang-Keou-Eul que sous la tente mongole ; il était vêtu d'une belle robe de drap couleur
bleu de ciel ; par-dessus il portait une espèce de
gilet en drap violet avec de larges bordures en velours noir. Son oreille gauche était ornée, d'après
la mode thibétaine, d'une boucle en or où pendaient quelques joyaux ; sa figure était presque
blanche, et respirait une grande douceur ; l'exquise
propreté de ses habits n'avait rien de tartare. Comme
la visite d'un prince du Koukou-Noor était pour nous
presque un événement, nous nous mîmes en frais.
Samdadchiemba eut ordre de préparer des rafraî-
chissements, c'est-à-dire une grande cruche de thé
au lait bien bouillant. Son Altesse royale daigna
en accepter une tasse, et le restant fut distribué
à son état-major, qui faisait antichambre dans la
neige, au milieu de la cour. La conversation roula
sur le voyage du Thibet. Le prince promit aux Tartares-Khalkhas une escorte pour tout le temps qu'ils
voyageraient dans ses États. — Plus loin, dit-il, je
ne réponds de rien ; tout dépendra de votre bonne ou
mauvaise destinée. — Il ajouta ensuite, en s'adressant à nous, que nous faisions très bien d'attendre
l'ambassade thibétaine, avec laquelle nous pourrions voyager avec plus de sécurité et moins de
fatigues. En s'en allant, le royal visiteur retira d'une
bourse élégamment brodée une petite fiole en agate,
et nous offrit une prise de tabac.

Le lendemain, les Tartares-Khalkhas se mirent en
route. Quand nous les vîmes partir, nous eûmes un
instant de tristesse, car il nous était pénible de ne
pouvoir les accompagner ; mais ces sentiments ne

furent que passagers. Nous étouffâmes promptement ces inutiles regrets, et nous songeâmes à utiliser du mieux possible le temps que nous avions à attendre avant notre départ. Il fut décidé que nous chercherions un maître, et que nous nous enfoncerions tout entiers dans l'étude de la langue thibétaine et des livres bouddhiques.

Lamaserie de Kounboum.
Nous cherchons un maître.
Sandara-le-Barbu.

A onze lieues de Tang-Keou-Eul, il existe, dans le pays des *Si-Fan,* ou Thibétains orientaux, une lamaserie dont la renommée s'étend, non seulement dans toute la Tartarie, mais encore jusqu'aux contrées les plus reculées du Thibet. Les pèlerins y accourent de toute part pour visiter ces lieux, devenus célèbres par la naissance de *Tsong-Kaba-Remboutchi,* fameux réformateur du bouddhisme. La lamaserie porte le nom de *Kounboum,* et compte près de quatre mille Lamas, Si-Fan, Tartares, Thibétains et Dchiahours. Il fut convenu qu'on y ferait une promenade pour tâcher d'engager un Lama à venir nous enseigner pendant quelques mois la langue thibétaine. M. Gabet partit accompagné de Samdadchiemba, et M. Huc resta à Tang-Keou-Eul, pour prendre soin des animaux et veiller sur le bagage.

Après une absence de cinq jours, M. Gabet fut de retour à la Maison de repos. Les affaires allaient pour le mieux : il avait fait à la lamaserie de *Kounboum* une véritable trouvaille ; il revenait accompagné d'un Lama âgé de trente-deux ans, et qui en avait passé dix dans une grande lamaserie de Lha-Ssa. Il parlait à merveille le pur thibétain, l'écrivait avec facilité, et avait une grande intelligence des livres bouddhiques ; de plus il était trèsfamiliarisé avec plusieurs autres idiomes, tels que le mongol, le si-fan, le chinois et le dchiaour ; c'était en un mot un philologue extrêmement distingué. Ce jeune Lama était Dchiahour d'origine, et cousin germain de Samdadchiemba ; son nom était *Sandara;* dans la lamaserie on l'appelait *Sandara-le-Barbu,* à cause de sa barbe qui était d'une longueur remarquable. En voyant le dévouement que le cousin de Samdadchiemba se hâta de nous témoigner, nous nous applaudîmes de ne nous être pas aventurés avec la caravane des Tartares-Khalkhas. Nous étions actuellement en mesure d'avoir sur le Thibet tous les renseignements désirables, et de nous instruire sur la langue et la religion de ces contrées célèbres.

Nous nous mîmes à l'étude avec une ardeur incroyable. D'abord nous commençâmes par composer en mongol deux dialogues où nous fîmes entrer les locutions les plus usuelles. Sandara nous les traduisit en thibétain avec une scrupuleuse attention. Tous les matins, il écrivait une page sous nos yeux, en nous rendant un compte à peu près grammatical de toutes les expressions : c'était notre leçon pour la journée ; nous la transcrivions plusieurs fois, pour rompre notre main à l'écriture thibétaine ; ensuite nous la chantions, selon la méthode des lamaseries, jusqu'à ce qu'elle se fût bien gravée dans notre mémoire. Le soir, notre maître nous faisait réciter le fragment de dialogue qu'il nous avait écrit le matin, et rectifiait ce qu'il y avait de vicieux dans notre prononciation. Sandara s'acquittait de sa charge avec talent et amabilité : quelquefois pendant la journée, en guise de récréation, il nous donnait des détails pleins d'intérêt sur le Thibet et sur les lamaseries qu'il avait visitées. Nous ne pouvions écouter les récits de ce jeune Lama, sans être saisis d'admiration : nulle part nous n'avions jamais entendu personne s'exprimer avec une si grande aisance et d'une manière si piquante ; les choses les plus simples et les plus communes devenaient, dans sa bouche, pittoresques et pleines de charme ; il était surtout remarquable quand il voulait faire adopter aux autres sa manière de voir. Son éloquence était naturelle et entraînante.

Après avoir surmonté les premières difficultés de la langue thibétaine, et nous être familiarisés avec les expressions qui sont d'un usage journalier, nous cherchâmes à donner à nos études une direction toute religieuse. Nous engageâmes Sandara à nous traduire en style sacré les prières catholiques les plus importantes, telles que l'Oraison dominicale, la Salutation angélique, le Symbole des apôtres, et les Commandements de Dieu : de là nous prîmes occasion de lui exposer les vérités de la religion chrétienne. Il parut d'abord extrêmement frappé de cette doctrine nouvelle pour lui, et si différente des enseignements vagues et incohérents du bouddhisme. Bientôt il attacha une si grande importance à l'étude de la religion chrétienne, qu'il abandonna complètement les livres lamaïques qu'il avait apportés avec lui. Il se mit à apprendre nos prières avec une ardeur qui nous comblait de joie. De temps en temps, pendant la journée, il interrompait ses occupations pour faire le signe de la croix ; il pratiquait cet acte religieux d'une manière si grave et si respectueuse, que nous ne doutions nullement qu'il ne fût chrétien au fond du cœur. Ces excellentes dispositions nous donnaient déjà les plus grandes espérances ; nous nous plaisions à regarder Sandara comme un futur apôtre, qui travaillerait un jour avec succès à la conversion des sectateurs de Bouddha.

Pendant que nous étions entièrement absorbés, maître et élèves, par des études si importantes, Samdadchiemba, qui ne se sentait aucune vocation pour les choses intellectuelles, passait son temps à courir les rues de Tang-Keou-Eul, ou à boire du thé. Ce genre de vie nous déplaisait fort ; nous cherchâmes donc à le tirer de cette oisiveté, et à l'utiliser dans sa spécialité de chamelier. Il fut décidé qu'il prendrait avec lui les trois chameaux, et qu'il irait les faire paître dans une vallée du Koukou-Noor, fameuse par l'abondance et la bonté de ses pâturages. Un Tartare de ce pays nous promit de le recevoir dans sa tente. Cette mesure devait avoir le double avantage de procurer à Samdadchiemba une occupation conforme à ses goûts, et aux chameaux une nourriture meilleure et moins coûteuse.

Toutes les merveilles qu'il nous avait semblé découvrir dans Sandara s'évanouirent bientôt comme un beau songe. Ce jeune homme, d'un dévouement si pur en apparence, n'était au fond qu'un roué de Lama, qui cherchait à exploiter nos sapèques. Quand il crut s'être rendu nécessaire, il jeta le masque, et mit en relief tout ce que son caractère avait de détestable. Il était fier, hautain, et surtout d'une insolence outrée. Dans les leçons de thibétain qu'il nous donnait, il avait remplacé ses premières formes d'honnêteté et de prévenance par des manières choquantes, dures, et telles que ne s'en permettrait pas un pédagogue en présence d'un bambin : si nous lui demandions un éclaircissement qu'il nous eût par hasard déjà donné, nous étions sûrs d'entendre les douceurs suivantes : — Comment ! vous autres, qui êtes des savants, vous avez besoin qu'on vous répète trois fois la même explication? Mais si je disais trois fois une chose à un mulet, il s'en souviendrait, je pense. — Il eût été

bien simple sans doute de couper court à toutes
ces impertinences ; c'eût été de le chasser de chez
nous, et de le renvoyer dans sa lamaserie. Plus d'une
fois, il nous en vint la pensée et le désir ; mais nous
préférâmes dévorer tous les jours quelques humiliations, et garder auprès de nous ce Lama, dont
les talents étaient incontestables, et qui, sous ce
rapport, pouvait nous être d'une grande utilité. Sa
rudesse excessive pouvait même nous servir à faire
des progrès dans l'étude du thibétain ; car nous étions
sûrs qu'il ne nous passerait jamais la moindre faute
de grammaire ou de prononciation, qu'au contraire
nous serions toujours repris de manière à nous en
souvenir. Ce système, quoique pénible, et parfois
écrasant pour l'amour-propre, valait cependant
incomparablement mieux que la méthode dont
usent les chrétiens chinois à l'égard des missionnaires européens. Moitié par politesse, moitié par
dévotion, ils sont toujours à s'extasier sur tout ce
que dit leur Père spirituel ; au lieu de le reprendre
franchement des fautes qui fourmillent souvent
dans sa manière de parler, ils s'appliquent quelquefois à imiter son vicieux langage, afin de s'en faire
mieux comprendre ; aussi comme on se trouve dés-
appointé, quand on est obligé d'avoir des rapports
avec des païens, qui n'ont pas toujours la dévotion
de vous trouver une belle prononciation ! Comme
on regrette alors de n'avoir pas eu pour pédagogue
quelque Sandara barbu ! Pour toutes ces raisons,
nous résolûmes de garder notre maître tel quel, de
supporter toutes ses invectives, et de tirer de lui
le meilleur parti possible. Comme nous avions découvert que c'était aux sapèques qu'il en voulait,
il fut convenu que ses leçons lui seraient honorablement payées ; de plus, nous devions fermer les
yeux sur ses petites escroqueries, et faire semblant

de ne pas voir qu'il s'entendait avec les marchands qui nous vendaient nos provisions journalières.

Vol de deux mille bœufs. Affreux tumulte.

Le lendemain, la ville de Tang-Keou-Eul fut le théâtre d'un désordre affreux. Les brigands avaient apparu dans le voisinage, et avaient emmené deux mille bœufs appartenant aux *Houng-Mao-Eul*, ou *Longues-Chevelures*. Ces Thibétains orientaux partent tous les ans, par grandes caravanes, des pieds des monts *Bayan-Khara*, et viennent à Tang-Keou-Eul vendre des pelleteries, du beurre et une espèce de thé sauvage qui croît dans leurs contrées. Pendant qu'ils s'occupent d'affaires commerciales, ils laissent leurs nombreux troupeaux dans de vastes prairies peu éloignées de la ville, et dépendantes de l'autorité chinoise. Il n'y avait pas d'exemple, disait-on, que les brigands eussent jamais osé approcher de si près des frontières de l'Empire. Leur récente audace, et surtout le caractère violent des *Longues-Chevelures*, avaient excité dans la ville une confusion épouvantable. A la nouvelle que leurs troupeaux avaient été enlevés, ils s'étaient rendus tumultuairement, et leur grand sabre à la main, au tribunal chinois, réclamant à grands cris justice et vengeance. Le Mandarin, saisi de frayeur, envoya à l'instant deux cents soldats à la poursuite des voleurs. Mais les *Longues-Chevelures*, persuadés que des piétons ne parviendraient jamais à atteindre les brigands, qui étaient d'excellents cavaliers, montèrent eux-mêmes à cheval et volèrent en désordre sur les traces de leurs bœufs. Ils revinrent le lendemain, sans avoir rien vu et la rage dans le cœur. Ces hommes imprévoyants et à moitié sauvages, étaient partis sans la moindre provision, sans songer que, dans le désert, ils ne trouveraient rien pour vivre. Après une journée de marche forcée, la faim les avait obligés de rebrousser chemin. Les soldats chinois n'avaient pas été si simples ; ils n'étaient partis, pour cette expédition guerrière, qu'accompagnés d'un grand nombre d'ânes et de bœufs, chargés de batteries... de cuisine et de munitions... de bouche. Comme il leur importait fort peu d'aller se battre pour deux mille bœufs qui ne leur appartenaient pas, après une petite promenade militaire, ils s'étaient arrêtés le long d'une rivière, et avaient passé là quelques jours, buvant, mangeant, jouant et se divertissant, sans se mettre plus en peine des brigands, que s'il n'en eût jamais existé au monde. Quand ils eurent consommé leurs provisions, ils revinrent tout doucement à Tang-Keou-Eul, et déclarèrent au Mandarin qu'ils avaient parcouru tout le désert, sans pouvoir atteindre les brigands ; qu'une fois, ils avaient été sur le point de les saisir ; mais qu'ils avaient usé de leurs moyens magiques, et que tout s'était évanoui. A Tang-Keou-Eul, on est persuadé que les brigands sont tous plus ou moins sorciers ; que pour se rendre invisibles, ils n'ont besoin que de souffler en l'air, ou de jeter derrière eux quelques crottes de mouton. Il est probable que ce sont les soldats chinois qui ont accrédité ces fables. Ce qu'il y a de certain, c'est que dans toutes leurs expéditions, elles leur servent merveilleusement. Les Mandarins, sans doute, n'en sont pas les dupes ; mais pourvu que les victimes des voleurs s'en contentent, c'est tout ce qu'il leur faut.

Pendant plusieurs jours, les *Houng-Mao-Eul* furent furieux. Ils parcouraient les rues, agitant leurs sabres, et vociférant mille imprécations contre les brigands.

Personne n'osait se présenter sur leur passage ; on respectait partout leur colère. La vue de ces hommes, lors même qu'ils sont calmes et de bonne humeur, est, du reste, faite pour inspirer le plus grand effroi. Ils sont revêtus, en toute saison, d'une large robe en peaux de mouton, grossièrement retroussée aux reins par une épaisse corde en poil de chameau. Abandonnée à elle-même, la robe traînerait jusqu'à terre ; mais lorsqu'elle est relevée, elle n'arrive que jusqu'au-dessus du genou, ce qui donne au buste une tournure boursouflée et monstrueuse. Ils sont chaussés de grosses bottes en cuir, qui montent seulement au-dessus du mollet, et comme ils ne portent pas de culotte, leurs jambes sont toujours à moitié nues. Des cheveux noirs et graisseux descendent, par longues mèches, sur leurs épaules, s'avancent sur leur front, et souvent leur cachent une partie du visage. Leur bras droit est toujours nu, et tout à fait hors de la manche, qu'ils rejettent en arrière. Un long et large sabre est passé en travers de leur ceinture, au-dessous de la poitrine ; leur main droite est toujours posée sur la poignée. Ces habitants du désert ont les mouvements brusques et saccadés, la parole brève et énergique. Il y a dans le timbre de leur voix quelque chose de métallique et d'étourdissant. Parmi eux, il en est qui sont extrêmement riches. Ils font consister le luxe à garnir de pierreries le fourreau de leur sabre, et quelquefois à ajouter à leur robe une bordure de peau de tigre. Les chevaux qu'ils conduisent à Tang-Keou-Eul sont d'une beauté remarquable ; ils sont vigoureux, bien faits, et ont la démarche fière. Ils sont de beaucoup supérieurs à ceux de la Tartarie, et justifient pleinement cette locution chinoise : *Si-ma, toung-nieou... Chevaux de l'Occident, bœufs de l'Orient.*

Comme les *Houng-Mao-Eul* sont pleins de bravoure et d'une indépendance qui approche de la férocité, ce sont eux qui donnent le ton dans la ville de Tang-Keou-Eul ; chacun cherche à singer leur allure, pour acquérir la réputation de brave et se rendre redoutable. Il résulte de là que Tang-Keou-Eul ne ressemble pas mal à un immense repaire de brigands. Tout le monde y est échevelé et vêtu en désordre. On vocifère, on se heurte, on se bat, et souvent le sang coule. Au plus fort de l'hiver, et quoique, dans ce pays, le froid soit d'une rigueur extrême, on va les bras nus et une partie des jambes à découvert. Se vêtir convenablement serait une marque de pusillanimité. *Un bon brave*, comme on dit, ne doit avoir peur de rien, ni des hommes ni des éléments. A Tang-Keou-Eul, les Chinois ont beaucoup perdu de leur urbanité et des formes polies de leur langage. Ils subissent involontairement l'influence des Houng-Mao-Eul, qui conversent entre eux à peu près comme doivent faire les tigres dans les bois. Le jour où nous arrivâmes à Tang-Keou-Eul, quelques minutes avant d'entrer dans la ville, nous rencontrâmes une *Longue-Chevelure*, qui venait d'abreuver son cheval sur les bords de la rivière *Keou-Ho*. Samdadchiemba, qui se sentait toujours porté vers les hommes à tournure excentrique, s'approcha courtoisement de lui et le salua à la Tartare, en disant : « Frère, es-tu en paix? » Le Houng-Mao-Eul se retourna brusquement. « Œuf de tortue, s'écria-t-il d'une voix de stentor, qu'est-ce que cela te fait que je sois en paix ou en guerre? De quel droit appelles-tu ton frère un homme qui ne te connaît pas? » Sandadchiemba demeura morfondu ; cela ne l'empêcha pas pourtant de trouver admirable cette fierté des *Longues-Chevelures*.

Misère et filouterie.

Tang-Keou-Eul, à cause de sa malpropreté et de son excessive population, est une ville dont le séjour est très malsain. On respire partout une odeur de graisse et de beurre, qui suffoque le cœur. Certains quartiers surtout, où se ramassent les pauvres et les vagabonds, sont d'une infection insupportable. Ceux qui n'ont pas de maison où ils puissent s'abriter, se retirent aux angles des rues ou dans les recoins des places, et se couchent pêle-mêle et à moitié nus sur des tas de paille presque réduite en fumier. Là, on voit étendus des enfants étiolés, des vieillards impotents et des malades de toute espèce. Quelquefois, parmi eux, se trouvent des cadavres, que personne ne prend le soin d'enterrer ; ce n'est qu'à la dernière extrémité, et lorsqu'ils commencent à entrer en putréfaction, qu'on les traîne au milieu de la voie publique ; alors l'autorité les fait enlever. Cette misère hideuse fait pulluler au sein de la population, une foule de petits voleurs et d'escrocs, dont l'audace et l'adresse laisseraient bien loin les Robert-Macaire de l'Occident. Le nombre en est si grand, que l'autorité, de guerre lasse, a fini par ne plus s'en mêler. C'est donc à chacun à veiller sur ses sapèques et à défendre son bagage. Ces industriels exploitent, de préférence, les Maisons de repos et les hôtelleries ; ils colportent divers articles de marchandises, des bottes, des habits de peau, du thé en brique, et vont les offrir aux étrangers. Ils sont ordinairement deux ensemble. Pendant que l'un est occupé de commerce, l'autre furette à droite et à gauche, et s'empare de tout ce qu'il trouve sous sa main. Ces gens-là sont d'une adresse inconcevable pour compter les sapèques, et en faire disparaître

en même temps une certaine quantité, sans qu'il
soit possible de s'en apercevoir. Un jour, deux de
ces petits voleurs vinrent nous offrir à acheter une
paire de bottes en cuir ; des bottes excellentes, disaient-ils, des bottes comme on n'en trouverait dans
aucune boutique, à l'épreuve de la pluie, et par-
dessus tout, d'un bon marché à ne pas y croire ;
c'était une occasion unique dont il fallait profiter.
Tout à l'heure on venait de leur en offrir douze
cents sapèques... Comme nous n'avions pas besoin
de bottes, nous répondîmes que nous n'en voulions
à aucun prix. Les vendeurs firent les généreux.
Parce que nous étions des étrangers, on nous les
laissait à mille sapèques, puis à neuf cents, puis à
huit, puis enfin à sept cents. Certes, dîmes-nous,
nous n'avons pas besoin de bottes, il est vrai ; cependant il faut profiter de ce bon marché ; elles
seront en réserve pour le voyage. Le marché fut
donc conclu. Nous prîmes une ligature, et nous
comptâmes sept cents sapèques au marchand. Celui-
ci recompta sous nos yeux, trouva la somme con-
venue, et laissa les sapèques devant nous. Il appela
ensuite son compagnon qui flânait dans la cour de
la maison. — « Tiens, dit-il, je vends ces fameuses
bottes pour sept cents sapèques. — Impossible, dit
l'autre... Comment, sept cents sapèques ! Moi, je
n'y consens pas. — Soit, lui répondîmes-nous, prenez vos bottes et partez. » Quand ils furent dehors,
nous enfilâmes nos sapèques ; mais il nous en manquait cent cinquante. Ce n'était pas tout ; pendant
que l'un nous volait notre argent sous le nez, l'autre
avait mis dans son sac deux énormes chevilles en
fer que nous avions plantées dans la cour pour attacher nos chevaux. Depuis lors, nous prîmes la résolution, quoique un peu tard, de ne plus laisser
entrer aucun marchand dans notre chambre.

Nous décidons de séjourner à Kounboum.
Notre tente au Mont-de-Piété.

Nous approchions du premier jour de l'année chinoise. Déjà on faisait partout des préparatifs ; on renouvelait les sentences écrites sur papier rouge, qui décorent le devant des maisons ; les boutiques se remplissaient d'acheteurs, une activité plus grande encore que de coutume régnait dans tous les quartiers de la ville ; et les enfants, qui partout aiment tant à anticiper sur les jours de fête et de réjouissance, commençaient à faire entendre, à l'entrée de la nuit, quelques détonations de pétards. Sandara nous avertit qu'il ne pourrait passer les fêtes du nouvel an à Tang-Keou-Eul, qu'il était obligé de se rendre à la lamaserie, où il avait des devoirs à remplir vis-à-vis de ses maîtres et de ses supérieurs. Il ajouta, que le trois de la première lune, lorsqu'il aurait satisfait à toutes ses obligations, il s'empresserait de revenir, afin de nous continuer ses services. Il nous parla avec une honnêteté exquise comme pour nous faire oublier les duretés journalières qu'il avait eues à notre égard. Nous n'insistâmes pas sur son retour. Quoique charmés qu'il eût la pensée de revenir, nous ne voulions pas le presser, de peur d'augmenter l'opinion qu'il avait déjà de son importance. Nous lui dîmes que, puisque les convenances l'appelaient à la lamaserie pour le premier de l'an, il devait s'y rendre. Nous lui offrîmes ensuite trois ligatures de sapèques, en lui disant, selon l'usage, que c'était pour boire avec ses amis une tasse de thé bien coloré. Pendant quelques minutes, il fit semblant de ne pas vouloir les accepter. Nous dûmes pour lors faire violence à sa délicatesse, et il se résigna enfin à les mettre dans

son sac. Nous lui prêtâmes le petit mulet de Samdadchiemba, et il partit.

Nous profitâmes de ce calme et de l'absence de
Sandara, pour revoir toutes nos leçons de thibétain. Les deux dialogues que nous possédions furent
analysés, décomposés, soumis en quelque sorte au
creuset et à l'alambic, dans toutes leurs parties.
Les soins du ménage nous volaient bien un peu
de temps ; mais nous nous rattrapions pendant la
nuit, ce qui ne faisait pas trop le compte du chef
de la maison. S'étant aperçu que nous lui causions
une trop grande dépense en fait d'éclairage, il nous
enleva la bouteille d'huile, et s'avisa, en véritable
Turc qu'il était, de nous taxer journellement notre
lumière. Comme nous ne voulions pas être condamnés aux ténèbres avant minuit, nous achetâmes un paquet de chandelles ; nous fabriquâmes
ensuite, avec un long clou et une moitié de rave,
un chandelier, peu élégant et peu riche si l'on veut,
mais qui n'en faisait pas moins admirablement son
office. Quand l'huile du Turc était consumée, nous
allumions notre chandelle, et nous pouvions de cette
façon donner libre cours à notre ardeur pour l'étude
du thibétain. Il nous arrivait parfois d'interrompre
notre travail, et de nous délasser en causant de la
France. Après avoir erré longtemps, en esprit, dans
notre chère patrie, nous ne pouvions qu'avec une
certaine difficulté rentrer dans la réalité de notre
position. Il nous semblait étrange, et pour ainsi dire
impossible, de nous trouver, par une nuit silencieuse,
accroupis sur quelques caractères thibétains, au milieu d'un pays inconnu, presque au bout du monde.

Le troisième jour de la première lune, Sandara-
le-Barbu reparut. Pendant son absence nous avions
joui d'une paix si douce et si inaltérable, que sa
vue nous causa une impression pénible ; nous fûmes

comme ces écoliers qui ne peuvent se défendre d'un sentiment d'effroi à l'approche du régent. Cependant Sandara fut charmant et aimable au delà de toute expression. Après nous avoir souhaité la bonne année, et débité de la meilleure grâce du monde les phrases les plus fraternelles, les plus sentimentales, il se mit à gloser sans fin sur le petit mulet que nous lui avions prêté. D'abord, en allant, il l'avait jeté par terre une douzaine de fois, ce qui en retour lui avait fait prendre le parti d'aller à pied ; mais ce petit animal était si drôle, il l'avait tant amusé en route par ses bizarreries, qu'il n'avait pas eu le temps de se fatiguer. Après avoir assez causé de futilités, on parla affaires. Sandara nous dit que, puisque nous étions décidés à attendre l'ambassade thibétaine, il nous invitait à aller nous établir à la lamaserie de Kounboum. Puis, avec son éloquence accoutumée, il nous développa les avantages que pouvait présenter une lamaserie à des gens d'étude et de prière. Une proposition semblable mettait le comble à nos désirs ; mais nous n'eûmes garde de faire les enthousiastes. Nous nous contentâmes de dire froidement à Sandara : Essayons... ; allons voir.

Le lendemain fut consacré aux préparatifs de départ. N'ayant plus nos chameaux avec nous, nous louâmes une charrette pour transporter nos bagages. En annonçant notre départ au chef de la Maison de repos, nous lui réclamâmes notre tente de voyage, qu'il nous avait empruntée depuis une douzaine de jours, pour aller faire une partie de plaisir avec ses amis, dans la *Terre des herbes;* il nous répondit qu'il allait nous l'envoyer à l'instant, qu'elle était déposée chez un de ses amis. Nous attendîmes, mais toujours vainement ; la nuit arriva sans que la tente parût. Enfin on nous dit que l'individu n'était pas

chez lui, qu'il serait de retour dans deux jours, et
que la tente nous serait envoyée à la lamaserie.
Sandara avait affecté de garder le silence au sujet
de cette affaire ; mais, quand fut venue la nuit,
voyant que tout n'était pas encore prêt, il ne put
davantage contenir son impatience. — « On voit bien,
nous dit-il, que vous êtes des gens d'un autre monde ;
est-ce que vous ne comprenez pas que votre tente
est au Mont-de-Piété? — Au Mont-de-Piété? pas
possible ! — La chose est pour moi plus que probable ; le *Hoeï-Hoeï* aura eu besoin d'argent pour
payer ses dettes à la fin de la douzième lune ; il
a été fort heureux de vous avoir chez lui ; il vous
a emprunté votre tente ; mais au lieu d'aller faire
une partie de plaisir, soyez sûrs qu'il l'a portée tout
droit au *Tang-Pou*. Maintenant il n'a pas d'argent
pour la retirer... Tenez, faites-le venir ici ; je vais
moi-même l'interpeller, nous verrons. » Nous le
fîmes prier de venir. Aussitôt qu'il fut dans notre
chambre, Sandara-le-Barbu prit la parole avec une
imposante solennité. — « Écoute-moi, lui dit-il, ce
soir j'ai à te dire quelques paroles. Toi, tu es un
Turc, moi, je suis un Lama... ; cependant les lois
de la raison sont égales pour tous. Tu as pris notre
tente, et tu l'as portée au Mont-de-Piété ; si tu étais
dans l'embarras, tu as bien fait, on ne te le reproche
pas ; mais nous allons partir demain, et notre tente
n'est pas encore ici. Qui a raison? Est-ce nous, de
réclamer notre bien, ou toi, de ne pas nous le rendre?
Ne dis pas que la tente est chez un de tes amis ;
moi, je te dis qu'elle est au Mont-de-Piété. Si, avant
que nous ayons achevé de boire ce cruchon de thé,
notre tente n'est pas ici, j'irai moi-même la réclamer au tribunal, et on verra si un Lama Dchiahour
se laissera opprimer par un Turc. » Pour servir
de péroraison à ce discours, Sandara donna un si

grand coup de poing sur la petite table où nous buvions le thé, que nos trois écuelles en sautèrent en l'air. Le Turc n'avait rien à répliquer, et il était démontré pour nous que notre tente était au Mont-de-Piété. Le chef de la Maison de repos nous assura qu'avant peu nous l'aurions, et nous pria de ne pas ébruiter cette affaire, qui pourrait compromettre son établissement. A peine fut-il sorti, qu'un grand tumulte se fit entendre dans la cour ; on ramassait de toute part des objets qu'on pût porter au Mont-de-Piété, des selles de cheval, des couvertures de lit, de vieux chandeliers en étain et des instruments de cuisine. Le soir, avant de nous coucher, nous avions notre tente bien ficelée sur la charrette qui devait nous transporter à la lamaserie.

Arrivée à Kounboum.

Le lendemain, à l'aube du jour, nous nous mîmes en route. Le pays que nous traversâmes est tantôt occupé par les *Si-Fan*, menant la vie nomade et faisant paître leurs troupeaux, tantôt habité par des Chinois, qui, comme dans la Tartarie orientale, empiètent insensiblement sur le désert, bâtissent des maisons, et livrent à la culture quelques lambeaux de la Terre des herbes. Ce petit voyage ne nous offrit rien de remarquable, si ce n'est qu'en traversant une petite rivière sur la glace, la charrette versa et se disloqua complètement. En France, afin de pouvoir continuer la route, il eût fallu un charron et un forgeron pour réparer les avaries ; mais heureusement notre Phaéton était un Chinois, c'est-à-dire, un de ces hommes qui jamais ne se trouvent dans l'embarras, et qui, avec des pierres, des morceaux de bois et des bouts de corde, savent toujours se tirer d'affaire. Nous eûmes seulement à regretter la perte d'un peu de temps.

A un *li* de distance de la lamaserie, nous rencontrâmes quatre Lamas; c'étaient des amis de Sandara, qui venaient au-devant de nous. Leur costume religieux, l'écharpe rouge dont ils étaient enveloppés, leur bonnet jaune en forme de mitre, leur modestie, leurs paroles graves et articulées à voix basse, tout cela nous fit une singulière impression ; nous ressentions comme un parfum de la vie religieuse et cénobitique. Il était plus de neuf heures du soir, quand nous atteignîmes les premières habitations de la lamaserie. Afin de ne pas troubler le silence profond qui régnait de toute part, les Lamas firent arrêter un instant le voiturier, et remplirent de paille l'intérieur des clochettes qui étaient suspendues au collier des chevaux. Nous avançâmes ensuite à pas lents, et sans proférer une seule parole, dans les rues calmes et désertes de cette grande cité lamaïque. La lune s'était déjà couchée ; cependant le ciel était si pur, les étoiles étaient si brillantes, que nous pouvions aisément distinguer les nombreuses maisonnettes des Lamas, répandues sur les flancs de la montagne, et les formes grandioses et bizarres des temples bouddhiques, qui se dessinaient dans les airs comme de gigantesques fantômes. Ce qui nous frappait le plus, c'était ce silence majestueux et solennel qui régnait dans tous les quartiers de la lamaserie ; il n'était interrompu que par les aboiements entrecoupés de quelques chiens mal endormis, et par le son mélancolique et sourd d'une conque marine, qui marquait, par intervalles, les veilles de la nuit ; on eût cru entendre le chant lugubre de l'orfraie. Enfin, nous arrivâmes à la petite maison où logeait Sandara. Comme il était trop tard pour aller chercher une habitation qui pût nous convenir, notre pédagogue nous céda son étroite cellule, et alla chercher pour lui un gîte dans une maison voisine. Les Lamas qui nous avaient accompagnés ne se retirèrent qu'après nous avoir préparé du thé au lait, et nous avoir servi un grand plat de viande de mouton, du beurre frais, et quelques petits pains d'un goût exquis. Nous soupâmes d'un excellent appétit, car nous étions fatigués, et de plus nous éprouvions au fond du cœur, un contentement dont nous ne pouvions nous rendre compte.

Pendant la nuit, nous essayâmes vainement de dormir ; le sommeil ne vint pas. Nous étions préoccupés de notre position qui devenait de plus en plus étrange. C'était à ne pas y croire. Cette contrée d'*Amdo*, pays inconnu en Europe, cette grande lamaserie de *Kounboum*, si fameuse et si renommée parmi les bouddhistes, ces mœurs de couvent, cette cellule de Lama où nous étions couchés, tout cela nous tournoyait dans la tête, comme les formes vagues et insaisissables d'un songe. Nous passâmes la nuit à faire des plans.

Aussitôt que le jour commença à poindre, nous fûmes sur pied. Autour de nous, tout était encore dans le silence. Nous fîmes notre prière du matin, le cœur plein de sentiments qui jusqu'alors nous avaient été inconnus. C'était un mélange de bonheur et de fierté, de ce qu'il nous était donné de pouvoir invoquer le vrai Dieu dans cette fameuse lamaserie consacrée à un culte menteur et impie. Il nous semblait que nous venions de conquérir à la foi de Jésus-Christ, le bouddhisme tout entier.

Sandara ne tarda point à paraître. Il nous servit du thé au lait, des raisins secs, et des gâteaux frits au beurre. Pendant que nous étions occupés à déjeuner, il ouvrit une petite armoire, et en tira un plat en bois, proprement vernissé, et où des dorures et des fleurs se dessinaient sur un fond rouge. Après l'avoir bien nettoyé avec un pan de son écharpe, il étendit dessus une large feuille de papier rose ; puis, sur le papier, il arrangea symétriquement quatre belles poires, qu'il nous avait fait acheter à Tang-Keou-Eul. Le tout fut recouvert d'un mouchoir en soie, de forme oblongue, et qu'on nomme *khata*. C'était avec cela, nous dit-il, que nous devions aller emprunter une maison.

Le *khata*, ou *écharpe de bonheur*, joue un si grand rôle dans les mœurs thibétaines, qu'il est bon d'en dire quelques mots. Le *khata* est une pièce de soie, dont la finesse approche de celle de la gaze. Sa couleur est d'un blanc un peu azuré. Sa longueur est à peu près le triple de sa largeur ; les deux extrémités se terminent ordinairement en frange. Il y a des khatas de toute grandeur et de tout prix ; car c'est un objet dont les pauvres, pas plus que les riches, ne peuvent se passer. Jamais personne ne marche sans en porter avec soi une petite provision. Quand on va faire une visite d'étiquette, quand on veut demander à quelqu'un un service, ou l'en remercier, on commence d'abord par déployer un *khata;* on le prend entre ses deux mains, et on l'offre à la personne qu'on veut honorer. Si deux amis, qui ne se sont pas vus depuis quelque temps, viennent par hasard à se rencontrer, leur premier soin est de s'offrir mutuellement un *khata*. Cela se fait avec autant d'empressement et aussi lestement qu'en Europe lorsqu'on se touche la main. Il est d'usage aussi, quand on s'écrit, de plier dans les lettres un petit khata. On ne saurait croire combien les Thibétains, les Si-Fan, les Houng-Mao-Eul, et tous les peuples qui habitent vers l'occident de la mer Bleue, attachent d'importance à la cérémonie du khata. Pour eux, c'est l'expression la plus pure et la plus sincère de tous les nobles sentiments. Les plus belles paroles, les cadeaux les plus magnifiques ne sont rien sans le khata. Avec lui, au contraire, les objets les plus communs acquièrent une immense valeur. Si on vient vous demander une grâce, le khata à la main, il est impossible de la refuser, à moins d'afficher le mépris de toutes les convenances. Cet usage thibétain s'est beaucoup répandu parmi les Tartares, et surtout dans leurs lamaseries. Les khatas forment une importante branche de commerce pour les Chinois de Tang-Keou-Eul. Les ambassades thibétaines ne passent jamais sans en emporter une quantité prodigieuse.

Quand nous eûmes terminé notre modeste déjeuner, nous sortîmes pour aller emprunter un logement. Sandara-le-Barbu nous précédait, portant gravement entre ses deux mains le fameux plat de quatre poires. Cette démarche était pour nous si singulière, que nous en étions tout honteux. Il nous semblait que tout le monde avait les yeux fixés sur nous. Cependant il n'en était rien ; les Lamas que nous rencontrions sur notre passage passaient silencieusement leur chemin, sans tourner la tête, sans faire aucune attention à nous. Les petits *chabis*, légers et espiègles comme sont partout les écoliers, étaient les seuls qui parussent se préoccuper de nos personnages. Enfin, nous entrâmes dans une maison. Le maître était dans la cour, occupé à étendre au soleil du fumier de cheval. Nous ayant aperçus, il s'enveloppa promptement de son écharpe, et entra dans sa cellule. Nous l'y suivîmes, et Sandara lui offrit le khata et le plat de poires, accompagnant le tout d'une harangue en thibétain oriental, dont nous ne comprîmes pas un seul mot. Pendant ce temps, nous nous tenions modestes et recueillis, comme de pauvres malheureux qui n'ont pas même la capacité de solliciter eux-mêmes une faveur. L

Lama nous fit asseoir sur un tapis, nous offrit une tasse de thé au lait, et nous dit, en langue mongole, qu'il était heureux que des étrangers venus de si loin, que des Lamas du ciel d'Occident, eussent daigné jeter leurs regards sur sa chétive habitation... S'il eût compris le français, c'eût été le cas de répondre : Monsieur, il n'y a pas de quoi... Mais comme il fallait parler mongol, nous dîmes qu'en effet nous étions de bien loin, que cependant on retrouvait, en quelque sorte, sa patrie, quand on avait le bonheur de rencontrer une hospitalité comme la sienne... Après avoir pris une tasse de thé, et causé un instant de la France, de Rome, du Pape et des Cardinaux, nous nous levâmes pour aller visiter la demeure qui nous était destinée. Pour de pauvres nomades comme nous, c'était magnifique. On nous octroyait une vaste chambre avec un grand *kang*; puis une cuisine séparée, avec fourneaux, marmite et quelques ustensiles ; enfin, une écurie pour le cheval et le mulet. Il y avait vraiment de quoi en pleurer de joie. Nous regrettâmes beaucoup de n'avoir pas à notre disposition un autre khata, afin de remercier immédiatement cet excellent Lama.

Pittoresque logis. Mœurs des Lamas.

Le jour même, nous effectuâmes notre déménagement. Les Lamas voisins de la demeure de Sandara s'empressèrent de nous aider. On voyait qu'ils se faisaient un véritable plaisir de transporter, sur leurs épaules, quelque chose de nòtre bagage. Ce furent eux qui balayèrent, allumèrent le feu sous le kang, et disposèrent l'écurie de manière à pouvoir recevoir nos animaux. Quand tout fut terminé, le maître de la maison, d'après les règles de l'hospitalité, dut lui-même nous préparer un régal. Car dans un déménagement, on est censé n'avoir pas le temps de s'occuper de cuisine.

Nous pensons qu'on ne sera pas fâché de trouver ici un petit croquis de notre nouvelle maison, et de faire connaissance avec ses habitants. Immédiatement après la porte d'entrée, on trouvait une cour oblongue, entourée d'écuries commodément distribuées. A gauche de la porte, un corridor étroit conduisait à une seconde cour carrée, dont les quatre faces étaient formées par les cellules des Lamas. Le côté opposé au corridor était la demeure du maître de la maison, nommé *Akayé*, c'est-à-dire vieux frère. Akayé était un homme âgé de soixante et quelques années, d'une haute taille, mais maigre, sec, et complètement décharné. Sa longue figure n'était plus qu'un assemblage de quelques ossements recouverts d'une peau sèche et ridée. Lorsqu'il n'était pas enveloppé de son écharpe, et qu'il laissait à découvert ses bras noircis par le soleil, on les eût pris pour deux vieux ceps de vigne. Quoiqu'il se tînt encore fort droit sur ses jambes, sa démarche était pourtant chancelante. On eût dit qu'une mécanique le mettait en mouvement, et que chaque pas était le résultat d'un coup de piston. Pendant trente-huit ans, Akayé avait été employé dans l'administration temporelle de la lamaserie. Il y avait ramassé une assez bonne fortune ; mais tout s'en était allé en bonnes œuvres, et en prêts qui ne lui avaient jamais été restitués. Actuellement, il était réduit à une grande pauvreté, n'ayant que cette maison, qu'il avait fait bâtir au temps de sa prospérité, et qu'il ne trouvait pas à vendre. La louer, cela ne se pouvait ; c'était contraire aux usages de la lamaserie, qui n'admettent pas de milieu entre la vente et le prêt gratuit d'une maison. Pour comble d'infortune, le vieux Akayé ne pouvait pas profiter des offrandes extraordinaires qu'on distribue quelquefois aux Lamas qui ont atteint certains grades dans la hiérarchie. Ne s'étant occupé, pendant toute sa vie, que de choses temporelles, il n'avait pu faire ses études ; il était complètement illettré, et ne savait ni lire, ni écrire. Cela ne l'empêchait pas cependant de prier du matin au soir ; il avait toujours son chapelet à la main, et on l'entendait continuellement grommeler à demi-voix quelques formules de prière. Cet homme avait un cœur excellent ; mais on ne paraissait pas faire grand cas de lui : il était vieux et ruiné.

A droite de la demeure du vieux Akayé, sur une autre face de la cour, logeait un Lama d'origine chinoise : on le nommait le *Kitat-Lama* (Lama chinois) ; quoiqu'il eût soixante-dix ans, il avait meilleure façon que le pauvre Akayé. Son corps commençait à se voûter ; malgré cela il était encore de taille moyenne et d'un riche embonpoint ; sa figure pleine de vivacité était ornée d'une belle barbe blanche, un peu jaunie à l'extrémité. Le Kitat-Lama était fameux dans la science lamaïque, il parlait et écrivait à merveille le chinois, le mongol et le thibétain. Pendant un assez long séjour dans le Thibet et dans plusieurs royaumes de la Tartarie, il avait amassé une grosse fortune ; on disait qu'il avait dans sa cellule plusieurs caisses remplies de lingots d'argent : son avarice était néanmoins sordide ; il vivait chichement, et était misérablement vêtu ; il tournait sans cesse la tête de côté et d'autre, comme un homme qui a toujours peur qu'on ne le vole. Dans la Tartarie, il était considéré comme un grand Lama ; mais à Kounboum, où abondent les célébrités lamaïques, il se trouvait perdu dans la foule. Le Kitat-Lama avait avec lui un jeune chabi de onze ans : cet enfant était éveillé, malicieux, mais, au fond, d'un excellent caractère ; tous les soirs on l'entendait se disputer avec son maître, qui lui reprochait de dépenser trop de beurre, de faire le thé trop noir, et de mettre à la lampe une trop grosse mèche.

En face de l'habitation du Kitat-Lama, était le logement des deux Missionnaires français : tout à côté de leur chambre, était une petite cellule, où demeurait modestement un étudiant en seconde année à la Faculté de médecine. Ce jeune Lama de vingt-quatre ans était un gros gaillard bien membré, et dont la lourde et épaisse figure l'accusait de faire dans son étroit réduit une assez forte consommation de beurre. Nous ne pouvions jamais le voir mettre le nez à la porte de sa case, sans songer à ce rat de La Fontaine, qui, par dévotion, s'était retiré dans un fromage de Hollande. Ce jeune homme avait un bégaiement tétanique, au point de perdre souvent la respiration quand il voulait parler : cette infirmité le rendait timide, réservé, et contribuait peut-être aussi à développer en lui un caractère bon et serviable ; il redoutait extrêmement la présence du jeune chabi, qui se faisait un malin plaisir de contrefaire sa manière de parler.

La partie de la cour qui faisait face au logement du vieux Akayé était composée d'une rangée de petites cuisines séparées les unes des autres. Le maître de la maison, le Kitat-Lama, le bègue, les Missionnaires, chacun avait la sienne en particulier. D'après le style de la lamaserie, nous étions dans la maison quatre *familles* distinctes. Malgré la réunion de plusieurs familles dans une seule habitation, il y règne toujours beaucoup d'ordre et de silence ; on se visite rarement, et chacun s'occupe chez soi, sans se mêler aucunement des affaires d'autrui. Dans la maison où nous étions, on ne se voyait ordinairement que lorsqu'il faisait une belle journée. Comme nous étions au temps le plus rigoureux de l'hiver, aussitôt que le soleil plongeait ses rayons dans la cour, les quatre familles sortaient de leur cellule, et allaient s'accroupir sur un grand tapis de feutre. Le Kitat-Lama, dont les yeux étaient encore vifs, s'occupait à rapiécer ses misérables habits avec de vieux haillons. Akayé murmurait sa formule de prière, tout en grattant la peau rude et sonore de ses bras. L'étudiant en médecine repassait en chantant et sans bégayer sa leçon de thérapeutique. Quant à nous, ce n'était pas chose facile de nous distraire de ce singulier entourage : nous avions bien sur nos genoux notre cahier de dialogues thibétains ; mais nos yeux se portaient plus volontiers sur les trois familles qui se chauffaient au soleil.

La lamaserie de Kounboum compte à peu près quatre. mille Lamas. Sa position offre à la vue un aspect vraiment enchanteur. Qu'on se figure une montagne coupée par un large et profond ravin, d'où sortent de grands arbres incessamment peuplés de corbeaux, de pies et de corneilles au bec jaune. Des deux côtés du ravin, et sur les flancs de la montagne, s'élèvent en amphithéâtre les blanches habitations des Lamas, toutes de grandeur différente, toutes entourées d'un mur de clôture, et surmontées de petits belvédères. Parmi ces modestes demeures, dont la propreté et la blancheur font toute la richesse, on voit surgir çà et là de nombreux temples bouddhiques aux toits dorés, étincelants de mille couleurs, et environnés d'élégants péristyles. Les maisons des supérieurs se font remarquer par des banderoles qui flottent au-dessus de petites tourelles hexagones ; de toute part, on

ne voit que des sentences mystiques écrites en gros
caractères thibétains, tantôt rouges et tantôt noirs :
il y en a au-dessus de toutes les portes, sur les
murs, sur des pierres, sur des lambeaux de toile
fixés, en guise de pavillon, au bout d'une foule de
petits mâts qui s'élèvent sur les plates-formes des
maisons. Presque à chaque pas, on rencontre des
niches en forme de pain de sucre, dans l'intérieur
desquelles on brûle de l'encens, du bois odorant et
des feuilles de cyprès. Ce qui frappe pourtant le
plus, c'est de voir circuler, dans les nombreuses rues
de la lamaserie, tout un peuple de Lamas revêtus
d'habits rouges et coiffés d'une mitre jaune. Leur
démarche est ordinairement grave ; le silence ne leur
est pas prescrit ; cependant ils parlent peu, et tou--
jours à voix basse. On ne rencontre beaucoup de
monde qu'aux heures fixées pour l'entrée ou la
sortie des écoles et des prières générales. Pendant
le reste de la journée, les Lamas gardent assez fidèlement leurs cellules : on en voit seulement quelques-uns descendre, par des sentiers pleins de sinuosités, jusqu'au fond du ravin, et remonter en
portant péniblement sur le dos un long baril, dans
lequel ils vont puiser l'eau nécessaire au ménage.
On rencontre aussi quelques étrangers, venus pour
satisfaire leur dévotion, ou pour visiter des Lamas
de leur connaissance.

La fête des Fleurs. Colossales statues de beurre.

La lamaserie de Kounboum jouit d'une si grande
renommée, que les adorateurs de Bouddha s'y
rendent en pèlerinage de tous les points de la Tartarie et du Thibet ; il n'est pas de jour qui ne soit
signalé par l'arrivée ou le départ de quelques pèlerins. Cependant il est des fêtes solennelles où

l'affluence des étrangers est immense ; on en compte quatre principales dans l'année ; la plus fameuse de toutes est celle qui a lieu le quinzième jour de la première lune : on la nomme la *Fête des Fleurs*. Nulle part elle ne se célèbre avec autant de pompe et de solennité qu'à Kounboum : celles qui ont lieu dans la Tartarie, dans le Thibet, à Lha-Ssa même, ne peuvent pas lui être comparées. Nous nous étions installés à Kounboum le six de la première lune, et déjà on pouvait remarquer les nombreuses caravanes de pèlerins qui arrivaient par tous les sentiers qui aboutissent à la lamaserie. De toute part il n'était question que de la fête : les fleurs étaient, disait-on, d'une beauté ravissante. Le conseil des Beaux-Arts, qui les avait examinées, les avait déclarées supérieures à toutes celles des années précédentes. Aussitôt que nous entendîmes parler de ces *fleurs* merveilleuses, nous nous hâtâmes, comme on peut penser, de demander des renseignements sur une fête inconnue pour nous. Voici les détails qu'on nous donna, et que nous n'écoutâmes pas sans surprise.

Les *Fleurs* du quinze de la première lune consistent en représentations profanes et religieuses, où tous les peuples asiatiques paraissent avec leur physionomie propre et le costume qui les distingue. Personnages, vêtements, paysages, décorations, tout est représenté en beurre frais. Trois mois sont employés à faire les préparatifs de ce singulier spectacle. Vingt Lamas, choisis parmi les artistes les plus célèbres de la lamaserie, sont journellement occupés à travailler le beurre, en tenant toujours les mains dans l'eau, de peur que la chaleur des doigts ne déforme l'ouvrage. Comme ces travaux se font en grande partie pendant les froids les plus rigoureux de l'hiver, ces artistes ont de grandes souffrances à endurer. D'abord ils commencent par bien brasser et pétrir le beurre dans l'eau, afin de le rendre ferme. Quand la matière est suffisamment préparée, chacun s'occupe de façonner les diverses parties qui lui ont été confiées. Tous ces ouvriers travaillent sous la direction d'un chef, qui a fourni le plan des fleurs de l'année, et qui préside à leur exécution. Les ouvrages étant terminés, on les livre à une autre compagnie d'artistes, chargés d'y apposer les couleurs, toujours sous la direction du même chef. Un musée tout en beurre, nous paraissait une chose assez curieuse, pour qu'il nous tardât un peu d'arriver au quinze de la lune.

La veille de la fête, l'affluence des étrangers fut inexprimable. *Kounboum* n'était plus cette lamaserie calme et silencieuse, où tout respirait la gravité et le sérieux de la vie religieuse ; c'était une cité mondaine, pleine d'agitation et de tumulte. Dans tous les quartiers, on n'entendait que les cris perçants des chameaux et les grognements sourds des bœufs à long poil, qui avaient transporté les pèlerins. Sur les parties de la montagne qui dominent la lamaserie, on voyait s'élever de nombreuses tentes, où campaient tous ceux qui n'avaient pu trouver place dans les habitations des Lamas. Pendant toute la journée du quatorze, le nombre de ceux qui firent le pèlerinage autour de la lamaserie fut immense. C'était pour nous un étrange et pénible spectacle, que de voir cette grande foule se prosternant à chaque pas, et récitant à voix basse son formulaire de prières. Il y avait parmi ces zélés bouddhistes, un grand nombre de Tartares-Mongols, tous venant de fort loin. Ils se faisaient remarquer par une démarche pesante et maussade, mais surtout par un grand recueillement et une scrupuleuse application à accomplir les règles de ce genre de dévotion. Les Houng-Mao-Eul ou Longues-Chevelures y étaient aussi, et nous ne leur trouvâmes pas meilleure façon qu'à Tang-Keou-Eul ; leur sauvage dévotion faisait un singulier contraste avec le mysticisme des Mongols. Ils allaient fièrement, la tête levée, le bras droit hors de la manche de leur habit, toujours accompagnés de leur grand sabre et du fusil en bandoulière. Les Si-Fan du pays d'*Amdo* étaient les plus nombreux de tous les pèlerins. Leur physionomie n'exprimait ni la rudesse des Longues-Chevelures, ni la candide bonne foi des Tartares. Ils accomplissaient leur pèlerinage lestement et sans façon. Ils avaient l'air de dire : Nous autres, nous sommes de la paroisse ; nous sommes au courant de tout cela.

La coiffure des femmes d'*Amdo* nous causa une agréable surprise ; elles portaient un petit chapeau en feutre noir ou gris, dont la forme était absolument la même que celle de ces petits chapeaux pointus qui étaient autrefois si à la mode en France, et qu'on nommait, autant qu'il nous en souvient, *Chapeaux à la trois pour cent*. La seule différence, c'est que le ruban qui servait à serrer la forme par le bas, au lieu d'être noir, était rouge ou jaune. Les femmes d'*Amdo* laissent pendre sur leurs épaules leurs cheveux, divisés en une foule de petites tresses, ornées de paillettes de nacre et de perles en corail rouge. Le reste du costume ne diffère pas de celui des femmes Tartares. Mais la pesanteur de leur grande robe en peau de mouton, est corrigée par le petit chapeau à la trois pour cent, qui leur donne un air assez dégagé. Nous fûmes fort surpris de trouver parmi cette foule de pèlerins quelques Chinois, avec un chapelet à la main, et faisant comme tous les autres les prostrations d'usage. Sandara-e-Barbu nous dit que c'étaient des marchands de *khata;* qu'ils ne croyaient pas à Bouddha, mais qu'ils simulaient de la dévotion, pour attirer des pratiques et vendre plus facilement leur marchandise. Nous ne pouvons dire si ces paroles de Sandara étaient une médisance ou une calomnie. Tout ce que nous savons, c'est qu'elles exprimaient passablement bien le génie chinois.

Le quinze, les pèlerins firent encore le tour de la lamaserie ; mais ils étaient bien moins nombreux que les jours précédents. La curiosité les poussait plus volontiers vers les endroits où se faisaient les préparatifs de la fête des fleurs. Quand la nuit fut arrivée, Sandara vint nous inviter à aller voir ces merveilles de beurre que nous avions tant entendu prôner. Nous partîmes en la compagnie du bègue, du Kitat-Lama et de son chabi. Nous ne laissâmes que le vieux Akayé pour garder la maison. Les fleurs étaient établies en plein air, devant les divers temples bouddhiques de la lamaserie. Elles étaient éclairées par des illuminations d'un éclat ravissant. Des vases innombrables, en cuivre jaune et rouge, et affectant la forme de calices, étaient distribués sur de légers échafaudages qui représentaient des dessins de fantaisie. Tous ces vases, de diverses grosseurs, étaient remplis de beurre figé, d'où s'élevait une mèche solide entourée de coton. Ces illuminations étaient ordonnées avec goût. Elles n'eussent pas été déplacées à Paris, aux jours de réjouissance publique.

La vue des fleurs nous saisit d'étonnement. Jamais nous n'eussions pensé qu'au milieu de ces déserts, et parmi des peuples à moitié sauvages, il pût se rencontrer des artistes d'un si grand mérite. Les peintres et les sculpteurs que nous avions vus dans diverses lamaseries étaient loin de nous faire soupçonner tout le fini que nous eûmes à admirer dans ces ouvrages en beurre. Ces fleurs étaient des bas-reliefs de proportions colossales, représentant divers sujets tirés de l'histoire du Bouddhisme. Tous les personnages avaient une vérité d'express'on qui nous étonnait. Les figures étaient vivantes et animées, les poses naturelles, et les costumes portés avec grâce et sans la moindre gêne. On pouvait distinguer au premier coup d'œil la nature et la qualité des étoffes. Les costumes en pelleterie étaient surtout admirables. Les peaux de mouton, de tigre, de renard, de loup et de divers autres animaux, étaient si bien représentées, qu'on était tenté d'aller les toucher de la main, pour s'assurer si elles n'étaient pas véritables. Dans tous les bas-reliefs, il était facile de reconnaître Bouddha. Sa figure pleine de noblesse et de majesté appartenait au type Caucasien, elle était conforme aux traditions bouddhiques, qui prétendent que Bouddha, originaire du ciel d'Occident, avait la figure blanche et légèrement colorée de rouge, les yeux largement fendus, le nez grand, les cheveux longs, ondoyants, et doux au toucher. Les autres personnages avaient tous le type mongol, avec les nuances thibétaine, chinoise, tartare, et *si-fan*. En ne considérant que les traits du visage, et abstraction faite du costume, on pouvait les distinguer facilement les uns des autres. Nous remarquâmes quelques têtes d'Hindous et de nègres, très bien représentées. Ces dernières excitaient beaucoup la curiosité des spectateurs. Ces bas-reliefs grandioses étaient encadrés par des décorations représentant des animaux, des oiseaux et des fleurs ; tout cela était aussi en beurre, et admirable par la délicatesse des formes et du coloris.

Sur le chemin qui conduisait d'un temple à l'autre on rencontrait, de distance en distance, de petits bas-reliefs, où étaient représentées, en miniature,

des batailles, des chasses, des scènes de la vie nomade, et des vues des lamaseries les plus célèbres
du Thibet et de la Tartarie. Enfin, sur le devant
du principal temple, était un théâtre, dont, personnages et décorations, tout était beurre. Les personnages n'avaient pas plus d'un pied de haut ; ils
représentaient une communauté de Lamas se rendant au chœur, pour la récitation des prières. D'abord,
on n'apercevait rien sur le théâtre. Quand le son
de la conque marine se faisait entendre, on voyait
sortir de deux portes latérales deux files de petits
Lamas ; puis venaient les supérieurs avec leurs
habits de cérémonie. Après être restés un instant
immobiles sur le théâtre, ils rentraient dans les cou-
lisses, et la représentation était finie. Ce spectacle
excitait l'enthousiasme de tout le monde. Pour nous,
qui avions vu autre chose en fait de mécanisme,
nous trouvions assez plats ces petits bonshommes
qui arrivaient sans remuer les jambes, et s'en retournaient de la même façon. Une seule représentation comme cela nous suffit, et nous allâmes admirer les bas-reliefs.

Le Grand-Lama visite les Fleurs.

Pendant que nous étions à examiner des groupes
de diables, aussi grotesques, pour le moins, que ceux
de Callot, nous entendîmes retentir, tout à coup,
le bruit immense d'un grand nombre de trompettes
et de conques marines. On nous dit que le Grand-
Lama sortait de son sanctuaire pour aller visiter
les fleurs. Nous ne demandions pas mieux ; le Grand-
Lama de *Kounboum* était pour nous chose curieuse
à voir. Il arriva bientôt à l'endroit où nous étions
arrêtés. Des Lamas-satellites le précédaient, en écar-
tant la foule avec de gros fouets noirs ; il allait à

pied, et était entouré des principaux dignitaires de la lamaserie. Ce Bouddha-vivant nous parut âgé, tout au plus, d'une quarantaine d'années ; il était de taille ordinaire, d'une physionomie commune et plate, et d'un teint fortement basané. Il jetait, en allant, un coup d'œil maussade sur les bas-reliefs qui se trouvaient sur son passage. En regardant les belles figures de Bouddha, il devait sans doute se dire qu'à force de transmigrations, il avait singulièrement dégénéré de son type primitif. Si la personne du Grand-Lama nous frappa peu, il n'en fut pas ainsi de son costume, qui était rigoureusement celui des évêques ; il portait sur sa tête une mitre jaune ; un long bâton en forme de crosse était dans sa main droite ; et ses épaules étaient recouvertes d'un manteau en taffetas violet, retenu sur la poitrine par une agrafe, et semblable en tout à une chape. Dans la suite nous aurons à signaler de nombreux rapports entre le culte catholique et les cérémonies lamaïques.

Les spectateurs paraissaient se préoccuper peu du passage de leur Bouddha-vivant ; ils regardaient plus volontiers les Bouddha de beurre, qui, au fond, étaient bien plus jolis. Les Tartares étaient les seuls qui donnassent quelques signes de dévotion ; ils joignaient les mains, courbaient la tête en signe de respect, et semblaient affligés qu'une foule trop pressée ne leur permît pas de se prosterner tout du long.

Quand le Grand-Lama eut fini sa tournée, il rentra dans son sanctuaire, et alors ce fut pour tout le monde comme le signal de s'abandonner sans réserve aux transports de la joie la plus folle. On chantait à perdre haleine, on dansait des farandoles ; puis on se poussait, on se culbutait, on poussait des cris, des hurlements à épouvanter les déserts ;

on eût dit que tous ces peuples divers étaient tombés dans le délire. Comme au milieu de cet épouvantable désordre, il eût été facile de renverser les illuminations et les tableaux en beurre, des Lamas armés de grandes torches enflammées étaient chargés d'arrêter les flots de cette immense foule, qui bouillonnait comme une mer battue par la tempête. Nous ne pûmes résister longtemps à une semblable cohue. Le Kitat-Lama, s'étant aperçu de l'oppression dans laquelle nous étions, nous invita à prendre le chemin de notre habitation. Nous acceptâmes avec d'autant plus de plaisir, que la nuit était déjà fort avancée, et que nous éprouvions le besoin d'un peu de repos.

Le lendemain, quand le soleil se leva, il ne restait plus aucune trace de la grande fête des fleurs. Tout avait disparu ; les bas-reliefs avaient été démolis, et cette immense quantité de beurre avait été jetée au fond du ravin pour servir de pâture aux corbeaux. Ces travaux grandioses, où l'on avait employé tant de peine, dépensé tant de temps, et on peut dire aussi tant de génie, n'avaient servi qu'au spectacle d'une seule nuit. Chaque année, on fait des fleurs nouvelles, et sur un plan nouveau.

Avec les *fleurs*, disparurent aussi les pèlerins. Déjà, dès le matin, on les voyait gravir à pas lents les sentiers sinueux de la montagne, et s'en retourner tristement dans leurs sauvages contrées ; ils s'en allaient tous la tête baissée et en silence ; car le cœur de l'homme peut porter si peu de joie en ce monde, que le lendemain d'une bruyante fête est ordinairement un jour rempli d'amertume et de mélancolie.

CHAPITRE II

Naissance merveilleuse de Tsong-Kaba.

La contrée d'*Amdo*, située au sud du Koukou-Noor, est habitée par des Thibétains orientaux qui, comme les Tartares Mongols, mènent la vie pastorale et nomade. Ce pays est d'un aspect triste et sauvage. L'œil ne découvre de tous côtés que des montagnes d'ocre rouge ou jaune, presque sans végétation, et sillonnées en tous sens par de profonds ravins. Cependant, au milieu de ce sol stérile et désolé, on rencontre quelquefois des vallées assez abondantes en pâtures, où les tribus nomades conduisent leurs troupeaux.

Au rapport des chroniques lamaïques, vers le milieu du quatorzième siècle de notre ère, un pasteur de la contrée d'Amdo, nommé *Lombo-Moke,* avait dressé sa tente noire au pied d'une montagne, tout près de l'ouverture d'un large ravin, au fond duquel serpentait, sur un lit rocailleux, un ruisseau assez abondant. Lombo-Moke partageait, avec son épouse *Chingtsa-Tsio,* les soins de la vie pastorale. Ils ne possédaient pas de nombreux troupeaux ; une vingtaine de chèvres, et quelques *sarligues* ou bœufs à long poil, étaient toute leur richesse. Depuis plusieurs années, ils vivaient seuls et sans enfants au sein de cette solitude sauvage. Lombo-Moke conduisait ses bestiaux dans les pâturages d'alentour, pendant que Chingtsa-Tsio, demeurée seule dans la tente, s'occupait à préparer les laitages, ou à tisser, selon l'usage des femmes d'Amdo, une toile grossière avec les longs poils des sarligues.

Un jour, Chingtsa-Tsio étant descendue au fond du ravin pour puiser de l'eau, éprouva un vertige, et tomba sans connaissance sur une large pierre où étaient gravés quelques caractères en l'honneur du Bouddha *Chakdja-Mouni*. Quand Chingtsa-Tsio se releva, elle ressentit une grande douleur au côté, et comprit que cette chute l'avait rendue féconde. Dans l'année de la *poule de feu* (1357), neuf mois après cet événement mystérieux, elle mit au monde un enfant que Lombo-Moke appela *Tsong-Kaba*, du nom de la montagne au pied de laquelle il avait planté sa tente depuis plusieurs années. Cet enfant merveilleux avait, en naissant, une barbe blanche, et portait sur sa figure une majesté extraordinaire. Ses manières n'avaient rien de puéril. Dès qu'il vit le jour, il fut capable de s'exprimer avec clarté et précision, dans la langue d'Amdo. Il parlait peu ; mais ses paroles renfermaient toujours un sens profond touchant la nature des êtres et la destinée de l'homme.

Tsong-Kaba réforme le lamaïsme.

Il ne tarda point à prendre la résolution d'abandonner sa tribu, et de s'en aller jusqu'au fond de l'Occident, puiser à la véritable source les purs enseignements de la doctrine. Il partit, un bâton à la main, seul et sans guide, mais le cœur plein d'un courage surhumain. Il descendit d'abord directement vers le sud, et parvint, après de longues et pénibles courses, jusqu'aux frontières de la province du *Yun-Nan*, tout à fait à l'extrémité de l'empire chinois.

Là, au lieu de suivre la même direction, il remonta vers le nord-ouest, en longeant les bords du grand fleuve *Yarou-Dsangbo*. Il arriva enfin à la sainte ville du royaume d'*Oui* (1). Comme il se disposait à continuer sa route, un *Lha* (esprit), tout resplendissant de lumière, l'arrêta et lui défendit d'aller plus loin. — « O Tsong-Kaba, lui dit-il, toutes ces vastes contrées appartiennent au grand empire qui t'a été accordé. C'est ici que tu dois promulguer les rites et les prières. C'est ici que s'accomplira la dernière évolution de ta vie immortelle. » Tsong-Kaba, docile à cette voix surnaturelle, entra dans *le pays des esprits* (Lha-Ssa), et choisit une pauvre demeure dans le quartier le plus solitaire de la ville.

Le Religieux de la tribu d'Amdo ne tarda point à s'attacher des disciples. Bientôt sa doctrine nouvelle, et les rites inconnus qu'il introduisait dans les cérémonies lamaïques, ne manquèrent pas de causer quelque agitation. Enfin Tsong-Kaba se posa hardiment comme réformateur, et se mit à déclarer la guerre à l'ancien culte. Ses partisans augmentèrent de jour en jour, et furent nommés Lamas à bonnet jaune, par opposition aux Lamas à bonnet rouge, qui défendaient l'ancien système. Le roi de la contrée de *Oui*, et le Chakdja, Bouddha-vivant et chef de la hiérarchie lamaïque, s'émurent de cette nouvelle secte, qui introduisait la confusion dans les cérémonies religieuses. Le Chakdja manda en sa présence Tsong-Kaba, afin de s'assurer si sa science était aussi merveilleuse et aussi profonde que le prétendaient ses partisans. Le réformateur dédaigna de se rendre à cette invitation. Représentant d'un système religieux qui devait remplacer

---

(1) *Oui*, en thibétain, veut dire, centre, milieu. C'est le nom qu'on donne à la province qui occupe en effet le centre du Thibet, et dont la capitale est *Lha-Ssa*.

l'ancien, ce n'était pas lui qui devait faire acte de soumission.

Cependant, la secte des bonnets jaunes devenait dominante, et les hommages de la multitude se tournaient vers Tsong-Kaba. Le Bouddha Chakdja, voyant son autorité décliner, prit le parti d'aller trouver *le petit Lama de la province d'Amdo;* car c'était ainsi que, par mépris, il appelait le réformateur des rites. Il espérait, dans cette entrevue, entrer en discussion avec son adversaire et faire triompher l'ancienne doctrine. Il s'y rendit avec grand appareil, et entouré de tous les attributs de sa suprématie religieuse. En entrant dans la modeste cellule de Tsong-Kaba, son grand bonnet rouge heurta le haut de la porte, et tomba à terre. Cet accident fut regardé par tout le monde comme un signe de triomphe du bonnet jaune. Le réformateur était assis sur un coussin, les jambes croisées, et ne parut pas faire attention à l'entrée du Chakdja. Il ne se leva pas pour le recevoir, et continua à dérouler gravement entre ses doigts les grains de son chapelet. Le Chakdja, sans s'émouvoir ni de la chute de son bonnet, ni du froid accueil qu'on lui faisait, entra brusquement en discussion. Il fit un pompeux éloge des rites anciens, et étala tous les droits qu'il avait à la prééminence. Tsong-Kaba, sans lever les yeux, l'interrompit en ces termes : « Lâche, cruel que tu es, lâche ce pou que tu tords entre tes doigts... J'entends d'ici ses gémissements, et j'en ai le cœur navré de douleur. » Le Chakdja, tout en prônant son mérite, avait en effet saisi un pou sous ses habits, et au mépris de la doctrine de la transmigration, qui défend de tuer rien de ce qui a vie, il cherchait à l'écraser entre ses doigts. Ne sachant que répondre aux sévères paroles de Tsong-Kaba, il se prosterna à ses pieds et reconnut sa suprématie.

Dès ce moment, les réformes proposées par Tsong-Kaba ne trouvèrent plus d'obstacle ; elles furent adoptées dans tout le Thibet, et, dans la suite, elles s'établirent insensiblement dans les divers royaumes de la Tartarie. En 1409, Tsong-Kaba, étant âgé de cinquante-deux ans, fonda la célèbre lamaserie de Kaldan, située à trois lieues de Lha-Ssa ; elle existe encore aujourd'hui, et compte plus de huit mille Lamas. En 1419, l'âme de Tsong-Kaba, qui était devenu Bouddha, quitta la terre pour retourner dans le royaume céleste, où elle fut admise dans le ciel du ravissement. Son corps est resté à la lamaserie de Kaldan. On prétend que jusqu'à ce jour, il a conservé toute sa fraîcheur, et qu'il se soutient, par un prodige continuel, un peu au-dessus du sol, sans être appuyé ni retenu par rien. On ajoute qu'il lui arrive quelquefois d'adresser la parole aux Lamas qui ont fait de grands progrès dans la perfection ; mais les autres ne peuvent l'entendre.

Outre la réforme que Tsong-Kaba introduisit dans la liturgie, il se rendit encore célèbre par une rédaction nouvelle du corps doctrinal, laissé par *Chakdja-Mouni*. Le plus important de ses ouvrages est intitulé *Lam-Rim-Tsien-Bo*, c'est-à-dire : « Le chemin gradué de la perfection. »

Pour peu qu'on examine les réformes et les innovations introduites par Tsong-Kaba dans le culte lamaïque, on ne peut s'empêcher d'être frappé de leur rapport avec le catholicisme. La crosse, la mitre, la dalmatique, la chape ou pluvial, que les grands Lamas portent en voyage, ou lorsqu'ils font quelque cérémonie hors du temple ; l'office à deux chœurs, la psalmodie, les exorcismes, l'encensoir soutenu par cinq chaînes, et pouvant s'ouvrir et se fermer à volonté ; les bénédictions données par les Lamas en étendant la main droite sur la tête des fidèles ; le chapelet, le célibat ecclésiastique, les retraites spirituelles, le culte des saints, les jeûnes, les processions, les litanies, l'eau bénite : voilà autant de rapports que les bouddhistes ont avec nous. Maintenant, peut-on dire que ces rapports sont d'origine chrétienne? Nous le pensons ainsi ; quoique nous n'ayons trouvé ni dans les traditions, ni dans les monuments du pays, aucune preuve positive de cet emprunt, il est permis néanmoins d'établir des conjectures, qui portent tous les caractères de la plus haute probabilité.

On sait qu'au quatorzième siècle, du temps de la domination des empereurs mongols, il existait de fréquentes relations entre les Européens et les peuples de la Haute-Asie. Nous avons déjà parlé, dans la première partie de notre voyage, de ces ambassades célèbres que les conquérants tartares envoyèrent à Rome, en France et en Angleterre. Nul doute que ces Barbares durent être frappés de la pompe et de l'éclat des cérémonies du culte catholique, et qu'ils en emportèrent dans leur désert des souvenirs ineffaçables. D'autre part, on sait aussi qu'à la même époque, des religieux de différents ordres entreprirent des courses lointaines, pour introduire le christianisme dans la Tartarie ; ils durent pénétrer en même temps dans le Thibet, chez les Si-Fan, et les Mongols de la mer Bleue. Jean de Montcorvin, archevêque de Péking, avait déjà organisé un chœur, où de nombreux religieux mongols s'exerçaient tous les jours à la récitation des psaumes et aux cérémonies catholiques. Maintenant, si on fait attention que Tsong-Kaba vivait précisément à la même époque où la religion chrétienne s'introduisait dans l'Asie centrale, on ne sera pas étonné de trouver, dans la réforme bouddhique, des rapports aussi frappants avec le christianisme.

La réforme de Tsong-Kaba a triomphé, dans tous les pays compris entre les monts Himalaya, les frontières russes, et la grande muraille de Chine. Elle a même pénétré dans quelques provinces du Céleste Empire, telles que le Kan-Sou, le Chan-Si, le Pétché-Li et la Mantchourie tout entière. Les bonzes ont conservé les anciens rites, à part quelques légères innovations qu'ils ont adoptées dans certaines localités. Maintenant on distingue des Lamas de deux espèces, les jaunes et les gris; c'est-à-dire ceux qui ont suivi la réforme, et ceux qui ont persisté dans le culte primitif. Ces deux sectes, qui, sans doute, autrefois, ont dû se traiter en rivales et se faire la guerre, vivent aujourd'hui dans un parfait accord. Les Bonzes et les Lamas se regardent comme étant d'une même famille.

L'arbre des dix mille images.

La tribu d'Amdo, pays autrefois ignoré, et de nulle importance, a acquis, depuis la réforme du Bouddhisme, une prodigieuse célébrité. La montagne, au pied de laquelle Tsong-Kaba a reçu le jour, est devenue un lieu fameux de pèlerinage. Les Lamas sont accourus de toutes parts y bâtir leurs cellules, et peu à peu s'est formée cette florissante lamaserie, dont la renommée s'étend jusqu'aux confins les plus reculés de la Tartarie. On l'a appelée *Kounboum*, de deux mots thibétains, qui veulent dire *Dix mille images*. Ce nom fait allusion à l'arbre, qui, suivant la légende, naquit de la chevelure de Tsong-Kaba, et qui porte un caractère thibétain sur chacune de ses feuilles.

Ici on doit naturellement s'attendre à ce que nous disions quelque chose de cet arbre. Existe-t-il encore? L'avons-nous vu? Qu'offre-t-il de particulier? Que faut-il penser de ses feuilles merveilleuses? Voilà tout autant de questions qu'on est en droit de nous faire. Nous allons donc tâcher d'y répondre autant qu'il nous sera possible.

Oui, cet arbre existe encore ; et nous en avions entendu parler trop souvent durant notre voyage, pour que nous ne fussions pas quelque peu impatients d'aller le visiter. Au pied de la montagne où est bâtie la lamaserie, et non loin du principal temple bouddhique, est une grande enceinte carrée formée par des murs en briques. Nous entrâmes dans cette vaste cour, et nous pûmes examiner à loisir l'arbre merveilleux dont nous avions déjà aperçu de dehors quelques branches. Nos regards se portèrent d'abord avec une avide curiosité sur les feuilles, et nous fûmes consternés d'étonnement, en voyant, en effet, sur chacune d'elles, des caractères thibétains très-bien formés ; ils sont d'une couleur verte, quelquefois plus foncée, quelquefois plus claire que la feuille elle-même. Notre première pensée fut de soupçonner la supercherie des Lamas ; mais après avoir tout examiné avec l'attention la plus minutieuse, il nous fut impossible de découvrir la moindre fraude. Les caractères nous parurent faire partie de la feuille, comme les veines et les nervures ; la position qu'ils affectent n'est pas toujours la même ; on en voit tantôt au sommet ou au milieu de la feuille, tantôt à sa base ou sur les côtés ; les feuilles les plus tendres représentent le caractère en rudiment, et à moitié formé ; l'écorce du tronc et des branches, qui se lève à peu près comme celle des platanes, est également chargée de caractères. Si on détache un fragment de vieille écorce, on aperçoit sur la nouvelle, les formes indéterminées des caractères, qui déjà commencent à germer ; et, chose singulière, ils diffèrent assez souvent de ceux qui étaient par-dessus.

Nous cherchâmes partout, mais toujours vainement, quelque trace de supercherie ; la sueur nous en montait au front. D'autres, plus habiles que nous, pourront peut-être donner des explications satisfaisantes sur cet arbre singulier ; pour nous, nous devons y renoncer. On sourira, sans doute, de notre ignorance ; mais peu nous importe, pourvu qu'on ne suspecte pas la sincérité de notre relation.

L'*Arbre des dix mille images* nous parut très-vieux : son tronc, que trois hommes pourraient à peine embrasser, n'a pas plus de huit pieds de haut ; les branches ne montent pas, mais elles s'étendent en panache, et sont extrêmement touffues ; quelques-unes sont desséchées et tombent de vétusté ; les feuilles demeurent toujours vertes ; le bois, d'une couleur rougeâtre, a une odeur exquise et qui approche un peu de celle de la cannelle. Les Lamas nous dirent que, pendant l'été, vers la huitième lune, il produisait de grandes fleurs rouges d'une extrême beauté. On nous a assuré aussi que nulle part il n'existait d'autre arbre de cette espèce, qu'on avait essayé de le multiplier par des graines et des boutures, dans plusieurs lamaseries de la Tartarie et du Thibet, mais que toutes ces tentatives avaient été infructueuses.

L'empereur *Khanghi*, s'étant rendu en pèlerinage à Kounboum, fit construire à ses dépens un dôme d'argent au-dessus de l'Arbre des dix mille images ; de plus il fit don au Grand-Lama d'un beau cheval noir, qui faisait, dit-on, mille *lis* par jour, et d'une selle ornée de pierreries. Le cheval est mort, mais la selle se voit encore dans un des temples bouddhiques ; elle est l'objet d'une vénération particulière. Avant de quitter la lamaserie, Khanghi fonda un revenu annuel pour l'entretien de trois cent cinquante Lamas.

Organisation de la lamaserie de Kounboum.
L'enseignement.
La discipline.

La renommée de Kounboum, due d'abord à la célébrité de Tsong-Kaba, se maintient aujourd'hui par la bonne discipline de la lamaserie, et la supériorité de son enseignement. Les Lamas sont censés étudiants pendant toute leur vie, car la science religieuse est réputée inépuisable. Les étudiants sont distribués en quatre sections, ou quatre facultés, suivant la nature des études spéciales auxquelles ils veulent s'appliquer : 1º la Faculté de mysticité, qui embrasse les règles de la vie contemplative, et les exemples renfermés dans la vie des saints bouddhistes ; 2º la Faculté de liturgie comprenant l'étude des cérémonies religieuses, avec l'explication de tout ce qui sert au culte lamaïque ; 3º la Faculté de médecine, ayant pour objet les quatre cent quarante maladies du corps humain, la botanique médicale et la pharmacopée ; 4º enfin, la Faculté des prières ; cette dernière est la plus estimée, la mieux rétribuée, et par conséquent celle qui réunit un plus grand nombre d'étudiants.

Devant le principal temple de la lamaserie est une grande cour carrée, pavée avec de larges dalles, et entourée de colonnes torses chargées de sculptures coloriées. C'est dans cette enceinte que les Lamas de la Faculté des prières se réunissent à l'heure des cours, qui leur est annoncée au son de la conque marine ; ils vont s'accroupir selon leur rang sur les dalles nues, endurant pendant l'hiver le froid, le vent et la neige, exposés pendant l'été à la pluie et aux ardeurs du soleil. Les professeurs sont seuls à l'abri ; ils siègent sur une estrade surmontée d'un pavillon. C'est un singulier spectacle, que de voir ces Lamas enveloppés de leur écharpe rouge, coiffés d'une grande mitre jaune, et tellement pressés les uns contre les autres qu'il est impossible d'apercevoir les dalles sur lesquelles ils sont assis. Après que quelques étudiants ont récité la leçon assignée par la règle, les professeurs donnent, à tour de rôle, des explications aussi vagues et aussi incompréhensibles que le texte ; mais personne ne fait le difficile, tout le monde se contente d'un à peu près. On est, du reste, convaincu que la sublimité d'une doctrine est en raison directe de son obscurité et de son impénétrabilité.

Le cours se termine ordinairement par une thèse soutenue par un étudiant désigné à l'avance. Chacun a le droit de l'interroger sur toute espèce de sujet qui lui passe par la tête. Il n'est rien de monstrueux comme ces thèses qui rappellent assez bien les fameuses discussions de ces écoles du moyen âge, où l'on argumentait avec acharnement *de omni re scibili*. A Kounboum, il est de règle que le vainqueur monte sur les épaules du vaincu, et soit porté en triomphe tout autour des murs de l'école. Un jour Sandara-le-Barbu revint du cours, le visage plus épanoui et plus riant que de coutume. Bientôt nous apprîmes qu'il avait été le héros de la thèse ; il avait vaincu son concurrent, dans l'importante question de savoir pourquoi les poules et autres volatiles étaient privés d'une des fonctions vitales communes à tous les autres animaux. Nous citons cette particularité, parce qu'elle peut donner une idée de la hauteur et de la noblesse de l'enseignement lamaïque.

A certaines époques de l'année, le Bouddha-vivant, grand supérieur de la lamaserie, vient lui-même en personne et en grand appareil donner des explications officielles des livres sacrés. Quoiqu'elles ne soient ni plus savantes, ni plus claires que celles des professeurs, elles font pourtant autorité. La langue thibétaine est la seule qui soit admise dans les écoles.

La discipline de la lamaserie est vigilante et sévère. Dans les Facultés, pendant les heures des cours, et au chœur, pendant la récitation des prières, on voit toujours les Lamas censeurs debout, appuyés sur une barre de fer, et maintenant, parmi les reli-gieux, le bon ordre et le silence. La moindre infraction à la règle est sur-le-champ réprimée, d'abord verbalement, èt, s'il en est besoin, à coups de barre de fer. Les vieillards, pas plus que les jeunes chabis, ne sont à l'abri de ces terribles corrections.

Les Lamas-satellites sont chargés de la police de la lamaserie ; ils sont costumés de la même manière que les autres Lamas, à la seule différence que leurs habits sont de couleur grise, et qu'ils portent une mitre noire. Le jour et la nuit, ils circulent dans les rues de la cité, armés d'un gros fouet, et rétablissent l'ordre partout où le besoin l'exige. Trois tribunaux, où siègent des Lamas-juges, connaissent des affaires qui sont au-dessus de l'autorité des Lamas-satellites. Ceux qui se rendent coupables du plus petit larcin sont expulsés de la lamaserie, après avoir été marqués au front et sur les deux joues d'un signe d'ignominie avec un fer rouge.

Les couvents bouddhiques, quoique semblables, sous plusieurs rapports, aux monastères chrétiens, en diffèrent pourtant essentiellement. Les Lamas sont soumis, il est vrai, à une même règle et à une même discipline, mais on ne peut pas dire qu'ils vivent en communauté. On remarque parmi eux toutes les nuances de pauvreté et de richesse qui se rencontrent dans les cités mondaines. A Kounboum, nous avons vu plusieurs fois des Lamas couverts de haillons, allant mendier, à la porte de leurs riches confrères, quelques poignées de farine d'orge. Tous les trois mois, l'administration fait indistinctement à tous les Lamas attachés à la lamaserie une distribution de farine qui leur est très insuffisante. Les offrandes volontaires des pèlerins leur viennent bien en aide ; mais, outre que ces offrandes sont incertaines, la répartition s'en faisant d'après les divers degrés de la hiérarchie, il y en a toujours plusieurs qui ne reçoivent que fort peu de chose.

Offrandes de thé. Offrandes d'argent.

On distingue des offrandes de deux espèces, en thé et en argent. La première se fait de la manière suivante : le pèlerin qui veut régaler la tribu sacerdotale va trouver les supérieurs de la lamaserie et leur annonce, en leur offrant un khata, qu'il aura la dévotion de servir aux Lamas un thé général ou particulier. Le thé général est pour tout le monde indistinctement ; le thé particulier, au contraire, n'est offert qu'à une des quatre Facultés, au choix du pèlerin. Le jour fixé pour l'offrande du thé général, après la récitation en commun des prières du matin, le Lama-président donne un signal pour avertir l'assemblée de garder son poste. Aussitôt une quarantaine de jeunes chabis, désignés par le sort, se rendent à la grande cuisine, et reparaissent un instant après, chargés de jarres de thé au lait ; ils passent dans tous les rangs, et à mesure qu'ils avancent, les Lamas tirent de leur sein leur écuelle de bois, et on la leur remplit jusqu'au bord. Chacun boit en silence, ayant soin de ramener doucement un coin de son écharpe devant l'écuelle, afin de corriger, par cette précaution de modestie, l'incon-

venance que pourrait présenter cet acte matériel,
et peu en harmonie avec la sainteté du lieu. Ordinairement, le thé est préparé en assez grande quantité pour qu'on puisse faire deux fois le tour, et
remplir deux fois l'écuelle de chaque religieux. Le
thé est plus ou moins fort et coloré, suivant la générosité du pèlerin. Il en est qui joignent au thé
une tranche de beurre frais pour chacun ; ceux qui
veulent faire les magnifiques, ajoutent à tout cela
des gâteaux faits avec de la farine de froment. Quand
le festin est terminé, le Lama-président proclame
solennellement le nom du pieux pèlerin qui s'est
procuré le mérite immense de régaler la sainte famille des Lamas. Aussitôt le pèlerin, qui ordinairement est présent à la cérémonie, se prosterne la
face contre terre : les Lamas psalmodient à son
intention quelques prières, et font ensuite processionnellement une évolution autour du bienfaiteur
qui ne se relève que lorsque tout le monde est
sorti.

Des offrandes de ce genre sont en réalité peu de
chose pour chaque Lama ; mais, quand on songe
qu'il se rencontre à la fois plus de quatre mille bu-
veurs de thé, il est facile de comprendre que la dépense peut devenir sérieuse. Dans la lamaserie de
Kounboum, un simple thé général, sans accompagnement de beurre et de gâteaux, s'élève à la somme
de cinquante onces d'argent qui valent à peu près
500 francs.

Les offrandes en argent sont beaucoup plus coû-
teuses, car elles sont toujours accompagnées d'un
thé général. L'argent ne se distribue pas au chœur.
Après les prières communes, le Lama-président
annonce que tel pèlerin, de tel pays, a offert tant
d'onces d'argent à la sainte famille des Lamas, et
que la somme exactement divisée a fourni tel quo-

tient. Dans la journée, les Lamas se rendent au bureau des offrandes, où on leur compte scrupuleusement ce qui leur revient.

Il n'y a ni temps ni jour fixé pour les offrandes : elles sont toujours les bienvenues ; cependant, aux quatre grandes fêtes de l'année, elles sont plus nombreuses et plus importantes, à cause de la grande affluence des pèlerins. Après la fête des fleurs, le roi du Souniout, qui se trouvait à Kounboum, offrit, avant de s'en retourner en Tartarie, six cents onces d'argent, et un thé général pendant huit jours, avec accompagnement de beurre et de gâteaux : la dépense pouvait s'élever à 15 000 francs. Lorsque l'offrande est faite par un personnage distingué, il est d'usage que le Bouddha-vivant assiste à la cérémonie. On lui présente en particulier, dans une corbeille ornée de fleurs et de rubans, un lingot d'argent du poids de cinquante onces, une pièce de soie jaune ou rouge, une paire de bottes et une mitre, le tout recouvert d'un khata de luxe. Le pèlerin se prosterne sur les marches de l'autel où est assis le Bouddha-vivant, et dépose la corbeille à ses pieds. Un chabi la reçoit, et en retour présente au pèlerin un khata au nom du Bouddha-vivant, dont le rôle est de conserver l'impassibilité et la bonne tenue qui conviennent à une divinité.

Lamas industriels et commerçants. Sandara histrion.

En dehors des distributions et des offrandes, les Lamas de Kounboum ont plusieurs moyens d'augmenter le bien-être de leur position : il en est qui nourrissent des vaches, et vendent à leurs confrères le lait et le beurre qui servent d'assaisonnement au thé et à la farine d'orge. Quelques-uns forment des sociétés en commandite, et se chargent de la pré-

paration des thés généraux que les pèlerins offrent
à la communauté; d'autres sont tailleurs, teinturiers, bottiers, chapeliers, et confectionnent, moyennant salaire, tout ce qui appartient au costume
des Lamas. Enfin, on trouve à Kounboum des bou-
tiquiers qui revendent, à gros bénéfice, les marchandises qu'ils font venir de Tang-Keou-Eul ou de
Si-Ning-Fou.

Dans la classe des Lamas industriels, il y en a
pourtant un certain nombre qui cherchent leur profit dans des occupations qui paraissent plus conformes à l'esprit de la vie religieuse; ils s'occupent
à imprimer ou à transcrire les livres lamaïques. On
sait que l'écriture thibétaine procède horizontalement, et de gauche à droite. Quoique l'idiome des
Lamas soit alphabétique, à peu près à la manière
de nos langues européennes, cependant on ne se
sert point de caractères mobiles. L'imprimerie sté-
réotype, à l'aide de planches en bois, est la seule
qui soit en usage. Les livres thibétains ressemblent
à un grand jeu de cartes; les feuillets sont mobiles
et imprimés sur les deux faces. Comme ils ne sont
ni cousus ni reliés, afin de les conserver, on les place
entre deux planchettes en bois, qu'on serre ensuite
avec des bandelettes jaunes. Les éditions des livres
thibétains qui s'impriment à Kounboum sont gros-
sières; les caractères en sont baveux, sans délicatesse et sans netteté; elles sont, sous tous les rapports, très inférieures à celles qui sortent de l'imprimerie impériale de Pékin. Les éditions manus-
crites sont au contraire magnifiques; elles sont enri-
chies de dessins de fantaisie, et les caractères sont
toujours pleins d'élégance et de pureté. Les Lamas
n'écrivent pas au pinceau comme les Chinois; ils
se servent de baguettes de bambou, qu'ils taillent
comme des plumes : leur écritoire est une petite

boîte en cuivre, assez semblable, par la forme, à une tabatière à charnière ; elle est remplie de coton imbibé d'encre. Les Lamas collent leur papier pour l'empêcher de boire : au lieu de se servir, comme les Chinois, d'une dissolution d'alun, ils aspergent le papier d'une eau blanchie d'un dixième de lait : la méthode est simple, facile, et donne un résultat très satisfaisant.

Sandara-le-Barbu n'appartenait à aucune des classes d'industriels que nous venons d'énumérer ; il formait à lui seul une catégorie à part. Son métier, à lui, était d'exploiter les étrangers que la dévotion ou d'autres motifs amenaient à la lamaserie. Les Tartares-Mongols étaient surtout ceux qu'il travaillait avec le plus de succès. Il se présentait à eux en qualité de *cicerone*, et, grâce à la souplesse de son caractère et à la séduction de son langage, il finissait toujours par devenir leur homme d'affaires. Sandara ne jouissait pas à Kounboum d'une excellente renommée. Les bons Lamas avaient peu d'estime pour lui ; il y en eut même quelques-uns qui nous avertirent charitablement de ne pas trop nous fier à ses belles paroles, et de veiller avec soin sur notre bourse. Nous apprîmes que, forcé de quitter Lha-Ssa pour cause d'escroquerie, il avait parcouru pendant trois ans les provinces du Sse-Tchouan et du Kan-Sou, faisant métier de jouer la comédie et de dire la bonne aventure. Nous ne fûmes aucunement surpris d'apprendre une semblable nouvelle. Nous avions remarqué que, lorsque Sandara se laissait aller franchement à son naturel, il prenait aussitôt toutes les allures d'un histrion.

Quand nous eûmes ouï ce sommaire des aventures de Sandara, il nous fut aisé de comprendre comment il se faisait qu'en toute circonstance il témoignât une si grande prédilection pour les hommes

et les choses de la Chine. Les règlements laissés
par Tsong-Kaba interdisent aux Lamas l'usage de
l'ail, de l'eau-de-vie et du tabac à fumer. L'ail est
défendu parce qu'il est inconvenant de se présenter,
devant les images de Bouddha, avec une haleine
puante et capable d'empester le parfum même de
l'encens ; l'eau-de-vie, parce que cette boisson funeste trouble la raison et soulève les passions du
cœur ; le tabac, parce qu'il engendre la paresse et
absorbe des moments précieux qui doivent être consacrés à l'étude des prières et de la doctrine. Malgré
ces prohibitions, très bien motivées, les Lamas, qui
ont pour principe de se sanctifier à la manière de
Sandara, ne se font pas faute de fumer, de s'enivrer
et d'assaisonner à l'ail cru leur farine d'orge. Mais
tout cela se fait en cachette et à l'insu de la police.
Dans la lamaserie de Kounboum, Sandara était le
patron et l'introducteur des colporteurs chinois qui
faisaient la contrebande des denrées prohibées. Il
se chargeait volontiers d'en faciliter la circulation,
moyennant quelques légers bénéfices.

Quelques jours après la fête des fleurs, nous reprîmes avec courage l'étude du thibétain. Sandara
venait tous les matins travailler avec nous. Nous
nous occupâmes de la rédaction d'un abrégé de
l'Histoire sainte, depuis la création du monde jusqu'à la prédication des apôtres. Nous donnâmes à
ce travail la forme dialoguée. Les deux interlocu-
teurs étaient un Lama de Jéhovah et un Lama de
Bouddha. Sandara s'occupait de ses fonctions en
véritable mercenaire. Les dispositions qu'il avait
d'abord manifestées à Tang-Keou-Eul, ses signes de
croix, son penchant pour la doctrine chrétienne, tout
cela n'avait été qu'une pure comédie. Les idées religieuses n'avaient plus aucune prise sur ce cœur
cupide et blasé. Il avait rapporté, de son long séjour

parmi les Chinois, une incrédulité frondeuse dont il aimait souvent à faire parade. A ses yeux, toute religion n'était qu'une industrie inventée par les gens d'esprit, pour l'exploitation des imbéciles. La vertu était un vain mot, et l'homme de mérite était celui qui avait assez d'adresse pour se tirer d'affaire mieux que les autres.

Esprit religieux des Lamas.

Malgré ces opinions sceptiques et impies, Sandara ne pouvait s'empêcher d'être plein d'admiration pour la doctrine chrétienne. Il était surtout frappé de l'enchaînement des faits historiques que nous lui faisions traduire. Il y trouvait un caractère d'authenticité, dont sont dénuées les fables accumulées dans les livres bouddhiques ; il nous le disait quelquefois, comme par surprise, car ordinairement il cherchait à soutenir en notre présence son triste rôle d'esprit fort. Quand il était avec les Lamas, il était plus à son aise : il publiait partout qu'en fait de doctrine religieuse nous étions capables d'en remontrer à tous les Bouddha-vivants.

Au bout de quelque temps, nous commençâmes par faire dans la lamaserie une certaine sensation : on s'entretenait beaucoup des deux Lamas de Jéhovah et de la nouvelle doctrine qu'ils enseignaient. On disait que jamais on ne nous voyait nous prosterner devant Bouddha ; que nous récitions trois fois par jour des prières qui n'étaient pas thibétaines ; que nous avions un langage particulier que personne n'entendait, mais qu'avec les autres nous parlions tartare, chinois et un peu thibétain. Il n'en fallait pas tant pour piquer la curiosité du public lamaïque. Tous les jours nous avions des visiteurs, et la conversation ne roulait jamais que sur des questions religieuses. Parmi tous ces Lamas, nous n'en trouvâmes pas un seul qui fût de la trempe incrédule de Sandara-le-Barbu ; ils nous parurent tous sincèrement religieux et pleins de bonne foi ; il y en avait même plusieurs qui attachaient une grande importance à la connaissance et à l'étude de la vérité ; ils venaient souvent nous prier de les instruire de notre sainte religion.

Cet empressement des Lamas à venir nous visiter, surtout leurs bonnes dispositions pour le christianisme, finirent par donner de la jalousie et de l'ombrage à Sandara ; il prit un caractère intraitable ; il se bornait à nous donner sèchement et laconiquement sa leçon de thibétain, puis il se renfermait pendant le reste de la journée dans un silence plein de morgue et d'insolence. S'il nous arrivait de lui demander humblement le nom thibétain d'un objet, ou un éclaircissement sur quelque phrase des dialogues, il ne daignait pas même répondre à notre question. Dans cette extrémité, nous avions ordinairement recours à notre voisin, le jeune étudiant en médecine, qui nous obligeait toujours avec empressement et cordialité. Quoiqu'il ne fût pas très savant en thibétain, il pouvait pourtant nous être d'une grande utilité. Son naturel, plein de simplicité et de franchise, nous permettait d'ailleurs de lui adresser une foule de questions sur certaines pratiques des Lamas. En retour de ces services, nous secondions de tout notre cœur son désir de s'instruire de la religion chrétienne. Bien différent de Sandara, il était plein de respect pour les vérités que nous lui annoncions ; mais son caractère timide et irrésolu l'empêchait de renoncer franchement au bouddhisme. Il avait la prétention d'être, tout à la fois, bon chrétien et fervent bouddhiste ; dans les prières, il invoquait tour à tour Tsong-Kaba et

Jéhovah ; il poussait la simplicité jusqu'à nous inviter quelquefois à prendre part à ses pratiques religieuses.

Grand secours apporté aux voyageurs en péril.
Chevaux de papier.

Un jour, il nous proposa pour le lendemain une partie de dévotion en faveur des voyageurs du monde entier. — « Nous ne connaissons pas cette dévotion, lui dîmes-nous ; si tu voulais nous donner quelques explications? — Voici : on sait qu'il y a souvent des voyageurs qui se trouvent sur des chemins pénibles et difficiles ; quelquefois ces voyageurs sont de saints Lamas qui font pèlerinage : or, il arrive fréquemment qu'ils ne peuvent continuer leur route, parce qu'ils sont épuisés de fatigue ; dans ce cas, nous allons à leur secours en leur envoyant des chevaux. — Oh ! nous écriâmes-nous, cette pratique est bien belle, elle est très conforme aux principes de la charité chrétienne ; mais considère que nous autres, pauvres voyageurs, nous ne sommes pas actuellement en position de prendre part à cette belle œuvre ; tu sais que nous ne possédons qu'un cheval et un petit mulet, que nous devons faire reposer, afin de nous en servir pour notre voyage du Thibet. — Tsong-Kaba ! s'écria le bègue, puis il frappa ses mains l'une contre l'autre, en signe de jubilation, et s'abandonna à un rire inextinguible. — Qu'as-tu donc à rire? Ce que nous te disons, c'est la vérité, nous n'avons qu'un cheval et un petit mulet... » Quand le débordement de son hilarité fut un peu passé : — « Ce n'est pas cela, nous dit-il, vous n'avez pas compris notre pratique de dévotion. Ce que nous envoyons aux voyageurs, ce sont des chevaux en papier... » Et en disant ces mots, il courut dans sa cellule... C'eût été le cas de rire à notre tour, en apprenant que la charité des bouddhistes consistait à donner aux voyageurs des chevaux en papier. Mais nous conservâmes notre gravité ; car nous avions pris pour règle de ne tourner jamais en ri-dicule les pratiques des Lamas. Un instant après, le bègue reparut, tenant dans ses mains quelques morceaux de papier, sur chacun desquels était im-primée l'image d'un cheval sellé, bridé, et allant ventre à terre, — « Voilà, nous dit le bègue, les che-vaux que nous envoyons aux voyageurs. Demain, nous monterons sur une haute montagne, à trente lis de la lamaserie ; nous passerons la journée à réciter des prières et à expédier des chevaux. — Quel moyen employez-vous pour les envoyer aux voyageurs? — Un moyen fort simple. Après cer-taines formules de prières, nous prenons un paquet de chevaux que nous lançons en l'air ; le vent les emporte ; par la puissance de Bouddha, ils sont changés en véritables chevaux et se présentent aux voyageurs... » Nous dîmes sincèrement à notre cher voisin ce que nous pensions de cette pratique, et nous lui exposâmes les motifs qui nous empêchaient d'y prendre part. Il parut goûter fort tout ce que nous lui dîmes ; mais cela ne l'empêcha pas de passer une grande partie de la nuit à fabriquer, par voie d'impression, une quantité prodigieuse de chevaux.

Le lendemain, avant que le jour parût, il se mit en route, avec quelques confrères, pleins de dévoue-ment comme lui pour les pauvres voyageurs. Ils partirent chargés d'une tente, d'une marmite et de quelques provisions de bouche. Pendant toute la matinée, il fit un vent épouvantable, qui ne se calma que vers le milieu du jour ; le ciel devint alors sombre et pesant, et la neige se mit à tomber par gros flocons. Nous attendions avec impatience le retour du bègue ; le pauvre malheureux nous revint sur le soir, tout transi de froid et brisé de fatigue. Nous l'invitâmes à se reposer un instant dans notre cellule ; nous lui servîmes du thé au lait et quelques pains frits au beurre. — « La journée a été terrible, nous dit-il. — Oui, le vent a soufflé de ce côté-ci avec assez de violence. — Je crois pourtant que ce n'était rien, en comparaison de ce que nous avons ressenti sur le sommet de la montagne ; la tente, la marmite, tout a été emporté dans un tourbillon ; nous avons été obligés de nous coucher à plat ventre pour n'être pas nous-mêmes enlevés. — C'est bien fâcheux que vous ayez perdu votre tente et votre marmite. — C'est vrai, c'est un malheur. Cependant il faut avouer que le temps était très favorable pour envoyer des chevaux aux voyageurs. Quand nous avons vu qu'il allait tomber de la neige, nous les avons fait partir en masse, et le vent les a emportés vers les quatre parties du monde. Si nous avions attendu plus tard, la neige les aurait mouillés, et ils seraient restés collés sur les flancs de la montagne. » Au bout du compte, cet excellent jeune homme n'était pas si mécontent de sa journée.

Le vingt-cinq de chaque lune est le jour consacré pour l'envoi des chevaux aux pauvres voyageurs. Cette pratique n'est pas générale ; elle est laissée à la dévotion et au dévouement de chacun. Le vingt-huitième jour est désigné pour un autre genre d'exercice religieux, auquel tous les Lamas doivent prendre part. Dans la journée du 27, le bègue nous en prévint en nous disant : « La nuit prochaine, nous vous empêcherons peut-être de dormir ; nous devons vaquer aux prières nocturnes. » Nous ne fîmes pas grande attention à cet avis. Nous pensâmes que, pendant la nuit, les Lamas réciteraient des prières dans leurs cellules, comme il leur arrivait assez fréquemment. Nous nous couchâmes donc à notre heure ordinaire, et nous nous endormîmes profondément, selon notre bonne habitude.

Prières nocturnes.

Conformément à la prophétie du bègue, notre sommeil ne demeura pas longtemps paisible. D'abord, il nous sembla rêver que nous entendions, au haut des airs, comme le concert d'une grande multitude. Ces voix confuses et indéterminées nous parurent devenir insensiblement fortes et distinctes. Nous nous réveillâmes, et nous entendîmes en effet le chant des prières lamaïques. Dans un clin d'œil, nous fûmes habillés, et nous nous rendîmes dans la cour de la maison. Elle était éclairée par un pâle reflet d'une lumière qui semblait venir d'en haut. Nous vîmes le vieux Akayé accroupi dans un coin, et occupé à dégrainer son chapelet. — « Akayé, lui dîmes-nous, qu'est-ce que c'est donc que ce bruit étrange? — Ce sont les prières nocturnes. Si vous voulez voir, montez sur la terrasse de la maison... » Une échelle était tout à propos appliquée contre le mur ; nous en montâmes rapidement les degrés, et nous fûmes bientôt témoins d'un singulier spectacle. Les terrasses de toutes les maisons étaient illuminées par des lanternes rouges suspendues à de longues perches. Tous les Lamas, revêtus de leur manteau de cérémonie et coiffés de la mitre jaune, étaient assis sur les plates-formes de leurs habitations, et chantaient des prières d'une voix lente et moyenne. Sur le haut de notre maison, nous trouvâmes le bègue, le Kitat-Lama et son chabi, entièrement absorbés dans leur cérémonie. Nous n'eûmes garde de les déranger, et nous nous contentâmes de regarder et d'écouter. Ces innombrables lanternes, avec leur lueur rougeâtre et fantastique, les édifices de la lamaserie vaguement éclairés par les reflets d'une lumière tremblante, ces quatre mille voix qui faisaient monter dans les airs un concert immense, auquel venait se joindre, de temps à autre, le bruit des trompettes et des conques marines, tout cela avait un aspect grandiose, et jetait l'âme dans une vague épouvante.

Après avoir considéré un instant ce spectacle étrange, nous descendîmes dans la cour, et nous trouvâmes le vieux Akayé toujours à la même place. — « Hé bien, nous dit-il, avez-vous vu la cérémonie des prières nocturnes? — Oui ; mais nous n'en comprenons pas le but. Serait-ce te déranger que de te demander quelques courtes explications? — Nullement ; ces prières ont été établies pour chasser les démons. Autrefois ce pays en était désolé. Ils causaient des maladies aux bestiaux et corrompaient le lait des vaches ; ils troublaient souvent les cellules des Lamas, ils portaient leur audace jusqu'à pénétrer dans le chœur, aux heures des prières générales, et leur présence s'annonçait par la confusion et la discordance qui régnaient dans la psalmodie. Pendant la nuit, ils se réunissaient par grandes troupes, au fond du ravin, et effrayaient tout le monde par des cris et des gémissements si étranges que les hommes ne savent pas les imiter. Un Lama, plein de science et de sainteté, inventa les prières nocturnes, et, depuis qu'on les récite, les démons ont presque entièrement disparu de ces contrées. Il en vient encore de temps en temps ; mais ils ne font pas de mal comme autrefois. — Akayé, lui dîmes-nous, est-ce que par hasard tu aurais vu quelquefois des démons? — Oh ! non, jamais ; et je suis sûr que vous autres, non plus, vous n'en avez jamais vu. — Pourquoi dis-tu cela? — C'est que les démons n'apparaissent qu'aux mauvais Lamas ; les bons ne peuvent pas les voir... » En ce moment, les chants des Lamas, qui priaient sur les plates-formes, s'arrêtèrent ; et tout à coup les trompettes, les cloches, les tambours et les conques marines retentirent à trois reprises différentes. Ensuite les Lamas poussèrent tous ensemble des cris affreux, semblables à des hurlements de bêtes féroces... La cérémonie était terminée. Les lanternes s'éteignirent, et tout rentra dans le silence. Nous souhaitâmes une bonne nuit au vieux Akayé, et nous allâmes reprendre notre sommeil.

Contestation au sujet du costume.
Nous nous transportons à Tchogortan.

Il y avait déjà plus de trois mois que nous résidions à Kounboum, jouissant de la sympathie des religieux bouddhistes et de la bienveillance de l'autorité. Mais, depuis longtemps, nous étions en opposition flagrante avec une grande règle de la lamaserie. Les étrangers qui ne font que passer à Kounboum, ou qui doivent seulement y faire un court séjour, ont la faculté de s'habiller à leur gré. Ceux au contraire qui sont attachés à la lamaserie, et ceux qui doivent y résider pendant un long espace de temps, sont obligés de revêtir les habits sacrés des Lamas, c'est-à-dire la robe rouge, la petite dalmatique sans manches et laissant les bras à découvert, l'écharpe rouge et la mitre jaune. On est très sévère sur cette règle d'uniformité. Le grand Lama, chargé de veiller au maintien de la discipline, nous envoya donc, un beau jour, une espèce d'huissier pour nous inviter officiellement à la stricte observance des statuts. Nous fîmes répondre au supérieur de la discipline, que n'étant pas de la religion de Bouddha, nous ne pouvions adopter les habits sacrés des Lamas, sans faire injure à nos saintes croyances; que cependant, comme nous ne voulions pas occasionner le moindre désordre dans la lamaserie, nous étions tout disposés à la quitter, si l'on ne pouvait pas nous accorder une dispense au sujet du costume.

Plusieurs jours s'écoulèrent sans qu'on donnât suite à cette malencontreuse affaire. Dans cet intervalle, Samdadchiemba arriva avec les trois chameaux, qu'il avait jusque-là fait paître dans une vallée du Koukou-Noor. En cas de déménagement, son retour ne pouvait être plus à propos. Le gouvernement lamaïque nous envoya de nouveau son parlementaire. Il nous dit que le règlement de la lamaserie était inflexible, et qu'on était peiné que *notre sublime et sainte religion* ne nous permît pas de nous y conformer. Il ajouta qu'on verrait avec plaisir que nous restassions dans le voisinage de la lamaserie, et qu'en conséquence on nous invitait à aller nous fixer à *Tchogortan*, où nous pourrions garder le costume qui nous conviendrait.

Nous avions beaucoup entendu parler de la petite lamaserie de Tchogortan, qui est comme la maison de campagne de la Faculté de médecine. Elle est éloignée de Kounboum tout au plus d'une demi-heure de chemin. Les grands Lamas et les étudiants de la section médicale s'y rendent tous les ans vers la fin de l'été, et y passent ordinairement quinze jours, occupés à recueillir les plantes médicinales sur les montagnes environnantes. Pendant le reste de l'année, la plupart des maisons sont désertes; on y rencontre seulement quelques Lamas contemplatifs, qui ont creusé leur cellule dans les rochers les plus escarpés de la montagne.

La proposition du parlementaire ne pouvait mieux

nous convenir, car la belle saison allait commencer. L'hiver à la ville, le printemps à la campagne, cela nous parut admirable. Pendant le séjour de trois mois que nous avions fait à Kounboum, nous nous étions passablement stylés aux convenances lamaïques. Nous achetâmes donc un khata et un petit plat de raisins secs, pour aller rendre une visite au Lama administrateur de Tchogortan. Il nous reçut avec affabilité et nous promit de donner immédiatement ses ordres pour nous faire préparer une habitation convenable. Après avoir servi un splendide festin d'adieux au vieux Akayé, au Kitat-Lama et au bègue, nous chargeâmes notre bagage sur les chameaux, et nous nous acheminâmes gaiement vers la petite lamaserie.

CHAPITRE III

Régal avec du lièvre, des fougères et des orties.

Culinairement parlant, nous étions beaucoup mieux à Tchogortan qu'à Kounboum. D'abord le lait, le caillé, le beurre et le fromage, tout cela était à discrétion. De plus, nous avions fait une précieuse trouvaille dans un chasseur des environs. Quelques jours après notre arrivée, il était venu dans notre chambre, et tirant un magnifique lièvre d'un sac qu'il portait sur son dos, il nous avait demandé si les *Goucho* (1) du ciel d'Occident mangeaient de la viande des animaux sauvages? — « Certainement, lui répondîmes-nous ; un lièvre est une excellente chose. Est-ce que vous autres, vous n'en mangez pas? — Nous autres, hommes noirs, quelquefois, mais les Lamas, jamais. Il leur est expressément défendu, par les livres de prières, de manger de la chair noire. — La sainte loi de Jéhovah ne nous fait pas une pareille défense. — Dans ce cas, gardez cet animal, et si cela vous convient, je vous en apporterai tous les jours tant que vous voudrez ; les coteaux qui environnent la vallée de Tchogortan en sont encombrés... »

L'affaire en était là, lorsqu'un Lama du voisinage entra par hasard dans notre chambre. En voyant étendu à nos pieds ce lièvre encore tout chaud et

(1) *Goucho*, titre honorifique des Lamas chez les Thibétains.

tout sanglant : « Tsong-Kaba! Tsong-Kaba! » s'écria-t-il, en reculant d'horreur et en se voilant les yeux de ses deux mains. Après avoir lancé une malédiction contre le chasseur, il nous demanda si nous oserions manger de cette chair noire. — « Pourquoi pas, lui répondîmes-nous, puisqu'elle ne peut nuire ni à notre corps ni à notre âme? » Là-dessus, nous posâmes quelques principes de morale, et il nous fut facile de démontrer à nos auditeurs que la venaison n'était, en soi, d'aucun obstacle à l'acquisition de la sainteté. Le chasseur jubilait, en écoutant nos paroles; le Lama, au contraire, était morfondu. Il se contenta de nous dire que, pour nous, puisque nous étions étrangers et de la religion de Jéhovah, il n'y avait aucun mal à manger des lièvres; mais que, pour eux, ils devaient s'en abstenir, parce que s'ils manquaient à cette observance, et si le Grand-Lama venait à le savoir, ils seraient chassés impitoyablement de la lamaserie.

Notre thèse étant victorieusement prouvée, nous abordâmes aussitôt la proposition du chasseur, qui voulait, tous les jours, nous tuer autant de lièvres que nous voudrions. D'abord, nous lui demandâmes s'il parlait sérieusement. Sur sa réponse affirmative, nous lui dîmes que tous les matins, il pouvait nous apporter un lièvre; mais que nous entendions le lui payer. — « Ici, les lièvres ne se vendent pas. Puisqu'il vous répugne pourtant de les recevoir gratuitement, vous me donnerez, pour chacun, le prix d'une charge de fusil... » Nous voulûmes faire les généreux, et il fut convenu que toutes les fois qu'il nous apporterait sa pièce de venaison, nous lui compterions quarante sapèques, à peu près la valeur de quatre sous.

Nous nous décidâmes à manger des lièvres, pour deux raisons. D'abord, par conscience, afin d'empêcher les Lamas de s'imaginer que nous nous laissions influencer par les préjugés des sectateurs de Bouddha. En second lieu, par principe d'économie ; car un lièvre nous revenait incomparablement moins cher que notre insipide farine d'orge.

Un jour, notre infatigable chasseur nous apporta, au lieu d'un lièvre, un énorme chevreuil. C'était encore de la chair noire et prohibée. De peur de transiger le moins du monde avec les superstitions bouddhiques, nous en fîmes l'acquisition pour la somme de trente sous (trois cents sapèques). Le tuyau de la cheminée en fuma huit jours entiers, et, pendant tout ce temps, Samdadchiemba fut d'une humeur agréable.

De peur de contracter des habitudes exclusivement carnivores, nous essayâmes de faire entrer le règne végétal, pour quelque chose, dans notre alimentation quotidienne. Au milieu du désert, la chose était assez difficile. Cependant, à force d'industrie et d'expérience, nous finîmes par faire la découverte de quelques légumes sauvages qui, préparés d'une certaine façon, n'étaient nullement à dédaigner. On nous permettra d'entrer dans quelques détails à ce sujet.

Quand les premiers signes de la germination commencent à paraître, on n'a qu'à gratter la terre à un pouce de profondeur, et on trouve, en grande quantité, des racines rampantes, longues et grêles comme le chiendent. Cette racine est entièrement chargée d'une foule de petits renflements tuberculeux, remplis d'une fécule très abondante et extraordinairement sucrée. Pour en faire une nourriture exquise, on n'a qu'à la laver avec soin, et ensuite la mettre frire dans du beurre. Un second mets, non moins distingué que le précédent, nous a été fourni par une plante très commune en France, et

dont jusqu'ici peut-être on n'a pas suffisamment
apprécié le mérite ; nous voulons parler des jeunes
tiges de fougères : lorsqu'on les cueille toutes tendres,
avant qu'elles ne se chargent de duvet, et pendant
que les premières feuilles sont pliées et roulées sur
elles-mêmes, il suffit de les faire bouillir dans l'eau
pure, pour se régaler d'un plat de délicieuses asperges.
Si nos paroles pouvaient être de quelque influence,
nous recommanderions vivement à la sollicitude de
M. le ministre de l'Agriculture ce végétal précieux,
qui foisonne en vain sur nos montagnes et dans
nos forêts. Nous lui recommanderions encore l'ortie
— *urtica urens* — qui, à notre avis, serait suscep-
tible de remplacer avantageusement les épinards.
Plus d'une fois nous avons eu occasion d'en faire
l'heureuse expérience. Les orties doivent se recueillir
lorsqu'elles sont sorties de terre depuis peu de temps
et que les feuilles sont encore tendres. On arrache
le plant tout entier, avec une partie de ses racines.
Pour se préserver de la liqueur âcre et mordicante
qui s'échappe de ses piquants, il est bon d'envelopper sa main d'un linge, dont le tissu soit très
serré. Une fois que l'ortie a été échaudée avec de
l'eau bouillante, elle est inoffensive. Ce végétal, si
sauvage à l'extérieur, est doué d'une saveur très
délicate.

Les vapeurs de la terre.
Nos chameaux pelés.
Nous devenons cordiers.

Nous pûmes jouir de cette admirable variété de
mets, pendant plus d'un mois. Ensuite, nos petits
tubercules devinrent creux et coriaces, les tendres
fougères acquirent la dureté du bois, et les orties,
armées d'une longue barbe blanche, ne nous offrirent

plus qu'un aspect menaçant et terrible. Plus tard, quand la saison fut plus avancée, les fraises parfumées des montagnes et les blancs champignons de la vallée remplacèrent honorablement les premiers légumes. Mais nous fûmes obligés d'attendre longtemps ces objets de luxe ; car dans le pays que nous habitions, les froids sont habituellement longs et la végétation excessivement tardive. Pendant tout le mois de juin, il tombe encore de la neige, et le vent est tellement piquant qu'il serait imprudent de se dépouiller de ses habits de peau. Vers les premiers jours de juillet, la chaleur du soleil commence à se faire sentir, et la pluie tombe par grandes ondées. Aussitôt que le ciel s'est un peu éclairci, une vapeur chaude s'échappe de la terre avec une abondance surprenante. On la voit d'abord courir sur les coteaux et le long des vallées ; puis elle se condense, elle se balance un peu au-dessus du sol, et finit par devenir si épaisse que la clarté du jour en est obscurcie. Quand cette vapeur est montée au haut des airs, en assez grande quantité pour former de gros nuages, le vent du sud se lève et la pluie retombe avec violence. Ensuite, le ciel s'éclaircit de nouveau, et la vapeur de la terre remonte. Ces révolutions atmosphériques durent ainsi une quinzaine de jours. Pendant ce temps, la terre est comme en fermentation ; les animaux restent couchés, et les hommes ressentent, dans tous les membres, un malaise inexprimable. Les Si-Fan donnent à ce temps le nom de *Saison des vapeurs de la terre.*

Aussitôt que cette crise fut passée, les herbes de la vallée grandirent à vue d'œil, et les montagnes et les collines des environs se chargèrent, comme par enchantement, de fleurs et de verdure. Ce fut aussi pour nos chameaux une espèce de moment palingénésique. Ils se dépouillèrent entièrement de leur poil, qui tomba par grandes plaques semblables à de vieux haillons. Ils demeurèrent pendant quelques jours complètement nus, comme si on les eût rasés depuis le sommet de la tête jusqu'à l'extrémité de la queue. Ils étaient hideux à voir. A l'ombre, ils grelottaient de tous leurs membres, et pendant la nuit, nous étions obligés de les recouvrir de grands tapis de feutre pour les garantir du froid. Après quatre jours, le poil commença à repousser. D'abord, ce fut un duvet roux, d'une extrême finesse, et bouclé comme la toison d'un agneau. Autant nos chameaux avaient été sales et laids dans leur état de nudité, autant ils étaient beaux à voir dans leur frais et nouveau costume. Après une quinzaine de jours, leur fourrure tout entière avait repoussé. C'était pour eux le moment de se ruer avec ardeur sur les pâturages, et de faire une ample provision d'embonpoint pour le futur voyage. Afin d'aiguiser leur appétit, nous avions acheté du sel marin. Tous les matins, avant de les lancer dans la vallée, nous avions soin de leur en distribuer une bonne dose ; et le soir, à leur retour, nous leur en servions également, pour les aider à ruminer pendant la nuit l'immense quantité de fourrage qu'ils avaient ramassé et pressé dans leur estomac.

Le dépouillement de nos chameaux avait servi à nous enrichir d'une immense quantité de poil ; nous en troquâmes la moitié contre de la farine d'orge, et nous cherchâmes à utiliser le reste. Un Lama, qui était habile cordier, nous suggéra une idée excellente ; il nous fit observer que, durant le long voyage du Thibet, nous aurions besoin d'une bonne provision de cordes pour attacher nos bagages, et que celles de poil de chameau étaient, à cause de leur souplesse, les plus convenables pour les pays froids. Ce conseil, si plein de sagesse, fut immédiatement pris en considération. Le Lama nous donna gratuitement quelques leçons d'apprentissage, et nous nous mîmes à l'œuvre. En peu de temps, nous fûmes capables de tordre assez bien notre bourre et de lui donner une forme qui ressemblait passablement à des cordes. Tous les jours, en allant visiter nos animaux au pâturage, nous prenions sous le bras un gros paquet de poil de chameau, et chemin faisant, nous tournions les simples cordons que nous devions ensuite combiner dans notre atelier.

Samdadchiemba se contentait de nous regarder faire et de sourire quelquefois. Moitié par paresse, moitié par vanité, il s'abstenait de mettre la main à l'œuvre. — « Mes Pères spirituels, nous dit-il un jour, comment des gens de votre qualité peuvent-ils s'abaisser jusqu'à faire des cordes? Est-ce qu'il ne serait pas plus convenable d'en acheter ou de les donner à faire à des gens du métier? » Cette interpellation fut pour nous une bonne occasion de tancer vertement notre chamelier. Après lui avoir fait sentir que nous n'étions pas dans une position à faire les grands seigneurs, et que nous devions viser à l'économie, nous lui citâmes l'exemple de saint Paul, qui n'avait pas cru déroger à sa dignité en travaillant de ses mains pour n'être point à charge aux fidèles. Aussitôt que Samdadchiemba eut appris que saint Paul avait été en même temps corroyeur et apôtre, il abdiqua, sur-le-champ, sa paresse et son amour-propre, et se mit à travailler avec ardeur le poil de chameau. Quel ne fut pas notre étonnement, quand nous le vîmes à l'œuvre! Ce gaillard-là était un passementier très distingué, et il ne nous l'avait jamais dit. Il choisit le poil le plus fin, et tissa pour nos chevaux des brides et des licous, où il y avait réellement beaucoup de savoir-faire. Il va sans dire qu'il fut mis de droit à la tête de notre entreprise et qu'il prit la direction générale de la fabrique des cordes.

Nombreuses visites.
Lamas-bousiers.
Classification des bouses.

La belle saison amena à Tchogortan un grand nombre de promeneurs de la grande lamaserie de Kounboum ; ils venaient prendre l'air de la campagne et se reposer un peu de leurs études journalières. Notre chambre devint, pour lors, comme un lieu de pèlerinage ; car personne n'aurait voulu se dispenser, en venant se promener à Tchogortan, de rendre visite aux Lamas du ciel d'Occident. Ceux que nous avions connus d'une manière plus particulière, et qui avaient commencé à s'instruire des vérités de la religion chrétienne, étaient attirés vers nous par un autre motif que la curiosité ; ils désiraient avant tout s'entretenir de la sainte doctrine de Jéhovah, et nous demander des éclaircissements sur les difficultés qui leur étaient survenues. O ! comme notre cœur était pénétré d'une joie ineffable, quand nous entendions ces religieux bouddhistes prononcer avec respect les saints noms de Jésus et de Marie, et réciter avec dévotion les prières que nous leur avions enseignées ! Le bon Dieu, nous n'en doutons pas, leur tiendra grand compte de ces premiers pas dans la voie du salut, et ne manquera pas d'envoyer des pasteurs pour conduire définitivement au bercail ces pauvres brebis errantes.

Parmi tous ces Lamas, qui venaient se récréer quelques instants à Tchogortan, on remarquait surtout un grand nombre de Tartares-Mongols ; ils arrivaient chargés de petites tentes, qu'ils allaient planter dans la vallée, le long du ruisseau, ou sur les collines les plus pittoresques. Là, ils passaient quelques jours entièrement plongés dans les délices de leur amour pour l'indépendance de la vie nomade ; ils oubliaient pendant un instant la gêne et la contrainte de la vie lamaïque, pour ne s'occuper que du bonheur de vivre sous la tente au milieu du désert. On les voyait courir et folâtrer dans la prairie comme des enfants, s'exercer à la lutte et aux jeux divers qui leur rappelaient la patrie. La réaction était si forte que la fixité de la tente finissait par leur devenir insupportable ; ils la changeaient de place trois ou quatre fois par jour ; souvent même, ils l'abandonnaient ; ils chargeaient sur leurs épaules leur batterie de cuisine et leurs seaux remplis d'eau, puis ils s'en allaient, en chantant, faire bouillir le thé sur le sommet d'une montagne, d'où ils ne descendaient qu'à l'approche de la nuit.

On voyait aussi accourir à Tchogortan une certaine classe de Lamas non moins intéressante que celle des Mongols ; ils arrivaient par grandes troupes dès la pointe du jour. Habituellement, ils avaient leur robe retroussée jusqu'aux genoux et le dos chargé d'une grande hotte d'osier ; ils parcouraient la vallée et les collines environnantes pour recueillir, non des fraises ni des champignons, mais la fiente que les troupeaux des Si-Fan disséminaient de toutes parts. A cause de ce genre d'industrie, nous avions nommé ces Lamas, *Lamas-bousiers*, ou plus honorifiquement, *Lamas-argoliers*, du mot tartare, *argol*, qui désigne la fiente des animaux, lorsqu'elle est desséchée et propre au chauffage. Les Lamas qui exploitent ce genre de commerce sont, en général, des personnages paresseux et indisciplinés, qui préfèrent à l'étude et à la retraite les courses vagabondes à travers les montagnes ; ils sont divisés en plusieurs compagnies qui travaillent sous la conduite d'un chef chargé des plans et de la comptabilité. Avant la fin de la journée, chacun apporte ce qu'il a pu ramasser de butin au dépôt général, situé au pied d'une colline ou dans l'enfoncement d'une gorge. Là on élabore avec soin cette matière première ; on la pétrit et on la moule en gâteaux, qu'on laisse exposés au soleil jusqu'à dessiccation complète ; ensuite, on arrange symétriquement tous ces argols les uns au-dessus des autres ; on en forme de grands tas, qu'on recouvre d'une épaisse couche de fiente, pour les préserver de l'action dissolvante de la pluie. Pendant l'hiver, ce chauffage est transporté à la lamaserie de Kounboum, et on le livre au commerce.

Le luxe et la variété des matières combustibles, dont jouissent les nations civilisées de l'Europe, ont dû probablement les dispenser de faire des études approfondies sur les diverses qualités d'argols. Il n'en a pas été ainsi parmi les peuples pasteurs et nomades ; une longue expérience leur a permis de classifier les argols avec un talent d'appréciation qui ne laisse rien à désirer. Ils ont établi quatre grandes divisions, auxquelles les générations futures n'auront, sans doute, à apporter aucune modification.

En première ligne, on place les argols de chèvre et de mouton ; une substance visqueuse, qui s'y trouve mêlée en grande proportion, donne à ce combustible une élévation de température vraiment étonnante. Les Thibétains et les Tartares s'en servent pour travailler les métaux ; un lingot de fer plongé dans un foyer de ces argols est dans peu de temps chauffé au rouge blanc. Le résidu que les argols de chèvre et de mouton laissent après la combustion est une espèce de matière vitreuse,

transparente, de couleur verdâtre, et cassante comme
le verre ; elle forme une masse pleine de cavités et
d'une légèreté extrême : on dirait de la pierre ponce.
On ne trouve pas dans ce résidu la moindre quantité de cendres, à moins que le combustible n'ait
été mélangé de matières étrangères. Les argols de
chameau constituent la seconde classe ; ils brûlent
facilement, en jetant une belle flamme ; mais la chaleur qu'ils donnent est moins vive et moins intense
que celle des précédents. La raison de cette différence est qu'ils contiennent en combinaison une
moins grande quantité de substance visqueuse. La
troisième classe renferme les argols appartenant à
l'espèce bovine ; quand ils sont très secs, ils brûlent
avec beaucoup de facilité, et ne répandent pas du
tout de fumée. Ce genre de chauffage est presque
l'unique qu'on rencontre dans la Tartarie et dans
le Thibet. Enfin, on place au dernier rang les argols
des chevaux et des autres animaux de la race che-
valine. Ces argols n'ayant pas subi, comme les autres,
le travail de la rumination, ne présentent qu'un.
amas de paille plus ou moins triturée ; ils brûlent
en répandant une fumée épaisse, et se consument
à l'instant. Ils sont pourtant très utiles pour commencer à allumer le feu ; ils font, en quelque sorte,
l'office d'amadou, et aident merveilleusement à
enflammer les autres combustibles.

Lamas herboristes et médecins. Médecine thibétaine.

Le désert ne tarda pas longtemps à redevenir vivant et animé. Vers le commencement du mois de
septembre, les Lamas de la Faculté de médecine se
rendirent à Tchogortan, pour se livrer aux travaux
de l'herborisation. Les maisons disponibles en lo-
gèrent tant qu'elles purent en tenir, et le reste habita

sous des tentes abritées par les grands arbres de la lamaserie. Tous les matins, après avoir récité les prières communes, bu le thé beurré et mangé la farine d'orge, tous les étudiants en médecine retroussaient leur robe et se dispersaient sur les montagnes sous la conduite de leurs professeurs. Ils étaient tous armés d'un bâton ferré et d'une petite pioche ; une bourse en cuir, remplie de farine, était suspendue à leur ceinture ; quelques-uns portaient sur le dos de grandes marmites ; car la Faculté devait passer la journée tout entière sur la montagne. Avant le coucher du soleil, les Lamas médecins revenaient chargés d'énormes fagots de branches, de racines et d'herbages de toute espèce. En les voyant descendre péniblement les montagnes, appuyés sur leurs bâtons ferrés, on les eût pris plutôt pour des braconniers que pour des docteurs en médecine. Nous fûmes souvent obligés d'escorter ceux qui arrivaient spécialement chargés de plantes aromatiques ; car nos chameaux, attirés par l'odeur, se mettaient à leur poursuite, et auraient brouté sans scrupule ces simples précieux, destinés au soulagement de l'humanité souffrante. Le reste de la journée était employé à nettoyer et à étendre sur des nattes tous ces produits du règne végétal. La récolte des médecins dura pendant huit jours entiers. On en consacra cinq autres au triage et à la classification des divers articles. Le quatorzième jour, on en distribua une petite quantité à chaque étudiant, la majeure partie demeurant la propriété de la Faculté de médecine. Le quinzième jour enfin fut un jour de fête. Il y eut un grand festin, composé de thé au lait, de farine d'orge, de petits gâteaux frits au beurre, et de quelques moutons bouillis. Ainsi se termina cette expédition botanico-médicale, et l'illustre Faculté reprit gaiement le chemin de la grande lamaserie.

Les drogues recueillies à Tchogortan sont déposées à la pharmacie générale de Kounboum. Quand elles ont été complètement desséchées à la chaleur d'un feu modéré, on les réduit en poudre, puis on les divise par petites doses qu'on enveloppe proprement dans du papier rouge étiqueté en caractères thibétains. Les pèlerins qui se rendent à Kounboum achètent ces remèdes à un prix exorbitant. Les Tartares-Mongols ne s'en retournent jamais sans en emporter une bonne provision ; car ils ont une confiance illimitée en tout ce qui vient de Kounboum. Sur leurs montagnes et dans leurs prairies ils trouveraient bien les mêmes plantes et les mêmes racines ; mais quelle différence avec celles qui naissent, croissent et mûrissent dans le pays même de Tsong-Kaba !

Les médecins thibétains sont aussi empiriques que ceux des autres pays. Ils le sont même, peut-être, un peu plus. Ils assignent au corps humain quatre cent quarante maladies, ni plus ni moins. Les livres que les Lamas de la Faculté de médecine sont obligés d'étudier, et d'apprendre par cœur, traitent de ces quatre cent quarante maladies ; ils en indiquent les caractères, les moyens de les reconnaître et la manière de les combattre. Ces livres sont un ramassis d'aphorismes plus ou moins obscurs et d'une foule de recettes particulières. Les Lamas n'ont pas une si grande horreur du sang que les médecins chinois. Ils pratiquent quelquefois la saignée, et emploient fréquemment les ventouses. Pour cette dernière opération, ils font par avance subir à la peau de légères excoriations, ensuite ils appliquent sur le membre du malade des cornes de bœuf percées au sommet. Ils aspirent l'air avec la bouche, et quand le vide est suffisamment obtenu, ils bouchent le trou en appliquant dessus, avec leur langue, une boulette de papier mâché qu'ils tiennent en réserve dans la bouche ; s'ils veulent enlever la ventouse, ils n'ont qu'à faire tomber cette espèce de mastic.

Les Lamas médecins attachent une importance extrême à l'inspection de l'urine du malade. Il leur en faut plusieurs échantillons, recueillis à diverses heures du jour et de la nuit. Ils l'examinent avec l'attention la plus minutieuse, et tiennent un grand compte de tous les changements que subit sa coloration. Ils la battent à plusieurs reprises avec une spatule en bois, puis ils portent le vase à l'oreille pour écouter le bruit ; car ils prétendent que selon l'état du malade, son urine est *quelquefois muette et quelquefois parlante*. Un Lama médecin, pour être réputé habile et entendre parfaitement son métier, doit être capable de traiter et de guérir un malade sans l'avoir vu. L'inspection de l'urine doit suffire pour le diriger dans les prescriptions médicales.

Comme nous l'avons dit ailleurs, en parlant des Tartares-Mongols, les Lamas font entrer beaucoup de pratiques superstitieuses dans l'exercice de la médecine. Cependant, malgré tout ce charlatanisme, on ne peut douter qu'ils ne soient en possession d'un grand nombre de recettes précieuses et fondées sur une longue expérience. Il serait peut-être téméraire de penser que la science médicale n'a rien à apprendre des médecins tartares, thibétains et chinois, sous prétexte qu'ils ne connaissent pas la structure et le mécanisme du corps humain. Ils peuvent néanmoins être en possession de secrets très importants, que la science seule est sans doute capable d'expliquer, mais qu'elle n'inventera peut-être jamais. Sans être savant, on peut souvent obtenir des résultats très scientifiques,

**La grande ambassade est signalée. Nos préparatifs.
Nous nous adjoignons un pro-chamelier.**

Vers la fin du mois de septembre, on nous annonça la fameuse nouvelle que l'ambassade thibétaine était arrivée à Tang-Keou-Eul ; elle devait s'y arrêter pendant quelques jours, pour faire ses provisions de voyage et s'organiser en caravane. Enfin, après une longue et pénible attente, nous allions donc nous acheminer vers la capitale du Thibet ! Nous fîmes, sans perdre de temps, tous les préparatifs nécessaires. Nous dûmes entreprendre un petit voyage à Kounboum, afin de nous approvisionner pour quatre mois ; car il n'y avait pas espoir de trouver en route la moindre chose à acheter. Tout bien calculé, il nous fallait cinq thés en briques, deux ventres de mouton remplis de beurre, deux sacs de farine de froment, et huit sacs de *tsamba*. On appelle *tsamba* la farine d'orge grillée ; ce mets insipide est la nourriture habituelle des peuples thibétains. On prend une demi-écuellée de thé bouillant ; on ajoute par-dessus quelques poignées de tsamba, qu'on pétrit avec ses doigts ; puis on avale, sans autre façon, cette espèce de pâte, qui n'est, en définitive, ni crue, ni cuite, ni froide, ni chaude. Si on veut traverser le désert et arriver à Lha-Ssa, on doit se résigner à dévorer du tsamba ; on a beau être Français, et avoir été accoutumé jadis à manger à la fourchette, il faut en passer par là.

Des personnes pleines d'expérience et de philanthropie nous conseillèrent de faire une bonne provision d'ail, et d'en croquer tous les jours quelques gousses, si nous ne voulions pas être tués en route par des vapeurs meurtrières et empestées, qui s'échappent de certaines montagnes élevées. Sans discuter ni le mérite ni l'opportunité de ce conseil hygiénique, nous nous y conformâmes avec candeur et simplicité.

Notre séjour dans la vallée de Tchogortan avait été très favorable à nos animaux ; ils étaient parvenus à un état d'embonpoint où nous ne les avions jamais vus ; les chameaux, surtout, étaient magnifiques ; leurs bosses devenues fermes et dures, par l'abondance de la graisse qu'elles contenaient, se dressaient fièrement sur leurs dos et semblaient défier les fatigues et les privations du désert. Cependant, trois chameaux ne pouvaient suffire à porter nos vivres et nos bagages. Nous ajoutâmes donc à notre caravane un supplément d'un chameau et d'un cheval, ce qui allégea notre bourse du poids de vingt-cinq onces d'argent ; de plus, nous louâmes un jeune Lama des monts Ratchico, que nous avions connu à Kounboum ; il fut reçu dans la troupe en qualité de pro-chamelier. Cette nomination, en rehaussant la position sociale de Samdadchiemba, diminuait aussi de beaucoup les fatigues de ses fonctions. D'après ces nouvelles dispositions, la petite caravane se trouvait organisée de la manière suivante : le pro-chamelier, Charadchambeul, allait à pied et traînait après lui les quatre chameaux attachés les uns à la queue des autres ; Samdadchiemba, chamelier titulaire, à califourchon sur son petit mulet noir, marchait à côté de la file, et les deux missionnaires fermaient la marche, montés chacun sur un cheval blanc. Après avoir échangé un grand nombre de khata avec nos connaissances et amis de Kounboum et de Tchogortan, nous nous mîmes en route et nous nous dirigeâmes vers la mer Bleue, où nous devions attendre le passage de l'ambassade thibétaine.

De Tchogortan au Koukou-Noor, nous eûmes pour quatre jours de marche.

A mesure que nous avancions, le pays devenait plus fertile et moins montagneux. Enfin nous arrivâmes au milieu des vastes et magnifiques pâturages du Koukou-Noor. La végétation y est si vigoureuse que les herbes montaient jusqu'au ventre de nos chameaux. Bientôt nous découvrîmes loin devant nous, tout à fait à l'horizon, comme un large ruban argenté, au-dessus duquel flottaient de légères vapeurs blanches qui allaient se confondre dans l'azur des cieux. Notre pro-chamelier nous dit que c'était la mer Bleue. Ces mots nous firent éprouver un tressaillement de joie ; nous pressâmes la marche, et le soleil n'était pas encore couché que nous avions dressé notre tente à une centaine de pas loin du rivage.

CHAPITRE IV

Le Koukou-Noor et la mer Bleue. Les brigands Kolo.

Le lac Bleu, en mongol *Koukou-Noor*, et en thibétain *Tsot-Ngon-Po*, était anciennement appelé, par les Chinois, *Si-Haï* (mer occidentale) ; aujourd'hui ils lui donnent le nom de *Tsing-Haï* (mer Bleue). Cet immense réservoir d'eau, qui a plus de cent lieues de circonférence, semble en effet mériter plutôt le nom de mer que celui de lac. Sans parler de sa vaste étendue, il est à remarquer que ses eaux sont amères et salées, comme celles de l'Océan, et subissent également la périodicité du flux et du reflux. L'odeur marine qu'elles exhalent se fait sentir bien au loin dans le désert.

Vers la partie occidentale de la mer Bleue, il existe une petite île inculte et rocailleuse, habitée par une vingtaine de Lamas contemplatifs ; ils y ont construit un temple bouddhique et quelques habitations où ils passent leurs jours, dans le calme et la retraite, loin des distractions et des inquiétudes du monde. On ne peut aller les visiter, car sur toute l'étendue des eaux il n'y a pas une seule barque ; du moins, nous n'en avons jamais aperçu, et les Mongols nous ont assuré que parmi leurs tribus personne ne s'occupait de navigation. Cependant, durant la saison de l'hiver, au temps des grands froids, les eaux se glacent assez solidement pour permettre aux bergers des environs de se rendre en pèlerinage à la lamaserie. Ils apportent aux Lamas contemplatifs leurs modestes offrandes de beurre, de thé et de tsamba, et ils en reçoivent en échange des bénédictions pour la bonté des pâturages et la prospérité de leurs troupeaux.

Les tribus du Koukou-Noor sont divisées en vingt-neuf bannières, commandées par trois *Kiun-Wang*, deux *Beïlé*, deux *Beïssé*, quatre *Koung* et dix-huit *Taï-Tsi*. Tous ces princes sont tributaires de l'empereur chinois. Ils font tous les deux ans le voyage de Péking, où ils apportent en tribut des pelleteries et de la poudre d'or qu'ils ramassent dans les sables de leurs rivières. Les vastes plaines qui avoisinent la mer Bleue sont d'une grande fertilité et d'un aspect agréable, quoiqu'elles soient entièrement dépouillées d'arbres ; les herbes y sont d'une prodigieuse hauteur, et les nombreux ruisseaux qui fertilisent le sol permettent aux grands troupeaux du désert de se désaltérer à satiété. Aussi les Mongols aiment-ils à dresser leurs tentes parmi ces magnifiques pâturages. Les hordes des brigands ont beau les harceler sans cesse, ils n'abandonnent jamais le pays. Ils se contentent de changer fréquemment de place, pour déjouer les poursuites de leurs ennemis ; et quand ils ne peuvent les éviter, ils acceptent le combat avec bravoure. Cette nécessité où ils se trouvent continuellement placés, de défendre leurs biens et leur vie contre les attaques des *Si-Fan*, a fini par les rendre courageux et intrépides. A toute heure du jour et de la nuit on les trouve prêts à combattre ; ils veillent à la garde de leurs troupeaux, toujours à cheval, toujours la lance à la main, un fusil en bandoulière et un grand sabre passé à la ceinture. Quelle différence entre ces vigoureux pasteurs à longues moustaches et les langoureux bergers de Virgile, toujours occupés à jouer de la flûte ou à parer de rubans et de fleurs printanières leurs jolis chapeaux de paille.

Les brigands qui tiennent sans cesse en alerte les tribus mongoles du *Koukou-Noor* sont des hordes de *Si-Fan* ou Thibétains orientaux, qui habitent du côté des monts *Bayen-Kharat*, vers les sources du fleuve Jaune. Dans le pays, ils sont connus sous le nom générique de *Kolo*. Leur repaire est, dit-on, caché dans des gorges de montagnes où il est impossible de pénétrer sans guide ; car toutes les avenues sont gardées par des torrents infranchissables et par d'affreux précipices. Les Kolo n'en sortent que pour parcourir le désert et se livrer au pillage et à la dévastation. Leur religion est le bouddhisme ; mais ils ont parmi eux une idole particulière qu'ils nomment la divinité du brigandage. C'est, sans contredit, celle qui leur inspire le plus de dévotion, et qu'ils honorent d'un culte tout spécial. Leurs Lamas sont occupés à prier et à faire des sacrifices pour le bon succès des expéditions. On prétend que ces brigands sont dans la révoltante habitude de manger le cœur de leurs prisonniers, dans le but d'entretenir et de fortifier leur courage. Il n'est pas, au reste, de pratiques monstrueuses qui ne leur soient attribuées par les Mongols du Koukou-Noor.

Les Kolo sont divisés en plusieurs tribus, qui portent toutes un nom particulier ; c'est seulement dans cette nomenclature que nous avons entendu parler des *Khalmoukes*. Ce qu'on nomme la Khalmoukie est quelque chose de purement imaginaire ; il s'en faut bien que les Khalmoukes jouissent en Asie d'une aussi grande importance que dans nos livres de géographie. Nous avons été obligés de travailler beaucoup, afin de parvenir à la simple découverte de leur nom. Dans la Khalmoukie même, personne n'avait entendu parler des Khalmoukes. Nous fûmes heureux de rencontrer un Lama, qui avait beaucoup voyagé dans le Thibet oriental, et qui nous apprit enfin que, parmi les Kolo, il y avait une petite tribu nommée Kolo-Khalmouki. Il se peut que les Khalmoukes aient eu autrefois une grande importance et aient occupé de vastes contrées ; mais il se peut aussi que les voyageurs du treizième siècle, appuyés sur quelques notions vagues et indéterminées, en aient fait un peuple nombreux.

Le Koukou-Noor ne mérite pas non plus l'importance qu'on lui donne dans nos géographies ; il occupe sur les cartes beaucoup plus d'extension qu'il n'en a réellement. Quoiqu'il comprenne vingt-neuf bannières, ses frontières sont assez resserrées ; il est borné au nord par *Khilian-Chan*, au sud par le fleuve Jaune, à l'est par la province du *Kan-Sou*, et à l'ouest par la rivière *Tsaïdam*, où commence un autre pays tartare, habité par des peuplades qui portent le nom de Mongols du Tsaïdam.

Nous séjournâmes dans le Koukou-Noor pendant près d'un mois. Des rumeurs continuelles sur le compte des brigands nous forcèrent à décamper cinq ou six fois et à suivre les tribus tartares qui, au moindre bruit, changent de place, sans pourtant s'éloigner jamais trop des magnifiques pâturages qui avoisinent la mer Bleue.

La grande ambassade. Sa composition. Étonnant aspect.

Vers la fin du mois d'octobre l'ambassade thibétaine arriva. Nous nous joignîmes à cette immense troupe, grossie en route par un grand nombre de caravanes mongoles qui, comme nous, profitaient de cette excellente occasion pour faire le voyage de *Lha-Ssa*. Autrefois, le gouvernement thibétain envoyait, tous les ans, une ambassade à Péking. Celle de 1840 fut attaquée en route par un grand nombre de Kolo ; on se battit pendant une journée tout entière ; les Thibétains, ayant été assez heureux pour mettre en fuite les brigands, continuèrent leur route pendant la nuit. Le lendemain, on s'aperçut qu'on n'avait plus dans la caravane le Tchanak-Kampo (1) ou Grand-Lama, accrédité près la cour de Péking, en qualité d'ambassadeur du Talé-Lama. Durant plusieurs jours, on fit des perquisitions, sans qu'on pût le retrouver ; on pensa que, dans la confusion du combat, il aurait bien pu être pris par les Kolo et emmené prisonnier. L'ambassade n'en continua pas moins sa route, et arriva à Péking sans son personnage officiel. Il va sans dire que l'empereur fut désolé de ce funeste événement.

En 1841, nouveau combat contre les brigands, et aussi nouvelle catastrophe. Cette fois là, le Tchanak-Kampo ne fut pas enlevé par les Kolo, mais il en reçut dans le ventre un affreux coup de sabre, dont il mourut quelques jours après. L'empereur, en apprenant ce nouveau sinistre, fut, dit-on, inconsolable ; il envoya des dépêches au Talé-Lama, dans lesquelles il lui disait que, vu les difficultés et les dangers de la route, dorénavant il n'y aurait d'ambassade que tous les trois ans. D'après ces nouvelles dispositions, depuis 1841, il n'y avait pas eu d'autre ambassade que celle que nous venions de rencontrer, et qui était partie de Lha-Ssa en 1844. En allant, elle avait eu le bonheur de ne pas faire la rencontre des brigands, et par consé-

---

(1) *Tchanak*, nom que les Thibétains donnent à la ville de *Péking* : *Kampo*, pontife, c'est-à-dire pontife de Pékin.

quent, son Tchanak-Kampo n'avait été ni volé ni tué.

Le lendemain de notre départ du Koukou-Noor, nous nous plaçâmes en tête de la caravane, puis nous nous arrêtâmes en route pour voir défiler devant nous cette immense troupe et faire connaissance avec nos compagnons de voyage. Les hommes et les animaux qui composaient la caravane peuvent être évalués au nombre suivant : Quinze mille bœufs à long poil, douze cents chevaux, autant de chameaux, et deux mille hommes, soit Thibétains, soit Tartares, les uns allant à pied, d'autres étant montés sur des bœufs à long poil, le plus grand nombre étant à cheval ou à chameau. Tous les cavaliers étaient armés de lances, de sabres, de flèches et de fusils à mèche. Les piétons, nommés *lakto*, étaient chargés de conduire les files de chameaux ou de diriger la marche capricieuse et désordonnée des troupeaux de bœufs. Le Tchanak-Kampo voyageait dans une grande litière portée par deux mulets. En dehors de cette multitude, dont le voyage ne devait se terminer qu'à Lha-Ssa, il y avait une escorte de trois cents soldats chinois, fournis par la province du Kan-Sou, et deux cents braves Tartares, chargés, par les princes du Koukou-Noor, de protéger la sainte ambassade du Talé-Lama jusqu'aux frontières du Thibet.

Les soldats de la province du Kan-Sou s'acquittaient de leurs fonctions en véritables Chinois. De peur de quelque fâcheuse rencontre, ils se tenaient prudemment à la queue de la caravane ; là, ils chantaient, ils fumaient et folâtraient tout à leur aise, sans se mettre en peine des brigands. Tous les jours, ils avaient la remarquable habitude de ne se mettre en route que lorsque la caravane tout entière avait défilé ; alors, ils parcouraient soigneusement les divers campements, et ne manquaient pas de faire profit de tout ce qui avait pu être oublié. Marchant ensuite les derniers, ils avaient encore l'inappréciable avantage de pouvoir ramasser ce que les autres laissaient tomber. Les soldats tartares tenaient une conduite bien différente ; on les voyait galoper sans cesse en avant et sur les flancs de la caravane, monter sur les collines et s'enfoncer dans les profondes vallées pour examiner si les brigands n'étaient pas en embuscade.

La marche et les mouvements de la caravane s'exécutaient avec assez d'ordre et de précision, surtout dans les commencements. Ordinairement, on partait tous les jours deux ou trois heures avant le lever du soleil, afin de pouvoir camper vers midi et donner aux animaux le temps de paître pendant le reste de la journée ; le réveil était annoncé par un coup de canon ; aussitôt, tout le monde se levait, le feu s'allumait dans toutes les tentes, et pendant que les uns chargeaient les bêtes de somme, les autres faisaient bouillir la marmite et préparaient le thé beurré ; on en buvait à la hâte quelques écuellées, on dévorait quelques poignées de tsamba, et puis on jetait la tente à bas. Un second coup de canon donnait le signal du départ. Quelques cavaliers expérimentés et chargés de diriger la caravane, se mettaient en tête ; ils étaient suivis par les longues files de chameaux, puis venaient les bœufs à long poil, qui s'avançaient par troupes de deux ou trois cents, sous la conduite de plusieurs lakto. Les cavaliers n'avaient pas de place fixe ; ils allaient et venaient dans tous les sens, uniquement guidés par leur caprice. Les cris plaintifs des chameaux, les grognements des bœufs à long poil, les hennissements des chevaux, les clameurs et les chansons bruyantes des voyageurs, les sifflements aigus que

faisaient entendre les lakto pour animer les bêtes
de somme, et par-dessus tout les cloches innombrables qui étaient suspendues au cou des yak et
des chameaux ; tout cela produisait un concert immense, indéfinissable, et qui, bien loin de fatiguer,
semblait, au contraire, donner à tout le monde du
courage et de l'énergie.

La caravane s'en allait ainsi à travers le désert
par troupes et par pelotons, s'arrêtant tous les jours
dans les plaines, dans les vallées, aux flancs des
montagnes, et improvisant, avec ses tentes si nombreuses et si variées de forme et de couleur, des
villes et des villages, qui s'évanouissaient le lendemain, pour reparaître un instant après sur un plan
toujours nouveau.

Passage du Pouhain-Gol. Animaux-glaçons.

En quittant les bords de la mer Bleue, nous nous
dirigeâmes vers l'ouest, en inclinant peut-être un
peu vers le sud. Les premiers jours de marche ne
furent que poésie ; tout allait au gré de nos désirs,
le temps était magnifique, la route était belle et
facile, l'eau limpide et les pâturages gras et abon-
dants. Quant aux brigands, on n'y songeait même
pas. Pendant la nuit, le froid se faisait bien un peu
sentir ; mais on obviait à cet inconvénient en endos-
sant ses habits de peau. Nous étions, enfin, à nous
demander ce que ce fameux voyage du Thibet avait
de si épouvantable ; il nous semblait qu'il était impossible de voyager d'une manière plus commode
et plus agréable. Hélas, cet enchantement ne fut
pas de longue durée !

Six jours après notre départ, il fallut traverser
le *Pouhain-Gol*, rivière qui prend sa source aux
pieds des monts *Nan-Chan*, et va se jeter dans la

mer Bleue. Ses eaux ne sont pas très profondes, mais étant divisées en douze embranchements très rapprochés les uns des autres, elles occupent en largeur un espace de plus d'une lieue. Nous eûmes le malheur d'arriver au premier embranchement du *Pouhain-Gol* longtemps avant le jour ; l'eau était glacée, mais pas assez profondément pour que la glace pût nous servir de pont. Les chevaux étant arrivés les premiers, furent effrayés, et n'osèrent pas avancer ; ils s'arrêtèrent sur les bords et donnèrent aux bœufs à long poil le temps de les joindre. Bientôt la caravane tout entière se trouva réunie sur un seul point ; il serait impossible d'exprimer le désordre et la confusion qui régnaient au milieu de cette immense cohue, enveloppée des ténèbres de la nuit. Enfin, plusieurs cavaliers poussèrent leurs chevaux et crevèrent la glace en plusieurs endroits. Alors, la caravane entra pêle-mêle dans la rivière ; les animaux se heurtaient et faisaient rejaillir l'eau de toute part, la glace craquait, les hommes vociféraient ; c'était un tumulte effroyable. Après avoir traversé le premier bras, il fallut recommencer la manœuvre au second, puis au troisième, et ainsi de suite. Quand le jour parut, la *sainte ambassade* était encore à gargouiller dans l'eau ; enfin, après avoir beaucoup fatigué et beaucoup frissonné, au moral comme au physique, nous eûmes le bonheur de laisser derrière nous les douze embranchements du *Pouhain-Gol* et de nous trouver en pays sec ; mais toutes nos idées poétiques s'étaient évanouies, et nous commencions à trouver cette manière de voyager tout à fait détestable.

Et pourtant, tout le monde paraissait être dans la jubilation. On disait que le passage du *Pouhain-Gol* s'était exécuté admirablement bien. Un seul homme s'était cassé les jambes, et il ne s'était noyé que deux bœufs à long poil. Pour ce qui est des objets perdus ou volés pendant ce long désordre, on n'en tenait pas compte.

Quand la caravane reprit sa marche accoutumée, elle présentait un aspect vraiment risible. Les hommes et les animaux étaient plus ou moins chargés de glaçons. Les chevaux s'en allaient tristement, et paraissant fort embarrassés de leur queue qui pendait tout d'une pièce, raide et immobile, comme si on l'eût faite de plomb et non de crins. Les chameaux avaient la longue bourre de leurs jambes chargée de magnifiques glaçons qui se choquaient les uns les autres avec un bruit harmonieux. Cependant, il était visible que ces jolis ornements étaient peu de leur goût, car ils cherchaient de temps en temps à les faire tomber en frappant rudement la terre de leurs pieds. Les bœufs à long poil étaient de véritables caricatures ; impossible de se figurer rien de plus drôle : ils marchaient les jambes écartées et portaient péniblement un énorme système de stalactites qui leur pendait sous le ventre jusqu'à terre. Ces pauvres bêtes étaient si informes, et tellement recouvertes de glaçons, qu'il semblait qu'on les eût mis confire dans du sucre candi.

Notre pro-chamelier est un méchant démon.
Sa trouvaille de deux jarres d'eau-de-vie.

Une cause permanente des souffrances que nous eûmes à endurer en route fut, sans contredit, notre pro-chamelier Charadchambeul. Dès l'abord, ce jeune Lama nous avait paru un petit saint ; mais, dans la suite, nous nous aperçûmes que nous emmenions avec nous un petit diable à face humaine. L'aventure suivante nous ouvrit les yeux sur son compte, et nous fit entrevoir tout ce que nous aurions à souffrir de sa présence.

Le lendemain du passage du Pouhain-Gol, après avoir marché pendant une partie de la nuit, nous remarquâmes sur un de nos chameaux deux gros paquets soigneusement enveloppés, et que nous. n'avions pas encore vus. Nous pensâmes que quelque voyageur, n'ayant pu les placer commodément sur ses bêtes de somme, avait prié Charadchambeul de s'en charger pour la journée ; et là-dessus, nous continuâmes paisiblement notre route, sans plus nous occuper de cette particularité. Quand nous fûmes arrivés au campement, aussitôt qu'on eut mis bas les bagages, nous vîmes avec surprise notre Lama des monts Ratchico prendre ces deux paquets, les envelopper mystérieusement d'un tapis de feutre, et puis aller les cacher au fond de la tente. Évidemment, cette conduite provoquait des explications. Nous demandâmes à Charadchambeul quel était ce nouveau bagage qu'on voyait dans la tente. Il s'approcha de nous et nous répondit à voix basse, comme craignant d'être entendu, que, pendant la nuit, Bouddha lui avait fait une faveur, qu'il lui avait fait trouver, sur le chemin, une bonne chose. Puis il ajouta, en souriant malicieusement, qu'à Lha-Ssa cette bonne chose se vendrait bien dix onces d'argent... Ces paroles nous firent froncer le sourcil, et nous demandâmes à voir cette bonne chose. Charadchambeul ferma d'abord avec soin la porte de la tente, puis il dépouilla avec émotion sa prétendue· trouvaille. C'étaient deux grandes jarres en cuir fondu, contenant une espèce d'eau-de-vie qu'on distille dans la province du Kan-Sou, et qui se vend assez cher. Sur ces deux jarres, il y avait des caractères thibétains qui indiquaient le nom très connu du propriétaire. Nous eûmes la charité de ne pas nous arrêter à la pensée que Charadchambeul avait volé ces jarres pendant la nuit ; nous aimâmes mieux supposer qu'il les avait ramassées le long du chemin. Mais notre pro-chamelier était un casuiste passablement relâché. Il prétendait que ces jarres lui appartenaient, que Bouddha lui en avait fait cadeau, et qu'il ne s'agissait plus que de les cacher avec soin, afin que le propriétaire ne les aperçût pas. Essayer de raisonner morale et justice avec un gaillard de cette trempe, était peine et temps perdus. Nous lui déclarâmes énergiquement que ces jarres n'étant ni à nous ni à lui, nous ne voulions ni les recevoir dans notre tente, ni les placer sur nos chameaux pendant le voyage, que nous n'avions nullement envie d'arriver à Lha-Ssa avec une réputation de voleurs... Et afin qu'il prît bien au sérieux ce que nous lui disions, nous ajoutâmes que, s'il n'enlevait pas les jarres de notre tente, nous allions à l'instant avertir le propriétaire. Il se trouva un peu ébranlé par ces paroles. Afin d'achever de le déterminer à la restitution, nous lui conseillâmes de porter lui-même sa trouvaille à l'ambassadeur, en le priant de la faire remettre à son adresse. Le Tchanak-Kampo ne manquerait pas d'être touché de cette probité ; peut-être lui donnerait-il une récompense, ou du moins il se souviendrait de lui, et pourrait, à Lha-Ssa, lui être de quelque utilité. Après des contestations longues et violentes, ce parti fut adopté. Charadchambeul se présenta au Tchanak-Kampo, qui lui dit : — « Tu es un bon Lama. Un Lama qui a la justice dans le cœur est agréable aux esprits. » Charadchambeul revint furieux. Il prétendit que nous lui avions fait faire une bêtise, et que le Tchanak-Kampo ne lui avait donné que quelques paroles creuses. Dès ce moment, il nous voua une haine implacable. Il ne s'acquitta plus que par boutades du travail qui lui était confié ; il se plut à gaspiller nos provisions de bouche ; tous les jours, il nous abreuva d'outrages et de malédictions ; et souvent, sa rage, se tournant contre les animaux, il les frappait horriblement sur la tête, au risque de les assommer. Renvoyer ce malheureux était chose impossible au milieu du désert. Nous dûmes nous armer de patience et de résignation, et veiller à ne pas irriter davantage ce caractère farouche et indompté.

Incidents de route. Escalade du Bourhan-Bota.

Après cinq jours de marche, depuis le passage du *Pouhain-Gol*, nous arrivâmes au *Toulain-Gol*, rivière étroite et peu profonde, que nous traversâmes sans obstacle. La caravane s'arrêta ensuite non loin d'une lamaserie qui paraissait avoir été assez florissante, mais qui, en ce moment, était entièrement déserte. Les temples et les cellules des Lamas tombaient en ruine de toute part. Des chauves-souris et des rats énormes en avaient fait leur demeure. On nous dit que ce couvent bouddhique avait été assiégé durant trois jours par les brigands, qu'ils s'en étaient enfin rendus maîtres, et qu'après avoir massacré un grand nombre de ses habitants, ils l'avaient livré au pillage et à la dévastation. Depuis cette époque, aucun Lama n'avait plus osé venir s'y fixer. Cependant le pays n'était pas entièrement désert, comme nous l'avions d'abord pensé. En nous promenant à travers les collines rocheuses des environs, nous découvrîmes quelques troupeaux de chèvres et trois misérables tentes cachées dans les creux des ravins. Ces pauvres bergers sortirent pour nous demander l'aumône de quelques feuilles de thé et d'un peu de tsamba. Ils avaient les yeux hagards

et la figure blême et amaigrie. Ils ne savaient, disaient-ils, où se réfugier pour vivre en paix. La peur
des brigands les dominait au point de leur enlever
jusqu'au courage même de la fuite.

Le lendemain, la caravane continua sa route ; mais
l'escorte chinoise demeura campée sur les bords de
la rivière ; sa tâche était finie. Après quelques jours
de repos, elle devait rebrousser chemin et rentrer
dans ses foyers. Les marchands thibétains disaient
que, les soldats chinois une fois partis, on pourrait
du moins dormir en paix, sans avoir à se préoccuper
des voleurs de nuit.

Le 15 novembre nous quittâmes les magnifiques
plaines du Koukou-Noor, et nous arrivâmes chez
les Mongols de *Tsaïdam*. Aussitôt après avoir traversé la rivière de ce nom, le pays change brusquement d'aspect. La nature est triste et sauvage ; le
terrain, aride et pierreux, semble porter avec peine
quelques broussailles desséchées et imprégnées de
salpêtre. La teinte morose et mélancolique de ces
tristes contrées semble avoir influé sur le caractère
de ses habitants qui ont tous l'air d'avoir le spleen.
Ils parlent très peu, et leur langage est si rude et
si guttural que les Mongols étrangers ont souvent
de la peine à les comprendre. Le sel gemme et le
borax abondent sur ce sol aride et presque entièrement dépourvu de bons pâturages. On pratique
des creux de deux ou trois pieds de profondeur, et
le sel s'y rassemble, se cristallise et se purifie de
lui-même, sans que les hommes aient le moins du
monde à s'en occuper. Le borax se recueille dans
de petits réservoirs qui en sont entièrement remplis.
Les Thibétains en emportent dans leur pays, pour
le vendre aux orfèvres, qui s'en servent pour faciliter la fusion des métaux. Nous nous arrêtâmes
pendant deux jours dans le pays de Tsaïdam. On

fit bombance avec du tsamba et quelques chèvres, que les bergers nous troquèrent contre du thé en brique. Les bœufs à long poil et les chameaux se régalèrent avec du nitre et du sel qu'ils trouvaient partout à fleur de terre. La caravane tout entière chercha à ramasser le plus de force possible pour franchir le *Bourhan-Bota*, montagne fameuse par les vapeurs pestilentielles dont elle est, dit-on, continuellement enveloppée.

Vapeurs pestilentielles.

Nous nous mîmes en marche à trois heures du matin, et après beaucoup de circuits et de détours dans cette contrée montueuse, nous arrivâmes à neuf heures au pied du *Bourhan-Bota*. La caravane s'arrêta un instant, comme pour consulter ses forces ; on mesurait de l'œil les sentiers abrupts et escarpés de cette haute montagne ; on se montrait avec anxiété un gaz subtil et léger, qu'on nommait vapeur pestilentielle, et tout le monde paraissait abattu et découragé. Après avoir pris les mesures hygiéniques enseignées par la tradition, et qui consistent à croquer deux ou trois gousses d'ail, on commence enfin à grimper sur les flancs de la montagne. Bientôt les chevaux se refusent à porter leurs cavaliers, et chacun avance à pied et à petits pas ; insensiblement tous les visages blêmissent, on sent le cœur s'affadir, et les jambes ne peuvent plus fonctionner ; on se couche par terre, puis on se relève pour faire encore quelques pas ; on se couche de nouveau, et c'est de cette façon déplorable qu'on gravit ce fameux Bourhan-Bota. Mon Dieu, quelle misère ! on sent ses forces brisées, la tête tourne, tous les membres semblent se disjoindre, on éprouve un malaise tout à fait semblable au mal de mer ; et malgré cela il faut conserver assez d'énergie, non seulement pour se traîner soi-même, mais encore pour frapper à coups redoublés les animaux qui se couchent à chaque pas et refusent d'avancer. Une partie de la troupe, par mesure de prudence, s'arrêta à moitié chemin dans un enfoncement de la montagne où les vapeurs pestilentielles étaient, disait-on, moins épaisses ; le reste, par prudence aussi, épuisa tous ses efforts pour arriver jusqu'au bout et ne pas mourir asphyxié au milieu de cet air chargé d'acide carbonique. Nous fûmes de ceux qui franchirent le Bourhan-Bota d'un seul coup. Quand nous fûmes arrivés au sommet, nos poumons se dilatèrent enfin à leur aise. Descendre la montagne ne fut qu'un jeu, et nous pûmes aller dresser notre tente loin de cet air meurtrier que nous avions laissé de l'autre côté.

La montagne Bourhan-Bota présente cette particularité assez remarquable, c'est que ce gaz délétère ne se trouve que sur la partie qui regarde l'est et le nord ; de l'autre côté, l'air est pur et facilement respirable ; il paraît que ces vapeurs pestilentielles ne sont autre chose que du gaz acide carbonique. Les gens attachés à l'ambassade nous dirent que, lorsqu'il faisait du vent, les vapeurs se faisaient à peine sentir, mais qu'elles étaient très dangereuses lorsque le temps était calme et serein. Le gaz acide carbonique étant, comme on sait, plus pesant que l'air atmosphérique, doit se condenser à la surface du sol et y demeurer fixé jusqu'à ce qu'une grande agitation de l'air vienne le mettre en mouvement, le disséminer dans l'atmosphère et neutraliser ses effets. Quand nous franchîmes le Bourhan-Bota, le temps était assez calme. Nous remarquâmes que lorsque nous nous couchions par terre, nous respirions avec beaucoup plus de difficulté ; si, au contraire, nous montions à cheval, l'influence du gaz se faisait à peine sentir. La présence de l'acide carbonique était cause qu'il était très difficile d'allumer le feu ; les argols brûlaient sans flamme et en répandant beaucoup de fumée. Maintenant, dire de quelle manière se formait ce gaz, d'où il venait, c'est ce qui nous est impossible. Nous ajouterons seulement, pour ceux qui aiment à chercher des explications dans le nom même des choses, que *Bourhan-Bota* signifie *cuisine de Bourhan;* Bourhan est, comme on sait, synonyme de Bouddha.

Pendant la nuit que nous passâmes de l'autre côté de la montagne, il tomba une épouvantable quantité de neige. Ceux qui la veille n'avaient pas osé continuer la route vinrent nous rejoindre dans la matinée ; ils nous annoncèrent qu'ils avaient achevé l'ascension de la montagne avec assez de facilité, parce que la neige avait fait disparaître les vapeurs.

Passage du mont Chuga. Cruelles souffrances.

Le passage du Bourhan-Bota n'avait été qu'une espèce d'apprentissage. Quelques jours après, le mont *Chuga* mit bien autrement à l'épreuve nos forces et notre courage. La marche devant être longue et pénible, le coup de canon, qui était le signal ordinaire du départ, se fit entendre à une heure après minuit. On fit du thé avec de la neige fondue ; on prit un bon repas de tsamba, assaisonné d'une gousse d'ail hachée menu, et on se mit en route. Quand la grande caravane commença à s'ébranler, le ciel était pur et la lune resplendissante faisait briller le grand tapis de neige dont le pays était entièrement couvert. Le mont *Chuga* étant peu escarpé du côté que nous gravissions, nous pûmes arriver au sommet au moment où l'aube commençait à blanchir. Le ciel se chargea bientôt de nuages, et le vent se mit à souffler avec une violence qui alla toujours croissant. Les flancs opposés de la montagne étaient tellement encombrés de neige que les animaux en avaient jusqu'au ventre ; ils n'avançaient que par secousses et par soubresauts, et souvent ils allaient se précipiter dans des gouffres dont on ne pouvait les retirer ; il en périt ainsi plusieurs. Nous marchions à l'encontre d'un vent si fort et si glacial que la respiration se trouvait parfois arrêtée, et que, malgré nos bonnes fourrures, nous tremblions à chaque instant d'être tués par le froid. Afin d'éviter les tourbillons de neige que le vent nous lançait continuellement à la figure, nous suivîmes l'exemple de quelques voyageurs, qui étaient montés à rebours sur leur cheval, le laissant ensuite aller au gré de son instinct. Lorsqu'on fut arrivé au pied de la montagne, et qu'il fut permis d'avoir les yeux à l'abri du vent, on remarqua plus d'une figure gelée. M. Gabet eut à déplorer la mort passagère de son nez et de ses oreilles. Tout le monde eut la peau plus ou moins gercée et brûlée par le froid.

La caravane s'arrêta au pied du mont Chuga, et chacun alla chercher un abri dans le labyrinthe d'un grand nombre de gorges contiguës. Exténués de faim, et perclus de tous nos membres, il nous eût fallu, pour nous restaurer, une hôtellerie avec un bon feu, une table bien servie et un lit chaudement bassiné ; mais le Chuga est loin d'avoir tout le confortable des Alpes ; les religieux bouddhistes n'ont pas eu encore la pensée de s'y établir pour venir au secours des pauvres voyageurs. Nous dûmes donc dresser notre tente au milieu de la neige, et puis aller à la découverte des argols. C'était un spectacle vraiment digne de pitié, que de voir cette multitude errant de toutes parts et fouillant avec ardeur dans la neige, dans l'espoir d'y trouver ensevelie quelque vieille bouse de bœuf. Après de longues et pénibles recherches, nous eûmes tout juste ce qu'il fallait de chauffage pour faire fondre trois gros morceaux de glace, que nous fûmes obligés d'extraire, à grands coups de hache, d'un étang voisin. Notre feu n'étant pas assez ardent pour faire bouillir la marmite, nous dûmes nous contenter de pétrir notre tsamba dans de l'eau tiède, et de l'avaler à la hâte, de peur de le voir se glacer entre nos doigts. Ce fut là tout le souper que nous eûmes après cette affreuse journée. Nous nous roulâmes ensuite dans notre peau de bouc et dans nos couvertures, et nous attendîmes, blottis dans un coin de la tente, le coup de canon qui devait nous faire reprendre le cours de nos impressions de voyage.

Nous laissâmes, dans ce campement pittoresque et enchanté, les soldats tartares qui nous avaient escortés depuis notre départ de Koukou-Noor ; ils ne pouvaient nous continuer plus loin leur généreuse protection ; car le jour même, nous allions quitter la Tartarie pour entrer dans le territoire du Thibet antérieur. Les soldats chinois et tartares, une fois partis, l'ambassade n'avait plus à compter que sur les ressources de sa valeur intrinsèque. Comme nous l'avons déjà dit, cette grande troupe de deux mille hommes était complètement armée ; et tout le monde, à quelques exceptions près, se promettait bien d'agir, au besoin, en bon soldat ; mais il faut avouer que l'allure naguère si intrépide et si guerrière de la caravane s'était singulièrement modifiée depuis le passage du Bourhan-Bota. On ne chantait plus, on ne riait plus, on ne faisait plus caracoler les chevaux, on était morne et taciturne ; toutes ces moustaches fièrement redressées au moment du départ étaient très humblement cachées dans des peaux d'agneau, dont on avait soin de s'envelopper la figure jusqu'aux yeux. Tous ces braves militaires avaient fait de leur lances, de leurs fusils, de leurs sabres et de leurs carquois, des paquets qu'ils donnaient à porter à leurs bêtes de somme. Au reste, on ne pensait guère au danger d'être égorgé par les brigands ; on n'avait peur que de mourir de froid.

Misères de toute sorte. Maladie de M. Gabet.

Ce fut au mont Chuga que commença sérieusement la longue série de nos misères. La neige, le vent et le froid se déchaînèrent sur nous, avec une fureur qui alla croissant de jour en jour. Les déserts du Thibet sont, sans contredit, le pays le plus affreux qu'on puisse imaginer. Le sol allant toujours en s'élevant, la végétation diminuait à mesure que nous avancions, et le froid prenait une intensité effrayante. Dès lors, la mort commença à planer sur la pauvre caravane. Le manque d'eau et de pâturages ruina promptement les forces des animaux. Tous les jours, on était obligé d'abandonner des bêtes de somme qui ne pouvaient plus se traîner. Le tour des hommes vint un peu plus tard. L'aspect de la route nous présageait un bien triste avenir. Nous cheminions, depuis quelques jours, comme au milieu des excavations d'un vaste cimetière. Les ossements humains et les carcasses d'animaux, qu'on rencontrait à chaque pas, semblaient nous avertir que, sur cette terre meurtrière, et au milieu de cette nature sauvage, les caravanes qui nous avaient précédés n'avaient pas eu un sort meilleur que le nôtre.

Pour surcroît d'infortune, M. Gabet tomba malade. La santé commença à l'abandonner au moment même où les affreuses difficultés de la route semblaient exiger un redoublement d'énergie et de courage. Le froid excessif qu'il avait enduré au passage du mont Chuga avait entièrement brisé ses forces. Il lui eût fallu, pour reprendre sa vigueur première, du repos, des boissons toniques, et une nourriture substantielle et fortifiante. Or, nous n'avions à lui donner que de la farine d'orge et du thé fait avec de l'eau de neige ; de plus, il devait, malgré son extrême faiblesse, monter tous les jours à cheval et lutter contre un climat de fer... Et nous avions encore deux mois de route à faire, au plus fort de l'hiver ! O que l'avenir était sombre !

Passage du Bayen-Kharat.

Vers les premiers jours de décembre, nous arrivâmes en présence du *Bayen-Kharat*, fameuse chaîne de montagnes qui va se prolongeant du sud-est au nord-ouest, entre le Hoang-Ho et le Kin-Cha-Kiang.

Du pied jusqu'à la cime, la montagne était complètement enveloppée d'une épaisse couche de neige. Avant d'en entreprendre l'ascension, les principaux membres de l'ambassade tinrent conseil. On délibérait, non pas pour savoir si on franchirait ou non la montagne ; puisqu'on voulait arriver à Lha-Ssa, il fallait absolument passer par là. Il n'était pas non plus question de savoir si on attendrait ou non la fonte des neiges ; mais on débattait les avantages qu'il y aurait d'effectuer l'ascension le jour même, ou d'attendre au lendemain. La crainte des avalanches dominait tous les esprits, et l'on eût voulu avoir une assurance contre le vent. A l'exemple de tous les conseils du monde, le conseil de l'ambassade thibétaine fut bientôt divisé en deux partis.

Les uns dirent qu'il fallait partir le jour même, les autres soutinrent qu'il serait mieux d'attendre au lendemain. Pour se tirer d'embarras, on eut recours aux Lamas qui avaient quelque réputation de savoir deviner. Mais cet expédient ne réussit pas à ramener les esprits à l'unité. Parmi les devins, il y en eut qui prétendirent que la journée serait calme, et que le lendemain on aurait un vent épouvantable ; il y en eut d'autres qui assurèrent tout à fait le contraire. La caravane se trouva dès lors divisée en deux camps, celui du mouvement et celui de la résistance ; ou, en d'autres termes, il y eut les progressifs et les stationnaires. On comprend, qu'en notre qualité de citoyens français, nous nous rangeâmes instinctivement du côté des progressifs, c'est-à-dire de ceux qui voulaient marcher et en finir le plus tôt possible avec cette fâcheuse montagne. Il nous parut, au reste, que la logique était en faveur de notre parti. Le temps était présentement calme, et nous ne savions pas ce qu'il serait le lendemain. Nous nous mîmes donc à escalader ces montagnes de neige, quelquefois à cheval et souvent à pied. Dans ce dernier cas, nous faisions passer devant nos animaux, et nous nous cramponnions à leur queue. Ce moyen est sans contredit le moins fatigant qu'on puisse imaginer pour gravir des montagnes. M. Gabet souffrit horriblement ; mais enfin, Dieu, dans sa bonté infinie, nous donna assez de force et de courage pour arriver jusqu'au bout. Le temps fut constamment calme, et nous ne fûmes écrasés par aucune espèce d'avalanche.

Le lendemain, dès la pointe du jour, le parti stationnaire se mit en marche et traversa la montagne avec succès. Comme nous avions eu l'honnêteté de l'attendre, il se joignit à nous, et nous entrâmes ensemble dans une vallée dont la température n'était

pas excessivement rigoureuse. La bonté des pâturages engagea la caravane à y prendre un jour
de repos. Un lac profond, où nous creusâmes des
puits dans la glace, nous fournit de l'eau en abondance. Le chauffage ne nous manqua pas non plus,
car les ambassades et les pèlerins ayant l'habitude
de s'arrêter dans cette vallée, après le passage du
Bayen-Kharat, on est toujours sûr d'y trouver une
grande quantité d'argols. Les grands feux ne dis-
continuèrent pas un seul instant. Nous brûlâmes
tout, sans scrupule et sans crainte de faire tort à
nos successeurs. Nos quinze mille bœufs à long poil
étaient chargés de combler le déficit.

Bœufs congelés. Bœufs et mulets sauvages.

Nous quittâmes la grande vallée de Bayen-Kharat
pour aller dresser notre tente sur les bords du *Mourouï-Oussou* (1). Vers sa source ce fleuve magnifique
porte le nom de Mourouï-Oussou (*eau tortueuse*) ;
plus bas, il s'appelle *Kin-Cha-Kiang* (fleuve au sable
d'or) ; arrivé dans la province du Sse-Tchouan, c'est
le fameux Yang-Dze-Kiang, ou fleuve Bleu. Au moment où nous passâmes le Mourouï-Oussou sur la
glace, un spectacle assez bizarre s'offrit à nos yeux.
Déjà nous avions remarqué de loin, pendant que
nous étions au campement, des objets informes et
noirâtres, rangés en file en travers de ce grand fleuve.
Nous avions beau nous rapprocher de ces îlots fan-
tastiques, leur forme ne se dessinait pas d'une manière plus nette et plus claire. Ce fut seulement
quand nous fûmes tout près, que nous pûmes reconnaître plus de cinquante bœufs sauvages incrustés
dans la glace. Ils avaient voulu, sans doute, traverser le fleuve à la nage, au moment de la concré-

(1) Les Thibétains le nomment *Polei-Tchou*, fleuve du Seigneur.

tion des eaux, et ils s'étaient trouvés pris par les glaçons, sans avoir la force de s'en débarrasser, et de continuer leur route. Leur belle tête, surmontée de grandes cornes, était encore à découvert ; mais le reste du corps était pris dans la glace, qui était si transparente qu'on pouvait distinguer facilement la position de ces imprudentes bêtes ; on eût dit qu'elles étaient encore à nager. Les aigles et les corbeaux leur avaient arraché les yeux.

On rencontre fréquemment des bœufs sauvages dans les déserts du Thibet antérieur. Ils vont toujours par troupes nombreuses, et se plaisent sur les sommets des montagnes. Pendant l'été, ils descendent dans les vallées pour se désaltérer aux ruisseaux et aux étangs ; mais, pendant la longue saison de l'hiver, ils restent sur les hauteurs et se contentent de manger de la neige et quelques herbes d'une extrême dureté. Ces animaux sont d'une grosseur démesurée, leur poil est long et noir, ils sont toujours remarquables par la grandeur et la forme superbe de leurs cornes. Il n'est pas prudent de leur faire la chasse, car on les dit extrêmement féroces. Quand on en trouve quelques-uns qui se sont isolés des troupeaux, on peut se hasarder à les mitrailler ; mais il faut que les chasseurs soient en grand nombre, pour bien assurer leurs coups. S'ils ne tuent pas le bœuf, il y a grand risque qu'il ne coure sur eux et ne les mette en pièces. Un jour, nous aperçûmes un de ces bœufs qui s'amusait à lécher du nitre dans une petite enceinte entourée de rochers. Huit hommes, armés de fusils à mèche, se détachèrent de la caravane et allèrent se poster en embuscade sans que le bœuf les aperçût. Huit coups de fusil partirent à la fois ; le bœuf leva la tête, regarda avec des yeux enflammés d'où partaient les coups, puis il s'échappa au grand galop, et se mit à bondir dans la plaine en poussant des mugissements affreux. On prétendit qu'il avait été blessé, mais, qu'effrayé à la vue de la caravane, il n'avait pas osé se précipiter sur les chasseurs.

Les mulets sauvages sont aussi très nombreux dans le Thibet antérieur. Quand nous eûmes traversé le Mourouï-Oussou, nous en rencontrâmes presque tous les jours. Cet animal, que les naturalistes ont nommé *cheval hémione*, ou cheval demi-âne, a la grandeur d'un mulet ordinaire ; mais il a le corps plus beau, son attitude est plus gracieuse et ses mouvements sont plus légers ; son poil est, sur le dos, de couleur rousse, puis il va s'éclaircissant insensiblement jusque sous le ventre, où il est presque blanc. Les hémiones ont la tête grosse, disgracieuse et nullement en rapport avec l'élégance de leur corps ; ils marchent la tête haute et portent droites leurs longues oreilles. Quand ils galopent, ils tournent la tête au vent, et relèvent leur queue qui ressemble entièrement à celle des mulets : le hennissement qu'ils font entendre est vibrant, clair et sonore ; ils sont d'une si grande agilité qu'il est impossible aux cavaliers tartares ou thibétains de les atteindre à la course. Quand on veut les prendre, on se met en embuscade vers les endroits qui conduisent aux ruisseaux où ils vont se désaltérer, et alors on les tue à coups de flèches ou de fusils : leur chair est excellente et leurs peaux servent à faire des bottes. Les chevaux demi-ânes sont féconds et se reproduisent en perpétuant l'espèce qui demeure toujours inaltérable : on n'a jamais pu encore les plier à la domesticité. On nous a dit qu'on en avait pris de tout jeunes, qu'on avait essayé de les élever avec d'autres poulains, mais qu'il avait toujours été impossible de les monter et de les accoutumer à porter des fardeaux. Aussitôt qu'on les laissait libres, ils s'échappaient et rentraient dans l'état sauvage. Nous n'avons pas remarqué pourtant que leur caractère fût extrêmement farouche ; nous les avons vus folâtrer quelquefois avec les chevaux de la caravane qui paissaient aux environs du campement ; mais à l'approche de l'homme, qu'ils distinguent et sentent de fort loin, ils prenaient aussitôt la fuite. Les lynx, les chamois, les rennes et les bouquetins abondent dans le Thibet antérieur.

Débandade de la caravane. Froids épouvantables.

Quelques jours après le passage du Mourouï-Oussou la caravane commença à se débander : ceux qui avaient des chameaux voulurent prendre les devants, de peur d'être trop retardés par la marche lente des bœufs à long poil. D'ailleurs, la nature du pays ne permettait plus à une aussi grande troupe de camper dans le même endroit. Les pâturages devenaient si rares et si maigres que les bestiaux de la caravane ne pouvaient aller tous ensemble sous peine de mourir de faim. Nous nous joignîmes à ceux qui avaient des chameaux, et nous laissâmes derrière nous les bœufs à long poil. Notre bande fut encore obligée, dans la suite, de se fractionner : la grande unité étant une fois rompue, il se forma une foule de petits chefs de caravane qui ne s'entendaient pas toujours sur les lieux où il fallait camper ni sur les heures du départ.

Nous arrivions insensiblement vers le point le plus élevé de la haute Asie, lorsqu'un terrible vent du nord, qui dura pendant quinze jours, vint se joindre à l'affreuse rigueur de la température et nous menacer des plus grands malheurs. Le temps était toujours pur ; mais le froid était si épouvantable qu'à peine à midi pouvait-on ressentir un peu l'influence des rayons du soleil ; encore fallait-il avoir soin de se mettre bien à l'abri du vent. Pendant le reste de la journée, et surtout pendant la nuit, nous étions dans l'appréhension continuelle de mourir gelés. Tout le monde eut bientôt la figure et les mains crevassées. Pour donner une certaine idée de ce froid, dont il est impossible de bien comprendre la rigueur, à moins d'en avoir éprouvé les effets, il suffira de citer une particularité qui nous paraît assez frappante. Tous les matins, avant de se mettre en route, on prenait un repas, et puis on ne mangeait que le soir lorsqu'on était arrivé au campement. Comme le tsamba n'était pas un mets assez appétissant, pour que nous pussions en manger tout d'un coup une quantité suffisante pour nous soutenir durant la route, nous avions soin d'en pétrir dans du thé trois ou quatre boules que nous mettions en réserve pour la journée. Nous enveloppions cette pâte bouillante dans un linge bien chaud, et nous la placions sur notre poitrine. Nous avions par-dessus tous nos habits, savoir : une robe en grosse peau de mouton, puis un gilet en peau d'agneau, puis un manteau court en peau de renard, puis enfin une grande casaque en laine. Hé bien, durant ces quinze jours, nos gâteaux de tsamba se sont toujours gelés ; quand nous les retirions de notre sein, ce n'était plus qu'un mastic glacé qu'il fallait pourtant dévorer, au risque de se casser les dents, si nous ne voulions pas mourir de faim

Les animaux, accablés de fatigues et de privations, ne résistaient plus que difficilement à un froid si rigoureux. Les mulets et les chevaux étant moins vigoureux que les chameaux et les bœufs à long poil, réclamèrent des soins extraordinaires. On fut obligé de les habiller avec de grands tapis de feutre qu'on leur ficelait autour du corps, et de leur envelopper la tête avec du poil de chameau. Dans d'autres circonstances tous ces bizarres accoutrements eussent excité notre hilarité, mais nous étions trop malheureux pour rire. Malgré toutes ces précautions, les animaux de la caravane furent décimés par la mort.

Les nombreuses rivières que nous avions à passer sur la glace étaient encore un inconcevable sujet de misères et de fatigues. Les chameaux sont si maladroits ; ils ont la marche si lourde et si pesante que, pour faciliter leur passage, nous étions obligés de leur tracer un chemin, en semant sur la rivière du sable et de la poussière, ou en brisant avec nos haches la première couche de glace. Après cela, il fallait prendre les chameaux les uns après les autres et les guider avec soin sur la bonne route : s'ils avaient le malheur de faire un faux pas et de glisser, c'était fini ; ils se jetaient lourdement à terre, et on avait toutes les peines du monde à les faire relever. Il fallait d'abord les décharger de leur bagage, puis on les traînait sur les flancs jusqu'au bord de la rivière, où l'on étendait des tapis sur la glace ; quelquefois même tout cela était inutile ; on avait beau les frapper, les tirailler, ils ne se donnaient pas même la peine de faire un effort pour se relever : on était alors forcé de les abandonner, car on ne pouvait s'arrêter dans cet affreux pays pour attendre qu'il prît fantaisie à un chameau de se remettre sur ses jambes.

La mort du Lama. Mourants abandonnés.

Tant de misères réunies finirent par jeter les pauvres voyageurs dans un abattement voisin du désespoir. A la mortalité des animaux, se joignit celle des hommes, que le froid saisissait, et qu'on abandonnait encore vivants le long du chemin. Un jour, que l'épuisement de nos bêtes de somme nous avait forcés de ralentir notre marche et de rester un peu en arrière de la troupe, nous aperçûmes un voyageur assis à l'écart sur une grosse pierre ; il avait la tête penchée sur sa poitrine, les bras pressés contre les flancs, et demeurait immobile comme une statue. Nous l'appelâmes à plusieurs reprises, mais il ne nous répondit pas ; il ne témoigna pas même, par le plus petit mouvement, qu'il eût entendu notre voix. — Quelle folie, nous disions-nous, de s'arrêter ainsi en route avec un temps pareil ! Ce malheureux va certainement mourir de froid... Nous l'appelâmes encore, mais il garda toujours la même immobilité. Nous descendîmes de cheval, et nous allâmes vers lui. Nous reconnûmes un jeune Lama mongol, qui était venu souvent nous visiter dans notre tente. Sa figure était comme de la cire, et ses yeux entr'ouverts avaient une apparence vitreuse ; il avait des glaçons suspendus aux narines et aux coins de la bouche. Nous lui adressâmes la parole sans pouvoir obtenir un seul mot de réponse : un instant nous le crûmes mort. Cependant il ouvrit les yeux et les fixa sur nous avec une horrible expression de stupidité : ce malheureux était gelé, et nous comprîmes qu'il avait été abandonné par ses compagnons. Il nous parut si épouvantable de laisser ainsi mourir un homme sans essayer de lui sauver la vie, que nous ne balançâmes point à le prendre avec nous. Nous l'arrachâmes de dessus cette affreuse pierre où on l'avait mis, et nous le plaçâmes sur le petit mulet de Samdadchiemba. Nous l'enveloppâmes d'une couverture, et nous le conduisîmes ainsi jusqu'au campement. Aussitôt que la tente fut dressée, nous allâmes visiter les compagnons de ce pauvre jeune homme. Quand ils surent ce que nous avions fait, ils se prosternèrent pour nous remercier ; ils nous dirent que nous avions un cœur excellent, mais que nous nous étions donné en vain une grande peine ; que le malade était perdu... Il est gelé, nous dirent-ils, et le froid est bien près de gagner le cœur ! Il nous fut impossible de partager le désespoir de ces voyageurs. Nous retournâmes à notre tente, et l'un d'eux nous accompagna pour voir si l'état du malade offrait encore quelques ressources. Quand nous arrivâmes, le jeune Lama était mort !

Plus de quarante hommes de la caravane furent abandonnés encore vivants dans le désert, sans qu'il fût possible de leur donner le moindre soulagement. On les faisait aller à cheval ou à chameau tant qu'il y avait quelque espérance ; mais, quand ils ne pouvaient ni manger, ni parler, ni se soutenir, on les exposait sur la route. On ne pouvait s'arrêter pour les soigner dans un désert inhabité, où l'on avait à redouter les bêtes féroces, les brigands, et surtout le manque de vivres. Ah ! quel spectacle affreux, de voir ces hommes mourants, abandonnés le long du chemin ! Pour dernière marque d'intérêt, on déposait à côté d'eux une écuelle en bois et un petit sac de farine d'orge ; ensuite, la caravane continuait tristement sa route. Quand tout le monde était passé, les corbeaux et les vautours, qui tournoyaient sans cesse dans les airs, s'abattaient sur ces infortunés qui, sans doute, avaient encore assez de vie pour se sentir déchirer par ces oiseaux de proie.

Les vents du nord aggravèrent beaucoup la maladie de M. Gabet. De jour en jour, son état devenait plus alarmant. Sa grande faiblesse ne lui permettant pas d'aller à pied, et ne pouvant ainsi se donner un peu d'exercice pour se réchauffer, il eut les pieds, les mains et la figure gelés ; ses lèvres étaient déjà livides et ses yeux presque éteints ; bientôt, il n'eut plus même la force de se soutenir à cheval. Nous n'eûmes d'autre moyen que de l'envelopper dans des couvertures, de ficeler le tout sur un chameau, puis de mettre notre confiance en la bonté de la divine Providence.

Aventure avec des brigands.

Un jour, que nous suivions les sinuosités d'un vallon, le cœur oppressé par de tristes pensées, voilà que, tout à coup, nous voyons apparaître deux cavaliers sur la cime des montagnes environnantes. En ce moment, nous allions de compagnie avec une petite troupe de marchands thibétains qui, comme nous, avaient laissé passer en avant le gros de la caravane, de peur de fatiguer les chameaux par une marche trop précipitée. — « Tsong-Kaba ! s'écrièrent les Thibétains, voilà là-bas des cavaliers... Cependant, nous sommes dans le désert ; on sait qu'il n'y a pas ici de pasteurs de troupeaux. » Ils avaient à peine prononcé ces paroles que nous aperçûmes un grand nombre d'autres cavaliers apparaître encore sur divers points. Nous ne pûmes nous empêcher d'éprouver un frémissement subit, en les voyant se précipiter tous ensemble du haut des montagnes, et courir vers nous avec impétuosité. Dans ce pays inhabité, que faisaient ces cavaliers ? que voulaient-ils ?... Nous ne doutâmes pas un instant que nous ne fussions tombés entre les mains des brigands. Leur allure, d'ailleurs, n'était nullement propre à nous rassurer : un fusil en bandoulière, deux grands sabres suspendus de chaque côté de la ceinture, des cheveux noirs qui tombaient en longues mèches sur leurs épaules, des yeux flamboyants et une peau de loup sur la tête, en guise de bonnet, tel était l'effrayant portrait des personnages dont nous étions environnés. Ils étaient au nombre de vingt-sept, et, de notre côté, nous n'étions que dix-huit, et probablement pas tous des guerriers bien éprouvés. On mit pied à terre de part et d'autre, et un courageux Thibétain de notre petite bande s'avança pour parler au chef des brigands, qu'on distinguait à deux petits drapeaux rouges qui flottaient derrière la selle de son cheval. Après une longue conversation assez animée : — « Quel est cet homme, dit le chef des Kolo, en indiquant M. Gabet, qui, attaché sur son chameau, était le seul qui n'eût pas mis pied à terre? — C'est un Grand-Lama du ciel d'Occident, répondit le marchand thibétain ; la puissance de ses prières est infinie. » Le Kolo porta ses deux mains jointes au front, et considéra M. Gabet qui, avec sa figure gelée et son bizarre entourage de couvertures bariolées, ne ressemblait pas mal à ces idoles terribles qu'on rencontre parfois dans les temples païens. Après avoir contemplé un instant le fameux Lama du ciel d'Occident, le brigand adressa quelques paroles, à voix basse, au marchand thibétain ; puis, ayant fait un signe à ses compagnons, ils sautèrent tous à cheval, partirent au grand galop et disparurent derrière les montagnes. — « N'allons pas plus loin, nous dit le marchand thibétain, dressons ici notre tente ; les Kolo sont des brigands, mais ils ont le cœur grand et généreux ; quand ils verront que nous restons sans peur entre leurs mains, ils ne nous attaqueront pas... D'ailleurs, ajouta-t-il, je crois qu'ils redoutent beaucoup la puissance des Lamas du ciel d'Occident. » Sur l'avis du marchand, tout le monde se mit en devoir de camper.

Les tentes furent à peine dressées que les Kolo reparurent sur la crête de la montagne ; ils coururent de nouveau vers nous avec leur rapidité accoutumée. Le chef entra seul dans le camp, les autres attendirent un peu en dehors de l'enceinte. Le Kolo s'adressa au Thibétain qui lui avait parlé la première fois. — « Je viens, lui dit-il, te demander l'explication d'une chose que je ne comprends pas. Vous savez que nous campons derrière cette montagne, et vous osez dresser votre tente ici, tout près de nous ! Combien donc êtes-vous d'hommes dans votre bande? — Nous ne sommes que dix-huit. Vous autres, si je ne me trompe, vous êtes vingt-sept ; mais les gens de cœur ne prennent jamais la fuite. — Vous voulez donc vous battre? — Si nous n'avions pas plusieurs malades dans la caravane, je répondrais oui... car j'ai déjà fait mes preuves avec les Kolo. — Toi, tu t'es battu avec les Kolo? à quelle époque? Comment t'appelles-tu? — Il y a cinq ans, lors de l'affaire du Tchanak-Kampo ; voici encore un souvenir... » Et il découvrit son bras droit, marqué d'une large entaille de sabre. — Le brigand se mit à rire, et lui demanda de nouveau son nom. — « Je m'appelle *Rala-Tchembé*, répondit le marchand ; tu dois connaître ce nom? — Oui, tous les Kolo le connaissent, c'est le nom d'un brave... » Et, en disant ces mots, il sauta en bas de son cheval ; il tira un sabre de sa ceinture, et l'offrit au Thibétain. — « Tiens, lui dit-il, reçois ce sabre, c'est le meilleur que j'aie ; nous nous sommes battus assez souvent ; à l'avenir, quand nous nous rencontrerons, nous devons nous traiter en frères. » Le Thibétain reçut le cadeau du chef de brigands, et lui offrit en retour un arc et un carquois magnifiques qu'il avait achetés à Péking.

Les Kolo qui étaient restés hors du camp, voyant que leur maître avait fraternisé avec le chef de la caravane, mirent pied à terre, attachèrent leurs chevaux deux à deux par la bride, et vinrent boire amicalement le thé avec les pauvres voyageurs qui commençaient, enfin, à respirer à leur aise. Tous ces brigands furent extrêmement aimables ; ils demandèrent des nouvelles des Tartares-Kalkhas qu'ils attendaient spécialement, disaient-ils, parce que, l'année précédente, ils leur avaient tué trois hommes qu'il fallait venger. On fit aussi un peu de politique. Les brigands prétendirent qu'ils étaient grands amis du Talé-Lama, et ennemis irréconciliables de l'empereur de Chine ; qu'à cause de cela, ils manquaient rarement de piller l'ambassade quand elle se rendait à Péking, parce que l'empereur était indigne de recevoir les présents du Talé-Lama, mais qu'ils la respectaient ordinairement à son retour, parce qu'il était très convenable que l'empereur fît des cadeaux au Talé-Lama. Après avoir fait honneur au thé et au tsamba de la caravane, ces brigands nous souhaitèrent bon voyage et reprirent le chemin de leur campement. Toutes ces fraternelles manifestations ne nous empêchèrent pas de dormir avec un œil ouvert. La nuit ne fut pas troublée, et le lendemain nous continuâmes en paix notre route. Parmi les nombreux pèlerins qui ont fait le voyage de Lha-Ssa, il en est fort peu qui puissent se vanter d'avoir vu les brigands de si près, sans en avoir reçu aucun mal.

Passage des monts Tant-La.

Nous venions d'échapper à un grand danger ; mais il s'en préparait un autre, nous disait-on, bien plus formidable encore, quoique d'une nature différente. Nous commencions à gravir la vaste chaîne des monts *Tant-La*. Au dire de nos compagnons de voyage, tous les malades devaient mourir sur le plateau, et les bien portants y endurer une forte crise. M. Gabet fut irrévocablement condamné à mort par les gens d'expérience. Après six jours de pénible ascension sur les flancs de plusieurs montagnes, placées comme en amphithéâtre les unes au-dessus des autres, nous arrivâmes enfin sur ce fameux plateau, le point peut-être le plus élevé du globe. La neige semblait y être incrustée et faire partie du sol. Elle craquait sous nos pas ; mais nous y laissions à peine une légère empreinte. Pour toute végétation, on rencontrait çà et là quelques bouquets d'une herbe courte, pointue, lisse, ligneuse à l'intérieur, dure comme du fer, sans être cassante ; de sorte qu'on eût pu facilement en faire des aiguilles de matelassier. Les animaux étaient si affamés qu'il leur fallait, bon gré mal gré, attaquer cet atroce fourrage. On l'entendait craquer sous leurs dents, et ils ne pouvaient parvenir à en dévorer quelques parcelles qu'après de vigoureux tiraillements et à la condition de s'ensanglanter les lèvres.

Des bords de ce magnifique plateau, nous apercevions à nos pieds les pics et les aiguilles de plusieurs immenses massifs, dont les derniers rameaux allaient se perdre dans l'horizon. Nous n'avons rien vu de comparable à ce grandiose et gigantesque spectacle. Pendant les douze jours que nous voyageâmes sur les hauteurs du Tant-La, nous n'eûmes pas de mauvais temps ; l'air fut calme, et Dieu nous envoya tous les jours un soleil bienfaisant et tiède pour tempérer un peu la froidure de l'atmosphère. Cependant, l'air excessivement raréfié, à cette hauteur considérable, était d'une vivacité extrême. Des aigles monstrueux suivaient la grande troupe des voyageurs, qui leur laissait tous les jours un certain nombre de cadavres. Il était écrit que la petite caravane des Missionnaires français devait, elle aussi, payer son tribut à la mort qui se contenta de notre petit mulet noir. Nous le lui abandonnâmes tout à la fois avec regret et résignation. Les tristes prophéties qui avaient été faites au sujet de M. Gabet se trouvèrent avoir menti. Ces redoutables montagnes lui furent, au contraire, très favorables. Elles lui rendirent peu à peu la santé et ses forces premières. Ce bienfait, presque inespéré de la divine Providence, nous fit oublier toutes nos misères passées. Nous reprîmes un nouveau courage, et nous espérâmes fermement que le bon Dieu nous permettrait d'arriver au terme de notre voyage.

La descente du Tant-La fut longue, brusque et rapide. Durant quatre jours entiers, nous allâmes comme par un gigantesque escalier, dont chaque marche était formée d'une montagne. Quand nous fûmes arrivés au bas, nous rencontrâmes des sources d'eau thermale, d'une extrême magnificence. On voyait, parmi d'énormes rochers, un grand nombre de réservoirs creusés par la nature, où l'eau bouillonnait comme dans de grandes chaudières placées sur un feu très actif. Quelquefois elle s'échappait à travers les fissures des rochers et s'élançait dans toutes les directions par une foule de petits jets bizarres et capricieux. Souvent l'ébullition devenait tout à coup si violente, au milieu de certains réservoirs, que de grandes colonnes d'eau montaient et retombaient avec intermittence, comme si elles eussent été poussées par un immense corps de pompe. Au-dessus de ces sources, des vapeurs épaisses s'élevaient continuellement dans les airs et se condensaient en nuages blanchâtres. Toutes ces eaux étaient sulfureuses. Après avoir longtemps bondi et rebondi dans leurs vastes réservoirs de granit, elles abandonnaient enfin ces rochers, qui semblaient vouloir les retenir captives, et allaient se réunir dans une petite vallée où elles formaient un large ruisseau qui s'écoulait sur un lit de cailloux jaunes comme de l'or. Ces eaux bouillantes ne conservaient pas longtemps leur fluidité. L'extrême rigueur de l'atmosphère les refroidissait si rapidement, qu'à une demi-lieue loin de sa source le ruisseau était presque entièrement glacé. On rencontre fréquemment, dans les montagnes du Thibet, des sources d'eaux thermales. Les Lamas médecins reconnaissent qu'elles ont de grandes propriétés médicales ; ils en prescrivent volontiers l'usage à leurs malades, soit en bains, soit en boisson.

Nos peines s'adoucissent.
Fausse alerte.
Les huit admirables gigots de mouton.

Depuis les monts Tant-La jusqu'à Lha-Ssa, on remarque que le sol va toujours en inclinant. A mesure qu'on descend, l'intensité du froid diminue, et la terre se recouvre d'herbes plus vigoureuses et d'une plus grande variété. Un jour, nous campâmes dans une vaste plaine, où les pâturages étaient d'une merveilleuse abondance. Comme nos animaux souffraient depuis longtemps d'une affreuse famine, on décida qu'on les ferait profiter de l'occasion et qu'on s'arrêterait pendant deux jours.

Le lendemain matin, au moment où nous faisions tranquillement bouillir le thé dans l'intérieur de notre tente, nous aperçûmes au loin une troupe de cavaliers qui se dirigeaient sur nous, ventre à terre. A cette vue, il nous sembla que le sang se glaçait dans nos veines ; nous fûmes d'abord comme pétrifiés. Après ce premier instant de stupeur, nous sortîmes avec précipitation, et nous courûmes à la tente de *Rala-Tchembé*. « Les Kolo ! les Kolo ! nous écriâmes-nous ; voici une grande troupe de Kolo qui arrive ! » Les marchands thibétains, qui étaient occupés à boire du thé et à pétrir du tsamba, se mirent à rire et nous invitèrent à nous asseoir. « Prenez le thé avec nous, dirent-ils, il n'y a plus de Kolo à craindre ; les cavaliers qui viennent sont des amis. Nous commençons à entrer dans les pays habités ; derrière cette colline que nous avons à notre droite, il y a un grand nombre de tentes noires. Les cavaliers que vous prenez pour des Kolo sont des bergers du voisinage. » Ces paroles nous rendirent la paix, et la paix nous ramenant l'appétit, nous nous assîmes volontiers pour partager le déjeuner des marchands thibétains. A peine nous avait-on versé une écuellée de thé beurré que les cavaliers furent à la porte de la tente. Bien loin d'être des brigands, c'étaient, au contraire, de fort braves gens qui venaient nous vendre du beurre et de la viande fraîche. Leurs selles ressemblaient à des établis de bouchers ; elles soutenaient de nombreux quartiers de mouton et de chevreau, qui pendaient le long des flancs des chevaux. Nous achetâmes huit gigots de mouton qui, étant gelés, pouvaient se transporter facilement. Ils nous coûtèrent une vieille paire de bottes de Péking, un briquet de Péking, et la selle de notre petit mulet qui, fort heureusement, était aussi une selle de Péking... Tous les objets qui viennent de Péking sont très estimés par les Thibétains, et surtout par ceux qui en sont encore à la vie pastorale et nomade. Aussi les marchands, qui accompagnent l'ambassade, ont-ils grand soin d'inscrire invariablement sur tous leurs ballots : *Marchandises de Péking*. Le tabac à priser fait surtout fureur parmi les Thibétains. Tous les bergers nous demandèrent si nous n'avions pas du tabac à priser de Péking. M. Huc, qui était le seul priseur de la troupe, en avait eu autrefois ; mais, depuis huit jours, il en était réduit à remplir sa tabatière d'un affreux mélange de terre et de cendres. Ceux qui ont une habitude longue et invétérée du tabac pourront comprendre tout ce qu'une position pareille avait de triste et de lamentable.

Incendie des pâturages. Le chameau grillé.

Condamnés depuis plus de deux mois à ne vivre que de farine d'orge délayée dans du thé, la seule vue de nos quartiers du mouton semblait déjà nous fortifier l'estomac et rendre un peu de vigueur à nos membres amaigris. Tout le reste de la journée se passa en opérations culinaires. En fait d'épices et d'assaisonnement, nous n'avions que de l'ail, et encore tellement gelé et ridé qu'il était presque anéanti dans son enveloppe. Nous épluchâmes tout ce qui nous restait, et nous l'insérâmes dans deux gigots, que nous mîmes bouillir dans notre grande marmite. Les argols, qu'on trouvait en abondance dans cette bienheureuse plaine, nous permirent de faire assez bon feu pour cuire convenablement notre inappréciable souper. Le soleil était sur le point de se coucher ; et Samdadchiemba, qui venait d'inspecter un gigot avec l'ongle de son pouce, nous annonçait triomphalement que le mouton était cuit à point, lorsque nous entendîmes retentir de toutes parts ce cri désastreux : « *Mi yon ! mi yon !* Le feu ! le feu ! » D'un bond nous fûmes hors de notre tente. Le feu avait pris, en effet, dans l'intérieur du camp, aux herbes sèches, et menaçait d'envahir nos demeures de toile ; la flamme courait dans tous les sens avec une rapidité effrayante. Tous les voyageurs, armés de tapis de feutre, cherchaient à étouffer l'incendie, ou du moins à l'empêcher de gagner les tentes. Elles furent heureusement préservées. Le feu chassé de tous les côtés, se fraya une issue et s'échappa dans le désert. Alors la flamme, poussée par le vent, s'étendit au milieu de ces vastes pâturages qu'elle dévorait en courant. Nous pensions qu'il n'y avait plus rien à craindre ; mais le cri : « Sauvez les chameaux ! sauvez les chameaux ! » nous fit aussitôt comprendre combien peu nous avions d'expérience d'un incendie dans le désert. Nous remarquâmes bientôt que les chameaux attendaient stupidement la flamme, au lieu de fuir comme les chevaux et les bœufs. Nous volâmes alors au secours des nôtres, qui étaient encore assez éloignés de l'incendie. Mais le feu y fut presque aussitôt que nous. Bientôt nous fûmes entourés de flammes. Nous avions beau pousser et frapper ces stupides chameaux, pour les forcer à fuir, ils demeuraient immobiles, se contentant de tourner la tête et de nous regarder flegmatiquement, comme pour nous demander de quel droit nous venions les empêcher de paître. Il y aurait eu, en vérité, de quoi les tuer ! La flamme consumait avec une si grande rapidité l'herbe qu'elle rencontrait sur son passage, qu'elle atteignit bientôt les chameaux. Le feu prit à leur longue et épaisse bourre, et nous dûmes nous précipiter sur eux, avec des tapis de feutre, pour éteindre l'incendie qui s'était allumé sur leurs corps. Nous pûmes en sauver trois qui eurent seulement l'extrémité du poil flambé. Mais le quatrième fut réduit à un état pitoyable ; il ne lui resta point un brin de poil sur le corps ; tout fut consumé jusqu'à la peau qui, elle-même, fut affreusement charbonnée.

Les pâturages qui furent dévorés par les flammes pouvaient occuper un espace d'une demi-lieue en longueur sur un quart de largeur. Les Thibétains ne cessaient de s'applaudir du bonheur qu'ils avaient eu d'arrêter les progrès de l'incendie, et nous partageâmes volontiers leur joie, quand nous comprîmes toute l'étendue du malheur dont nous avions été menacés. On nous dit que, si le feu avait encore continué quelque temps, il serait parvenu jusqu'aux tentes noires, et qu'alors les bergers auraient couru après nous, et nous auraient infailliblement massacrés. Rien n'égale la fureur de ces pauvres habitants du désert lorsque par malice' ou par imprudence, on réduit en cendres des pâturages qui sont leur unique ressource. C'est à peu près comme si on détruisait leurs troupeaux.

Quand nous nous remîmes en route, le chameau grillé n'était pas encore mort, mais il se trouvait tout à fait hors de service ; les trois autres durent se prêter à la circonstance et recevoir sur leur dos chacun une partie des bagages que portait leur infortuné compagnon de route. Au reste, toutes les charges étaient beaucoup diminuées de leur pesanteur depuis notre départ de Koukou-Noor ; nos sacs de farine étaient à peu près vides ; et depuis que nous étions descendus des monts Tant-La, nous étions obligés de nous mettre à la ration de deux écuellées de tsamba par jour. Avant de partir, nous avions assez bien fait nos calculs ; mais nous n'avions pas compté sur le gaspillage que nos deux chameliers feraient de nos provisions ; le premier, par bêtise et insouciance, et le second, par méchanceté. Heureusement que nous étions sur le point d'arriver à une grande station thibétaine, où nous devions trouver les moyens de nous approvisionner.

Premier village thibétain. Escroqueries des habitants.

Après avoir suivi pendant quelques jours une longue série de vallons, où l'on découvrait parfois quelques tentes noires et de grands troupeaux d'yaks, nous allâmes enfin camper à côté d'un grand village thibétain. Il est situé sur les bords de la rivière *Na-Ptchu*, désignée, sur la carte de M. Andriveau-Goujon, par le nom mongol de *Khara-Oussou;* les deux dénominations signifient également : *Eaux-Noires*. Na-Ptchu est la première station thibétaine de quelque importance, que l'on rencontre en allant à Lha-Ssa. Le village est composé de maisons bâties en terre, et d'une foule de tentes noires. Les habitants ne cultivent pas la terre. Quoiqu'ils demeurent toujours à poste fixe, ils sont bergers comme les tribus nomades et ne s'occupent que du soin d'élever des troupeaux. On nous raconta, qu'à une époque très reculée, un roi du Koukou-Noor, ayant fait la guerre aux Thibétains, les subjugua en grande partie et donna le pays de Na-Ptchu aux soldats qu'il avait emmenés avec lui. Quoique ces Tartares soient actuellement fondus dans les peuples thibétains, on peut encore remarquer, parmi les tentes noires, un certain nombre de ïourtes mongoles. Cet événement peut aussi expliquer l'origine d'une foule d'expressions mongoles, qui sont en usage dans le pays, et qui sont passées dans le domaine de l'idiome thibétain.

Les caravanes qui se rendent à Lha-Ssa doivent forcément s'arrêter quelques jours à Na-Ptchu, pour organiser un nouveau système de transport, car les difficultés d'un chemin horriblement rocailleux ne permettent pas aux chameaux d'aller plus loin. Notre premier soin fut donc de chercher à vendre les nôtres ; ils étaient si misérables et si éreintés que personne n'en voulait. Enfin une espèce de vétérinaire, qui, sans doute, avait quelque recette pour les tirer du mauvais état dans lequel ils se trouvaient, se présenta ; nous lui en vendîmes trois pour quinze onces d'argent, et nous lui abandonnâmes l'*incendié* par-dessus le marché. Ces quinze onces d'argent étaient juste ce qu'il nous fallait pour louer six bœufs à long poil, qui devaient transporter les bagages jusqu'à Lha-Ssa.

Une seconde opération fut de renvoyer le Lama des Monts Ratchico. Après lui avoir fait largement ses comptes, nous lui dîmes que, s'il avait l'intention d'aller à Lha-Sha, il devait se choisir d'autres compagnons ; qu'il pouvait se regarder comme libéré des engagements qu'il avait contractés avec nous. Enfin, nous nous séparâmes de ce malheureux qui avait doublé, par sa méchanceté, les peines et les misères que nous avions eu à endurer en route.

Notre conscience nous fait un devoir d'avertir les personnes que des circonstances quelconques pourront amener à Na-Ptchu, qu'elles feront bien de s'y tenir en garde contre les voleurs. Les habitants de ce village thibétain sont remarquables par leurs escroqueries ; ils exploitent les caravanes mongoles et autres d'une manière indigne. Pendant la nuit, ils s'introduisent adroitement dans les tentes et en emportent tout ce qui tombe sous leurs mains ; en plein jour même, ils exercent leur industrie avec un aplomb et une habileté capables de donner de la jalousie aux filous les plus distingués de Paris.

Voyage en compagnie d'un Bouddha-vivant.

Après avoir fait provision de beurre, de tsamba et de quelques quartiers de mouton, nous nous acheminâmes vers Lha-Ssa, dont nous n'étions guère éloignés que d'une quinzaine de jours de marche. Nous eûmes pour compagnons de voyage des Mongols du royaume de Khartchin, qui se rendaient en pèlerinage au *Sanctuaire Éternel* (1) ; ils avaient avec eux leur grand *Chaberon*, c'est-à-dire un Bouddha-vivant, qui était supérieur de leur lamaserie. Ce Chaberon était un jeune homme de dix-huit ans ; il avait des manières agréables et distinguées ; sa figure pleine de candeur et d'ingénuité contrastait singulièrement avec le rôle qu'on lui faisait jouer. A l'âge de cinq ans, il avait été déclaré Bouddha et Grand-Lama des Bouddhistes de Khartchin. Il allait passer quelques années dans une des grandes lama-series de Lha-Ssa, pour s'appliquer à l'étude des prières et acquérir la science convenable à sa di-gnité. Un frère du roi de Khartchin et plusieurs Lamas de qualité étaient chargés de lui faire cor-tège et de le servir en route. Le titre de Bouddha-vivant paraissait être, pour ce pauvre jeune homme, une véritable oppression. On voyait qu'il aurait voulu pouvoir rire et folâtrer tout à son aise ; en route, il lui eût été bien plus agréable de faire caracoler son cheval que d'aller gravement entre deux cavaliers d'honneur qui ne quittaient jamais ses côtés. Quand on était arrivé au campement, au lieu de rester con-tinuellement assis sur des coussins, au fond de sa tente, et de singer les idoles des lamaseries, il eût bien mieux aimé se répandre dans le désert, et s'abandonner comme tout le monde aux travaux de la vie nomade ; mais rien de tout cela ne lui était permis. Son métier, à lui, consistait à faire le Bouddha, sans se mêler aucunement des soins qui ne devaient regarder que les simples mortels.

Le jeune Chaberon se plaisait assez à venir de temps en temps causer dans notre tente ; au moins, lorsqu'il était avec nous, il lui était permis de mettre de côté sa divinité officielle et d'appartenir fran-

(1) Les Tartares donnent à Lha-Ssa le nom de *Monhe-Dchot*, sanc-tuaire éternel.

chement à l'espèce humaine. Il était très curieux d'entendre ce que nous lui racontions des hommes et des choses de l'Europe. Il nous questionnait avec beaucoup d'ingénuité sur notre religion ; il la trouvait très belle : et quand nous lui demandions s'il ne vaudrait pas mieux être adorateur de Jéhovah que Chaberon, il nous répondait qu'il n'en savait rien. Il n'aimait pas, par exemple, qu'on lui demandât compte de sa vie antérieure et de ses continuelles incarnations ; il rougissait à toutes ces questions, et finissait par nous dire que nous lui faisions de la peine en lui parlant de toutes ces choses-là. C'est, qu'en effet, le pauvre enfant se trouvait engagé dans une espèce de labyrinthe religieux auquel il ne comprenait rien du tout.

La route qui conduit de Na-Ptchu à Lha-Ssa est, en général, rocailleuse et très fatigante. Quand on arrive à la chaîne des monts Koïran, elle est d'une difficulté extrême. Pourtant, à mesure qu'on avance, on sent son cœur s'épanouir, en voyant qu'on se trouve dans un pays de plus en plus habité. Les tentes noires qu'on aperçoit dans le lointain, les nombreux pèlerins qui se rendent à Lha-Ssa, les innombrables inscriptions gravées sur des pierres amoncelées le long du chemin, les petites caravanes de bœufs à long poil qu'on rencontre de distance en distance, tout cela contribue un peu à alléger les fatigues de la route.

Contacts avec la civilisation.

A quelques journées de distance de Lha-Ssa, le caractère exclusivement nomade des Thibétains s'efface peu à peu. Déjà quelques champs cultivés apparaissent dans le désert. Les maisons remplacent insensiblement les tentes noires. Enfin les bergers ont disparu, et l'on se trouve au milieu d'un peuple agricole.

Le quinzième jour après notre départ de Na-Ptchu, nous arrivâmes à Pampou qui, à cause de sa proximité de Lha-Ssa, est regardé par les pèlerins comme le vestibule de la ville sainte. Pampou, désigné par erreur sur la carte de géographie sous le nom de *Panctou*, est une belle plaine arrosée par une grande rivière, dont les eaux, distribuées dans plusieurs canaux, répandent la fécondité dans la campagne. Il n'y a pas de village proprement dit ; mais on aperçoit, de tous côtés, de grandes fermes terminées en terrasse, et ordinairement très bien blanchies à l'eau de chaux. Elles sont toujours entourées de grands arbres, et surmontées d'une petite tourelle en forme de pigeonnier, où flottent des banderoles de toutes couleurs, chargées d'inscriptions thibétaines. Après plus de trois mois de route dans d'affreux déserts, où il n'était possible de rencontrer que des bêtes fauves et des brigands, la plaine de Pampou nous parut le pays le plus beau du monde. Ce long et pénible voyage nous avait tellement rapprochés de l'état sauvage, que nous étions comme en extase devant tout ce qui tenait à la civilisation. Les maisons, les instruments aratoires, tout, jusqu'à un simple sillon, nous paraissait digne d'attirer notre attention. Ce qui nous frappa pourtant le plus, ce fut la prodigieuse élévation de température que nous remarquâmes au milieu de ces terres cultivées. Quoique nous fussions à la fin du mois de janvier, la rivière et les canaux étaient seulement bordés d'une légère couche de glace ; on ne rencontrait presque personne qui fût vêtu de pelleteries.

A Pampou, notre caravane fut obligée de se trans former encore une fois. Ordinairement, les bœufs à long poil ne vont pas plus loin ; ils sont remplacés par des ânes extrêmement petits, mais robustes, et accoutumés à porter des fardeaux. La difficulté de trouver un assez grand nombre d'ânes pour les bagages des Lamas de Kcharthin et les nôtres, nous contraignit de séjourner à Pampou pendant deux jours. Nous utilisâmes ce temps en essayant de mettre un peu d'ordre dans notre toilette. Nous avions la chevelure et la barbe si hérissées, la figure si noircie par la fumée de la tente, si crevassée par le froid, si maigre, si décomposée, que nous eûmes pitié de nous-mêmes, quand nous pûmes considérer notre image dans un miroir. Pour ce qui est de notre costume, il était parfaitement assorti à notre personne.

Les habitants de Pampou vivent, en général, dans une grande aisance ; aussi sont-ils continuellement gais et sans souci. Tous les soirs, ils se réunissent devant les fermes, et on les voit, hommes, femmes et enfants, sautiller en cadence, en s'accompagnant de la voix. Quand ces danses champêtres sont terminées, le maître de la ferme régale tout le monde avec une espèce de boisson aigrelette faite d'orge fermentée. C'est une espèce de bière à laquelle il ne manque que du houblon.

Après deux jours de réquisitions dans toutes les fermes de la plaine, la caravane des ânes se trouva enfin organisée, et nous nous mîmes en route. Nous n'étions séparés de Lha-Ssa que par une montagne ; mais c'était, sans contredit, la plus ardue et la plus escarpée de toutes celles que nous eussions rencontrées dans notre voyage. Les Thibétains et les Mongols la gravissent avec une grande dévotion ; ils prétendent que ceux qui ont le bonheur d'arriver au sommet reçoivent la rémission complète de leurs péchés. Ce qu'il y a de certain, c'est que, si cette montagne n'a pas le pouvoir de remettre les péchés, elle a du moins celui d'imposer une longue et rude pénitence à ceux qui la franchissent. Nous étions partis à une heure après minuit, et ce ne fut que vers dix heures du matin que nous atteignîmes le sommet. Nous fûmes contraints d'aller presque tout le temps à pied, tant il est difficile de se tenir à cheval parmi ces sentiers escarpés et rocailleux.

Le soleil était sur le point de se coucher, quand nous achevâmes de descendre les nombreuses spirales de la montagne. Nous débouchâmes dans une large vallée, et nous aperçûmes à notre droite Lha-Ssa, cette célèbre métropole du monde bouddhique. Cette multitude d'arbres séculaires, qui entourent la ville comme d'une ceinture de feuillage ; ces grandes maisons blanches, terminées en plate-forme et surmontées de tourelles ; ces temples nombreux aux toitures dorées, ce *Bouddha-La*, au-dessus duquel s'élève le palais du Talé-Lama..., tout donne à Lha-Ssa un aspect majestueux et imposant.

A l'entrée de la ville, les Mongols que nous avions connus en route, et qui nous avaient précédés de quelques jours, vinrent nous recevoir et nous inviter à mettre pied à terre dans un logement qu'ils nous avaient préparé. Nous étions au 29 janvier 1846 ; il y avait dix-huit mois que nous étions partis de la Vallée-des-Eaux-Noires.

CHAPITRE V

Aspect de Lha-Ssa. Notre maison.

Après dix-huit mois de luttes contre des souffrances et des contradictions sans nombre, nous étions enfin arrivés au terme de notre voyage, mais non pas au bout de nos misères. Nous n'avions plus, il est vrai, à redouter de mourir de faim ou de froid, sur une terre habitée, mais des épreuves et des tribulations d'un autre genre allaient nous assaillir sans doute, au milieu de ces populations infidèles, auxquelles nous voulions parler de Jésus mort sur la croix pour le salut des hommes.

Le lendemain de notre arrivée à Lha-Ssa, nous prîmes un guide thibétain et nous parcourûmes les divers quartiers de la ville, en quête d'un appartement à louer. Les maisons de Lha-Ssa sont généralement grandes, à plusieurs étages, et terminées par une terrasse légèrement inclinée pour faciliter l'écoulement des eaux : elles sont entièrement blanchies à l'eau de chaux, à l'exception de quelques bordures et des encadrements des portes et des fenêtres qui sont en rouge ou en jaune. Les Bouddhistes réformés affectionnent spécialement ces deux couleurs : elles sont pour ainsi dire sacrées à leurs yeux, et ils les nomment couleurs lamaïques. Les habitants de Lha-Ssa étant dans l'usage de peindre tous les ans leurs maisons, elles sont habituellement d'une admirable propreté, et paraissent toujours bâties de fraîche date ; mais, à l'intérieur, elles sont loin d'être en harmonie avec la belle apparence qu'elles offrent au dehors. Les appartements sont sales, enfumés, puants, et encombrés de meubles et d'ustensiles répandus çà et là dans un désordre dégoûtant.

Après de longues investigations, **nous** choisîmes enfin un tout petit logement qui faisait partie d'une grande maison où se trouvaient réunis une cinquantaine de locataires. Notre pauvre gîte était à l'étage supérieur ; on y montait par vingt-six degrés en bois, dépourvus de rampe, et tellement raides et étroits que, pour obvier au désagrément de se casser le cou, il était extrêmement prudent de s'aider des pieds et des mains. Notre appartement se composait d'une grande chambre carrée et d'un petit corridor auquel nous donnions le nom de cabinet. La chambre était éclairée, au nord-est, par une étroite fenêtre garnie de trois épais barreaux en bois, et au zénith par une lucarne ronde percée au toit ; **ce** dernier trou servait à beaucoup de choses : d'abord il donnait entrée au jour, au vent, à la pluie et à la neige ; en second lieu il laissait sortir la fumée qui s'élevait de notre foyer. Afin de se mettre à l'abri de la froidure de l'hiver, les Thibétains ont imaginé de placer, au milieu de leurs chambres, un petit bassin en terre cuite où on fait brûler des argols. Comme ce combustible est souvent sujet à répandre beaucoup plus de fumée que de chaleur, quand on a envie de se chauffer, on comprend tout l'avantage d'avoir une lucarne au-dessus de sa tête : ce trou inappréciable nous donnait la possibilité d'allumer un peu de feu, sans courir risque d'être étouffés par la fumée. Il y avait bien, dans tout cela, le petit inconvénient de recevoir de temps à autre la pluie ou la neige sur son dos ; mais, quand on a mené la vie nomade, on ne s'arrête pas à si peu de chose. La chambre avait pour ameublement deux peaux de bouc étendues à droite et à gauche de notre plat à feu, puis deux selles de cheval, notre tente de voyage, quelques vieilles paires de bottes, deux malles disloquées, trois robes déchirées suspendues à des clous, nos couvertures de nuit roulées les unes dans les autres, et une grande provision de bouse sèche empilée dans un coin. Comme on voit, nous nous trouvions du premier coup tout à fait au niveau de la civilisation thibétaine. Le cabinet, où s'élevait un magnifique fourneau en maçonnerie, nous tenait lieu de cuisine et d'office ; nous y avions installé Samdadchiemba, qui, après avoir résigné son emploi de chamelier, cumulait les fonctions de cuisinier, de maître d'hôtel et de palefrenier. Nos deux chevaux blancs étaient logés dans un recoin de la cour, et se reposaient de leur pénible et glorieuse campagne, en attendant l'occasion de passer à de nouveaux maîtres ; ces pauvres bêtes étaient tellement exténuées que nous ne pouvions convenablement les mettre en vente, avant qu'il leur eût repoussé un peu de chair entre la peau et les os.

Aussitôt que nous eûmes organisé notre maison, nous nous occupâmes de visiter en détail la capitale du Thibet, et de faire connaissance avec ses nombreux habitants. Lha-Ssa n'est pas une grande ville ; elle a tout au plus deux lieues de tour ; elle n'est pas enfermée, comme les villes de Chine, dans une enceinte de remparts. On prétend qu'autrefois elle en avait, mais qu'ils furent entièrement détruits dans une guerre que les Thibétains eurent à soutenir contre les Indiens du Boutan ; aujourd'hui on n'en retrouve pas les moindres vestiges. En dehors des faubourgs, on voit un grand nombre de jardins plantés de grands arbres, qui font à la ville un magnifique entourage de verdure. Les principales rues de Lha-Ssa sont très larges, bien alignées et assez propres, du moins quand il ne pleut pas ; les faubourgs sont d'une saleté révoltante et inexprimable. Les maisons, comme nous l'avons déjà dit, sont généralement grandes, élevées et d'un bel aspect ; elles sont construites les unes en pierres, les autres en briques, et quelques-unes en terre ; mais elles sont toujours blanchies avec tant de soin qu'elles paraissent avoir toutes la même valeur. Dans les faubourgs, il existe un quartier dont les maisons sont entièrement bâties avec des cornes de bœufs et de moutons : ces bizarres constructions sont d'une solidité extrême, et présentent à la vue un aspect assez agréable. Les cornes de bœufs étant lisses et blanchâtres, et celles des moutons étant au contraire noires et raboteuses, ces matériaux étranges se prêtent merveilleusement à une foule de combinaisons, et forment sur les murs des dessins d'une variété infinie ; les interstices qui se trouvent entre les cornes, sont remplis avec du mortier ; ces maisons sont les seules qui ne soient pas blanchies. Les Thibétains ont le bon goût de les laisser au naturel, sans prétendre rien ajouter à leur sauvage et fantastique beauté. Il serait superflu de faire remarquer que les habitants de Lha-Ssa font une assez grande consommation de bœufs et de moutons ; leurs maisons en cornes en sont une preuve incontestable.

Les temples bouddhiques sont les édifices les plus remarquables de Lha-Ssa. Nous n'en ferons pas ici la description, parce qu'ils ressemblent tous à peu près à ceux dont nous avons eu déjà occasion de parler. Il y a seulement à remarquer qu'ils sont plus grands, plus riches, et recouverts de dorures avec plus de profusion.

Le palais du Talé-Lama mérite, à tous égards, la célébrité dont il jouit dans le monde entier. Vers la partie septentrionale de la ville et tout au plus à un quart d'heure de distance, il existe une montagne rocheuse, peu élevée, et de forme conique. Elle s'élève au milieu de cette large vallée, comme un îlot isolé au-dessus d'un immense lac. Cette montagne porte le nom de *Bouddha-La*, c'est-à-dire montagne de Bouddha, montagne divine ; c'est sur ce socle grandiose, préparé par la nature, que les adorateurs du Talé-Lama ont édifié un palais magnifique où réside en chair et en os leur divinité vivante. Ce palais est une réunion de plusieurs temples, de grandeur et de beauté différentes ; celui qui occupe le centre est élevé de quatre étages, et domine tous les autres ; il est terminé par un dôme entièrement recouvert de lames d'or, et entouré d'un grand péristyle dont les colonnes sont également dorées. C'est là que le Talé-Lama a fixé sa résidence ; du haut de ce sanctuaire élevé, il peut contempler, aux jours des grandes solennités, ses adorateurs innombrables se mouvant dans la plaine et venant se prosterner au pied de la montagne divine. Les palais secondaires, groupés autour du grand temple, servent de demeures à une foule de Lamas de tout ordre, dont l'occupation continuelle est de servir le Bouddha-vivant et de lui faire la cour. Deux belles avenues, bordées de grands arbres, conduisent de Lha-Ssa au Bouddha-La ; on y voit toujours un grand nombre de pèlerins étrangers, déroulant entre leurs doigts leur long chapelet bouddhique, et des Lamas de la cour revêtus d'habits magnifiques et montés sur des chevaux richement harnachés. Il règne continuellement, aux alentours du Bouddha-La, une grande activité ; mais, en général, tout le monde y est grave et silencieux ; les pensées religieuses paraissent préoccuper tous les esprits.

Dans l'intérieur de la ville, l'allure de la population offre un caractère tout différent ; on crie, on s'agite, on se presse, et chacun s'occupe avec ardeur de vendre ou d'acheter. Le commerce et la dévotion attirent sans cesse à Lha-Ssa un grand nombre d'étrangers, et font de cette ville comme le rendez-vous de tous les peuples asiatiques ; les rues sont sans cesse encombrées de pèlerins et de marchands, parmi lesquels on remarque une étonnante variété de physionomies, de costumes et d'idiomes. Cette immense multitude est en grande partie flottante, et se renouvelle tous les jours. La population fixe de Lha-Ssa se compose de Thibétains, de Pébouns, de Katchis et de Chinois.

Mœurs des Thibétains. Barbouillage des femmes.

Les Thibétains appartiennent à la grande famille qu'on a coutume de désigner par le nom de race mongole ; ils ont les cheveux noirs, la barbe peu fournie, les yeux petits et bridés, les pommettes des joues saillantes, le nez court, la bouche largement fendue, et les lèvres amincies ; leur teint est légèrement basané : cependant, dans la classe élevée, on trouve des figures aussi blanches qu'en Europe. Les Thibétains sont de taille moyenne ; à l'agilité et à la souplesse des Chinois, ils joignent la force et la vigueur des Tartares. Les exercices gymnastiques, et surtout la danse, paraissent faire leurs délices ; leur démarche est cadencée et pleine de légèreté. Quand ils vont dans les rues, on les entend fredonner sans cesse des prières ou des chants populaires ; ils ont de la générosité et de la franchise dans le caractère ; braves à la guerre, ils affrontent la mort avec courage ; ils sont aussi religieux, mais moins crédules que les Tartares. La propreté est peu en honneur parmi eux ; ce qui ne les empêche pas d'aimer beaucoup le luxe et les habits somptueux.

Les Thibétains ne se rasent pas la tête ; ils laissent flotter leurs cheveux sur les épaules, se contentant de les raccourcir de temps en temps avec des ciseaux. Les élégants de Lha-Ssa ont depuis peu d'années adopté la mode de les tresser à la manière des Chinois, et d'attacher ensuite au milieu de leur tresse des joyaux en or, ornés de pierres précieuses et de grains de corail. Leur coiffure ordinaire est une toque bleue avec un large rebord, en velours noir, surmontée d'un pompon rouge ; aux jours de fête, ils portent un grand chapeau rouge, assez semblable pour la forme au berret basque ; il est seulement plus large, et orné sur les bords de franges longues et touffues. Une large robe agrafée au côté droit par quatre crochets, et serrée aux reins par une ceinture rouge ; enfin des bottes en drap rouge ou violet complètent le costume simple, et pourtant assez gracieux des Thibétains. Ils suspendent ordinairement, à leur ceinture, un sac en taffetas jaune renfermant leur inséparable écuelle de bois et deux petites bourses de forme ovale et richement brodées, qui ne contiennent rien du tout, et servent uniquement de parure.

Les femmes thibétaines ont un habillement à peu près semblable à celui des hommes ; par-dessus leur robe, elles ajoutent une tunique courte et bigarrée de diverses couleurs ; elles divisent leurs cheveux en deux tresses, qu'elles laissent pendre sur leurs épaules. Les femmes de classe inférieure sont coiffées

d'un petit bonnet jaune, assez semblable au bonnet
de la liberté qu'on portait sous la République française. Les grandes dames ont, pour tout ornement
de tête, une élégante et gracieuse couronne fabriquée avec des perles fines. Les femmes thibétaines
se soumettent, dans leur toilette, à un usage ou plutôt à une règle incroyable et sans doute unique
dans le monde : avant de sortir de leurs maisons,
elles se frottent le visage avec une espèce de vernis
noir et gluant, assez semblable à de la confiture de
raisin. Comme elles ont pour but de se rendre laides
et hideuses, elles répandent sur leur face ce fard
dégoûtant à tort et à travers, et se barbouillent de
manière à ne plus ressembler à des créatures humaines.
Voici ce qui nous a été dit sur l'origine de cette
pratique monstrueuse (1) : Il y a à peu près deux
cents ans, le Nomekhan, ou Lama-Roi qui gouver-
nait le Thibet antérieur, était un homme rigide et
de mœurs austères. A cette époque, les Thibétaines,
pas plus que les femmes des autres contrées de la
terre, n'étaient dans l'habitude de s'enlaidir ; elles
avaient, au contraire, dit-on, un amour effréné du
luxe et de la parure ; de là, naquirent des désordres
affreux et une immoralité qui ne connut plus de
bornes. La contagion gagna peu à peu la sainte
famille des Lamas ; les couvents bouddhiques se re-
lâchèrent de leur antique et sévère discipline, et
furent travaillés d'un mal qui les poussait rapidement à une complète dissolution. Afin d'arrêter les
progrès d'un libertinage qui était devenu presque
général, le Nomekhan publia un édit, par lequel il

---

(1) Il paraît que cet usage est bien plus ancien, car le moine Ru
bruk, envoyé en 1252 par saint Louis au grand Khan des Tartares,
dit en parlant des femmes de la Haute-Asie : *Deturpant se turpiter
pingendo facies suas.* — Recueil de voyages et de mémoires publié
par la Société de géographie. t. IV, p. 233 (1852).

était défendu aux femmes de paraître en public, à moins de se barbouiller la figure de la façon que nous avons déjà dite. De hautes considérations morales et religieuses motivaient cette loi étrange et menaçaient les réfractaires des peines les plus sévères, et surtout de la colère et de l'indignation de Bouddha. Il fallut, sans contredit, un courage bien èxtraordinaire pour oser publier un édit semblable; mais la chose la plus étonnante, c'est que les femmes se soient montrées obéissantes et résignées. La tradition n'a pas conservé le plus léger souvenir de la moindre insurrection, de la plus petite émeute. Conformément à la loi, les femmes se noircirent donc à outrance, se rendirent laides à faire peur et l'usage s'est religieusement conservé jusqu'à ce jour; il paraît que la chose est considérée maintenant comme un point de dogme, comme un article de dévotion. Les femmes qui se barbouillent de la manière la plus dégoûtante sont réputées les plus pieuses. Dans les campagnes, l'édit est observé avec scrupule et de façon à ce que les censeurs ne puissent jamais y trouver rien à redire; mais, à Lha-Ssa, il n'est pas rare de rencontrer, dans les rues, des femmes qui, au mépris des lois et de toutes les convenances, osent montrer en public leur physionomie non vernissée, et telle que la nature la leur a donnée. Celles qui se permettent cette licence ont une très mauvaise réputation, et ne manquent jamais de se cacher quand elles aperçoivent quelque agent de la police.

On prétend que l'édit du Nomekan a fait un grand bien à la moralité publique. Nous n'avons aucune raison pour avancer positivement le contraire; cependant nous pouvons dire que les Thibétains sont bien loin d'être exemplaires sous le rapport des bonnes mœurs; il existe parmi eux des grands désordres, et nous serions tentés de croire que le vernis le plus noir et le plus hideux est impuissant pour ramener à la vertu des peuples corrompus. Le christianisme est seul capable de retirer les nations païennes des vices honteux au milieu desquels elles croupissent.

Une chose qui tendrait à faire croire que, dans le Thibet, il y a peut-être moins de corruption que dans certaines autres contrées païennes, c'est que les femmes y jouissent d'une grande liberté. Au lieu de végéter emprisonnées au fond de leurs maisons, elles mènent une vie laborieuse et pleine d'activité. Outre qu'elles sont chargées des soins du ménage, elles concentrent entre leurs mains tout le petit commerce. Ce sont elles qui colportent les marchandises de côté et d'autre, les étalent dans les rues, et tiennent presque toutes les boutiques de détail. Dans la campagne, elles ont aussi une grande part aux travaux de la vie agricole.

Industries thibétaines. Achat d'écuelles.

Les hommes, quoique moins laborieux et moins actifs que les femmes, sont loin pourtant de passer leur vie dans l'oisiveté. Ils s'occupent spécialement de la filature et du tissage des laines. Les étoffes qu'ils fabriquent portent le nom de *Pou-Lou;* elles sont très étroites, et d'une grande solidité ; leurs qualités varient d'une manière étonnante. On trouve, dans leurs fabriques, depuis le drap le plus grossier et le plus velu jusqu'au mérinos le plus beau et le plus fin qu'on puisse imaginer. D'après une règle de la réforme bouddhique, tous les Lamas doivent être habillés de pou-lou rouge. Il s'en fait une grande consommation dans le Thibet, et les caravanes en emportent une quantité considérable dans le nord de la Chine et dans la Tartarie. Le pou-lou le plus grossier se vend à vil prix ; mais celui qui est de qualité supérieure est d'une cherté excessive.

Les bâtons d'odeur, si célèbres en Chine sous le nom de *Tsan-Hiang*, parfums du Thibet, sont, pour les habitants de Lha-Ssa, un objet de commerce assez important. On les fabrique avec la poudre de divers arbres aromatiques, auxquels on mélange du musc et de la poussière d'or. Avec tous ces ingrédients, on élabore une pâte de couleur violette qu'on moule ensuite en petits bâtons cylindriques ayant la longueur de trois ou quatre pieds. On les brûle dans les lamaseries, et devant les idoles qu'on honore dans l'intérieur des maisons. Quand ces bâtons d'odeur sont allumés, ils se consument lentement sans jamais s'éteindre, et répandent au loin un parfum d'une douceur exquise. Les marchands thibétains qui se rendent tous les ans à Péking, à la suite de l'ambassade, en exportent des quantités considérables, et les vendent à un prix exorbitant. Les Chinois du nord falsifient les bâtons d'odeur, et les livrent au commerce sous le nom de *Tsan-Hiang;* mais il ne peuvent soutenir la comparaison avec ceux qui viennent du Thibet.

Les Thibétains n'ont pas de porcelaine ; ils fabriquent néanmoins des poteries de tout genre avec une rare perfection. Comme nous l'avons déjà fait observer ailleurs, toute leur vaisselle consiste en une simple écuelle de bois, que chacun porte cachée dans son sein, ou suspendue à sa ceinture dans une bourse de luxe. Ces écuelles sont faites avec les racines de certains arbres précieux, qui croissent sur les montagnes du Thibet. Elles sont de forme gracieuse, mais simples et sans ornement. On se contente de les enduire d'un léger vernis, qui ne fait disparaître ni leur couleur naturelle, ni les marbrures formées par les veines du bois. Dans le Thibet tout entier, depuis le mendiant le plus misérable jusqu'au Talé-Lama, tout le monde prend ses repas dans une écuelle de bois. Il est vrai que les Thibétains ne confondent pas indistinctement les écuelles entre elles, comme nous serions tentés de le faire, nous autres Européens. On doit donc savoir qu'il y a écuelle et écuelle ; il y en a qu'on achète pour quelques pièces de monnaie, et d'autres dont le prix va jusqu'à cent onces d'argent, à peu près mille francs. Et si l'on nous demande quelle différence nous avons remarquée entre ces diverses qualités d'écuelles en bois, nous répondrons, la main sur la conscience, que toutes nous ont paru à peu près de même valeur, et qu'avec la meilleure volonté du monde, il nous a toujours été impossible de saisir entre elles une différence de quelque importance. Les écuelles de première qualité, disent les Thibé-tains, ont la vertu de neutraliser les poisons.

Quelques jours après notre arrivée à Lha-Ssa, désireux que nous étions de remonter un peu notre vaisselle, déjà bien vieille et bien avariée, nous entrâmes dans une boutique d'écuelles. Une Thibétaine, au visage richement vernissé de noir, était au comptoir. Cette dame, jugeant à notre mine tant soit peu exotique et étrange, que nous étions, sans doute, des personnages de haute distinction, ouvrit un tiroir et en exhiba deux petites boîtes artistement façonnées, dans chacune desquelles était contenue une écuelle trois fois enveloppée dans du papier soyeux. Après avoir examiné la marchandise, avec une sorte d'anxiété, nous demandâmes le prix. — « *Tchik-la, gatsé-ré?* Combien chaque? — Excellence, cinquante onces d'argent la pièce. » A peine eûmes-nous entendu ces paroles foudroyantes, que nos oreilles se mirent à bourdonner, et qu'il nous sembla que tout tournoyait dans la boutique. Avec toute notre fortune, nous eussions pu, tout au plus, acheter quatre écuelles en bois ! Quand nous fûmes un peu revenus de notre saisissement, nous replaçâmes avec respect les deux précieuses gamelles dans leurs boîtes respectives, et nous passâmes en revue les nombreuses collections qui étaient étalées sans façon sur les rayons de la boutique. — « Et celles-ci, combien la pièce? *Tchik-la, gatsé-ré?* — Excellence, une paire pour une once d'argent. » Nous payâmes sur-le-champ une once d'argent, et nous emportâmes nos deux écuelles avec une joie triomphante ; car elles nous paraissaient absolument semblables à celles qui valaient 500 francs pièce... De retour au logis, le maître de la maison, à qui nous nous hâtâmes de montrer notre emplette, nous dit que, pour une once d'argent, on pouvait avoir au moins quatre écuelles de cette façon.

Les pou-lou, les bâtons odorants et les écuelles en bois sont les trois principales branches d'industrie que les Thibétains exploitent avec quelque succès. Pour tout le reste, ils travaillent mal ou médiocrement, et les grossiers produits de leurs arts et métiers ne méritent pas d'être mentionnés. Leurs productions agricoles n'offrent non plus rien de remarquable. Le Thibet, presque entièrement recouvert de montagnes et sillonné de torrents impétueux, fournit à ses habitants peu de terres cultivables. Il n'y a guère que les vallées qu'on puisse ensemencer avec quelque espérance d'avoir une moisson à recueillir. Les Thibétains cultivent peu le froment, et encore moins le riz. La principale récolte est en *Tsing-Kou*, ou orge noire, dont on fait le *tsamba*, base alimentaire de toute la population thibétaine, riche ou pauvre. La ville de Lha-Ssa est abondamment approvisionnée de moutons, de chevaux et de bœufs grognants. On y vend aussi d'excellents poissons frais et de la viande de porc dont le goût est exquis. Mais, le plus souvent, tout cela est très cher et hors de la portée du bas peuple. En somme, les Thibétains vivent très mal. D'ordinaire, leurs repas se composent uniquement de thé beurré et de tsamba, qu'on pétrit grossièrement avec les doigts. Les plus riches suivent le même régime ; et c'est vraiment pitié de les voir façonner une nourriture si misérable dans une écuelle qui a coûté quelquefois cent onces d'argent. La viande, quand on en a, se mange hors des repas ; c'est une affaire de pure fantaisie. Cela se pratique à peu près comme ailleurs on mange, par gourmandise, des fruits ou quelque légère pâtisserie. On sert ordinairement deux plats, l'un de viande bouillie et l'autre de viande crue ; les Thibétains dévorent l'une et l'autre avec un égal appétit, sans qu'il soit besoin qu'aucun genre d'assaisonnement leur vienne en aide. Ils ont pourtant le bon esprit de ne pas manger sans boire. Ils remplissent de temps en temps leur écuelle chérie d'une liqueur aigrelette faite avec de l'orge fermentée, et dont le goût est assez agréable.

Système monétaire.

Le Thibet, si pauvre en produits agricoles et manufacturés, est riche en métaux au delà de tout ce qu'on peut imaginer ; l'or et l'argent s'y recueillent avec une si grande facilité que les simples bergers eux-mêmes connaissent l'art de purifier ces métaux précieux. On les voit quelquefois au fond des ravins, ou aux anfractuosités des montagnes, accroupis à côté d'un feu d'argols de chèvres, et s'amusant à purifier, dans des creusets, la poudre d'or qu'ils ont recueillie, çà et là, en faisant paître leurs troupeaux.

Il résulte, de cette grande abondance de métaux, que les espèces sont de peu de valeur et, par suite, les denrées se maintiennent toujours à un prix très élevé. Le système monétaire des Thibétains ne se compose que de pièces d'argent ; elles sont un peu plus grandes, mais moins épaisses que nos pièces d'un franc. D'un côté, elles portent des inscriptions en caractères thibétains, farsis ou indiens ; de l'autre, elles ont une couronne composée de huit petites fleurs rondes. Pour la facilité du commerce, on fractionne ces pièces de monnaie, de telle sorte que le nombre des fleurettes restant sur le fragment, détermine sa valeur. La pièce entière se nomme *Tchan-Ka*. Le *Tché-Ptché* est une moitié du Tchan-Ka, et, par conséquent, n'a que quatre fleurettes. Le *Cho-Kan* en a cinq, et le *Ka-gan* trois. Dans les grandes opérations commerciales, on se sert de lingots d'argent, qu'on pèse avec une balance romaine graduée d'après le système décimal. Les Thibétains comptent, le plus souvent, sur leur chapelet ; quelques-uns, et surtout les marchands, se servent du *souan-pan* chinois ; les savants, enfin, opèrent avec les chiffres que nous nommons arabes, et qui paraissent être très anciens dans le Thibet. Nous avons vu plusieurs livres lamaïques manuscrits, renfermant des tableaux et des figures astronomiques, représentés avec des chiffres arabes. La pagination de ces livres était pareillement marquée avec ces mêmes caractères. Quelques-uns de ces chiffres ont, avec ceux dont on se sert en Europe, une légère différence ; la plus notable est celle du 5, qui se trouve renversé de la manière suivante : ट

État social. Colonies d'étrangers.

D'après les quelques détails que nous venons de donner sur les productions du Thibet, il est permis

de conclure que ce pays est peut-être le plus riche
et en même temps le plus pauvre du monde. Riche
en or et en argent, pauvre en tout ce qui fait le
bien-être des masses. L'or et l'argent recueillis par
le peuple est absorbé par les grands, et surtout par
les lamaseries, réservoirs immenses, où s'écoulent, par
mille canaux, toutes les richesses de ces vastes contrées. Les Lamas, mis d'abord en possession de la
majeure partie du numéraire par les dons volontaires des fidèles, centuplent ensuite leur fortune
par des procédés usuraires, dont la friponnerie chinoise est elle-même scandalisée. Les offrandes qu'on
leur fait sont comme des crochets dont ils se servent
pour attirer à eux toutes les bourses. L'argent se
trouvant ainsi accumulé dans les coffres des classes
privilégiées, et d'un autre côté, les choses nécessaires
à la vie ne pouvant se procurer qu'à un prix très
élevé, il résulte de ce désordre capital qu'une grande
partie de la population est continuellement plongée
dans une misère affreuse. A Lha-Ssa, le nombre des
mendiants est très considérable. Ils entrent dans
l'intérieur des maisons et vont, de porte en porte,
solliciter une poignée de tsamba. Leur manière de
demander l'aumône consiste à présenter le poing
fermé, en tenant le pouce en l'air. Nous devons
ajouter, à la louange des Thibétains, qu'ils ont généralement le cœur compatissant et charitable ; rarement, ils renvoient les pauvres sans leur faire quelque
aumône.

Parmi les étrangers qui constituent la population
fixe de Lha-Ssa, les Péboun sont les plus nombreux.
Ce sont des Indiens venus du côté du Boutan, par
delà les monts Himalaya. Ils sont petits, vigoureux
et d'une allure pleine de vivacité ; ils ont la figure
plus arrondie que les Thibétains ; leur teint est fortement basané, leurs yeux sont petits, noirs et ma-

lins ; ils portent au front une tache de rouge ponceau, qu'ils renouvellent tous les matins. Ils sont toujours vêtus d'une robe en *pou-lou* violet, et coiffés d'un petit bonnet en feutre, de la même couleur mais un peu plus foncée. Quand ils sortent, ils ajoutent à leur costume une longue écharpe rouge, qui fait deux fois le tour du cou, comme un grand collier, et dont les deux extrémités sont rejetées par-dessus les épaules.

Les Péboun sont les seuls ouvriers métallurgistes de Lha-Ssa. C'est dans leur quartier qu'il faut aller chercher les forgerons, les chaudronniers, les plombiers, les étameurs, les fondeurs, les orfèvres, les bijoutiers, les mécaniciens, même les physiciens et les chimistes. Leurs ateliers et leurs laboratoires sont un peu souterrains. On y rentre par une ouverture basse et étroite ; et, avant d'y arriver, il faut descendre trois ou quatre marches. Sur toutes les portes de leurs maisons, on voit une peinture représentant un globe rouge, et au-dessous un croissant blanc. Évidemment, cela signifie le soleil et la lune. Mais à quoi cela fait-il encore allusion? C'est ce dont nous avons oublié de nous informer.

On rencontre, parmi les Péboun, des artistes très distingués en fait de métallurgie. Ils fabriquent des vases en or et en argent pour l'usage des lamaseries, et des bijoux de tout genre, qui, certainement, ne feraient pas déshonneur à des artistes européens. Ce sont eux qui font aux temples bouddhiques ces belles toitures en lames dorées, qui résistent à toutes les intempéries des saisons, et conservent toujours une fraîcheur et un éclat merveilleux. Ils sont si habiles, pour ce genre d'ouvrage, qu'on vient les chercher du fond de la Tartarie pour orner les grandes lamaseries. Les Péboun sont encore les teinturiers de Lha-Ssa. Leurs couleurs sont vives et persistantes ;

leurs étoffes peuvent s'user, mais jamais se déco-
lorer. Il ne leur est permis de teindre que les *pou-
lou*. Les étoffes qui viennent des pays étrangers
doivent être employées telles qu'elles sont ; le gouvernement s'oppose absolument à ce que les teinturiers exercent sur elles leur industrie. Il est probable que cette prohibition a pour but de favoriser
le débit des étoffes fabriquées à Lha-Ssa.

Les Péboun ont le caractère extrêmement jovial
et enfantin ; aux moments de repos, on les voit toujours rire et folâtrer ; pendant les heures de travail,
ils ne cessent jamais de chanter. Leur religion est
le bouddhisme indien. Quoiqu'ils ne suivent pas la
réforme de Tsong-Kaba, ils sont pleins de respect
pour les cérémonies et les pratiques lamaïques. Ils
ne manquent jamais, aux jours de grande solennité,
d'aller se prosterner aux pieds du Bouddha-La, et
d'offrir leurs adorations au Talé-Lama.

Après les Péboun, on remarque, à Lha-Ssa, les
Katchi, ou Musulmans originaires de Kachemir.
Leur turban, leur grande barbe, leur démarche
grave et solennelle, leur physionomie pleine d'intelligence et de majesté, la propreté et la richesse de
leurs habits : tout en eux contraste avec les peuples
de race inférieure auxquels ils se trouvent mêlés.
Ils ont, à Lha-Ssa, un gouverneur, duquel ils dépendent immédiatement, et dont l'autorité est re-
connue par le gouvernement thibétain. Ce gouverneur est en même temps chef de la religion musulmane. Ses compatriotes le considèrent, sur cette
terre étrangère, comme leur pacha et leur muphti.
Il y a déjà plusieurs siècles que les Katchi se sont
établis à Lha-Ssa. Autrefois, ils abandonnèrent leur
patrie pour se soustraire aux vexations d'un certain
pacha de Kachemir, dont le despotisme leur était
devenu intolérable. Depuis lors, les enfants de ces

premiers émigrants se sont si bien trouvés dans le Thibet qu'ils n'ont plus songé à s'en retourner dans leur pays. Ils ont pourtant encore des relations avec Kachemir ; mais les nouvelles qu'ils en reçoivent sont peu propres à leur donner l'envie de renoncer à leur patrie adoptive. Le gouverneur Katchi, avec lequel nous avons eu des relations assez intimes, nous a dit que les Pélins de Calcutta (les Anglais) étaient aujourd'hui maîtres de Kachemir. « Les Pélins, nous disait-il, sont les hommes les plus rusés du monde. Ils s'emparent petit à petit de toutes les contrées de l'Inde ; mais c'est toujours plutôt par tromperie qu'à force ouverte. Au lieu de renverser les autorités, ils cherchent habilement à les mettre de leur parti, et à les faire entrer dans leurs intérêts. Ainsi, à Kachemir, voici ce qu'ils disent : Le monde est à Allah ; la terre est au Pacha ; c'est la Compagnie qui gouverne. »

Les Katchi sont les plus riches marchands de Lha-Ssa ; ce sont eux qui tiennent les magasins de lingerie et tous les objets de luxe et de toilette ; ils sont, en outre, agents de change, et trafiquent sur l'or et l'argent. De là vient qu'on trouve presque toujours des caractères farsis sur les monnaies thibétaines. Tous les ans, quelques-uns d'entre eux se rendent à Calcutta pour les opérations commerciales ; les Katchi sont les seuls à qui l'on permette de passer les frontières pour se rendre chez les Anglais ; ils partent munis d'un passeport du Talé-Lama, et une escorte thibétaine les accompagne jusqu'au pied des Himalaya. Les objets qu'ils rapportent de Calcutta se réduisent à bien peu de chose : ce sont des rubans, des galons, des couteaux, des ciseaux, quelques autres articles de quincaillerie et un petit assortiment de toiles de coton ; les soieries et les draps qu'on trouve dans leurs magasins, et qui ont à Lha-Ssa un assez grand débit, leur viennent de Péking par les caravanes ; les draps sont russes, et par conséquent leur reviennent à bien meilleur marché que ceux qu'ils pourraient acheter à Calcutta.

Les Katchi ont à Lha-Ssa une mosquée, et sont rigides observateurs de la loi de Mahomet ; ils professent ostensiblement leur mépris pour **toutes** les pratiques superstitieuses des bouddhistes. Les premiers qui sont arrivés à Lha-Ssa ont pris des femmes thibétaines, qui ont été obligées de renoncer à leur religion pour embrasser le mahométisme. Maintenant, ils ont pour règle de ne plus contracter des alliances qu'entre eux ; il s'est ainsi formé insensiblement, au cœur du Thibet, comme un petit peuple à part, n'ayant ni le costume, ni les mœurs, ni le langage, ni la religion des indigènes. Parce qu'ils ne se prosternent pas devant le Talé-Lama, et ne vont pas prier dans les lamaseries, tout le monde dit que ce sont des impies. Cependant, comme, en général, ils sont riches et puissants, on se range dans les rues pour les laisser passer, et chacun leur tire la langue en signe de respect. Dans le Thibet, quand on veut saluer quelqu'un, on se découvre la tête, on tire la langue, et on se gratte l'oreille droite ; ces trois opérations se font en même temps.

Politique chinoise au Thibet.

Les Chinois qu'on voit à Lha-Ssa sont, pour la plupart, soldats ou employés dans les tribunaux ; ceux qui demeurent fixés dans cette ville sont en très petit nombre. A toutes les époques, les Chinois et les Thibétains ont eu ensemble des relations plus ou moins importantes ; souvent ils se sont fait la guerre et ont cherché à empiéter sur les droits les uns des autres. La dynastie tartare-mantchoue, comme nous l'avons déjà remarqué ailleurs, a compris, dès le commencement de son élévation, combien il lui était important de se ménager l'amitié du Talé-Lama, dont l'influence est toute-puissante sur les tribus mongoles. En conséquence, elle n'a jamais manqué d'avoir, à la cour de Lha-Ssa, deux grands Mandarins revêtus du titre de *Kin-Tchaï,* c'est-à-dire ambassadeur ou délégué extraordinaire. Ces personnages ont pour mission avouée de présenter, dans certaines circonstances déterminées, les hommages de l'empereur chinois au Talé-Lama, et de lui prêter l'appui de la Chine dans les difficultés qu'il pourrait avoir avec ses voisins. Tel est, en apparence, le but de cette ambassade permanente; mais, au fond, elle n'est là que pour flatter les croyances religieuses des Mongols et les rallier à la dynastie régnante, en leur faisant croire que le gouvernement de Péking a une grande dévotion pour la divinité du Bouddha-La. Un autre avantage de cette ambassade, c'est que les deux Kin-Tchaï peuvent facilement, à Lha-Ssa, surveiller les mouvements des peuples divers qui avoisinent l'empire et en donner avis à leur gouvernement.

La trente-cinquième année du règne de *Kien-Long,* la cour de Péking avait à Lha-Ssa deux King-Tchaï, ou ambassadeurs, nommés, l'un *Lo,* et l'autre, *Pou.* On avait coutume de les désigner en réunissant les noms, et en disant les Kin-Tchaï *Lo-Pou.* Le mot Lo-Pou, voulant dire rave en thibétain, ce terme devenait en quelque sorte injurieux, et le peuple de Lha-Ssa, qui n'a jamais vu de bon œil la présence des Chinois dans le pays, se servait volontiers de cette dénomination. Depuis quelque temps, d'ailleurs, les deux Mandarins chinois donnaient, par leur conduite, de l'ombrage aux Thibétains ; ils s'immisçaient tous les jours, de plus en plus, dans les affaires du gouvernement, et empiétaient ouvertement sur les droits du Talé-Lama. Enfin, pour comble d'arrogance, ils faisaient entrer de nombreuses troupes chinoises dans le Thibet, sous prétexte de protéger le Talé-Lama contre certaines peuplades du Népal, qui lui donnaient de l'inquiétude. Il était facile de voir que la Chine cherchait à étendre son empire et sa domination jusque dans le Thibet. L'opposition du gouvernement thibétain fut, dit-on, terrible, et le Nomekhan employa tous les ressorts de son autorité pour arrêter l'usurpation des deux Kin-Tchaï. Un jour qu'il se rendait au palais des ambassadeurs chinois, un jeune Lama lui jeta dans sa litière un billet sur lequel étaient écrits ces mots : — *Lo-Pou, ma, sa :* — c'est-à-dire, ne mangez pas de raves, abstenez-vous des raves. Le Nomekhan comprit bien que, par ce jeu de mots, on voulait lui donner avis de se défier des Kin-Tchaï Lo-Pou ; mais, comme l'avertissement manquait de clarté et de précision, il continua sa route. Pendant qu'il était en conférence secrète avec les deux délégués de la cour de Péking, des satellites s'introduisirent brusquement dans l'appartement, poignardèrent le Nomekhan et lui tranchèrent la tête. Un cuisinier thibétain, qui se trouvait dans une pièce voisine, accourut aux cris de la victime, s'empara de sa tête ensanglantée, l'ajusta au bout d'une pique et parcourut les rues de Lha-Ssa en criant : Vengeance, et Mort aux Chinois ! La ville tout entière fut aussitôt soulevée, on courut aux armes de toute part, et l'on se précipita tumultueusement vers le palais des Kin-Tchaï qui furent horriblement mis en pièces. La colère du peuple était si grande qu'on poursuivit ensuite indistinctement tous les Chinois ; on les traqua partout comme des bêtes sauvages, non seulement à Lha-Ssa, mais encore sur tous les autres points du Thibet où ils avaient établi des postes militaires. On en fit une affreuse boucherie. Les Thibétains, dit-on, ne déposèrent les armes qu'après avoir impitoyablement poursuivi et massacré tous les Chinois jusqu'aux frontières du Sse-Tchouen et du Yun-Nan.

La nouvelle de cette affreuse catastrophe étant parvenue à la cour de Péking, l'empereur Kien-Long ordonna immédiatement de grandes levées de troupes dans toute l'étendue de l'empire, et les fit marcher contre le Thibet. Les Chinois, comme dans presque toutes les guerres qu'ils ont eu à soutenir contre leurs voisins, eurent le dessous, mais ils furent victorieux dans les négociations. Les choses furent rétablies sur l'ancien pied et, depuis lors, la paix n'a jamais été sérieusement troublée entre les deux gouvernements.

Les forces militaires que les Chinois entretiennent dans le Thibet sont peu considérables. Depuis le Sse-Tchouen jusqu'à Lha-Ssa, ils ont, d'étape en étape, quelques misérables corps de garde destinés à favoriser le passage des courriers de l'empereur. Dans la ville même de Lha-Ssa, leur garnison se compose de quelques centaines de soldats, dont la présence contribue à relever et à protéger la position des ambassadeurs. De Lha-Ssa, en allant vers le sud jusqu'au Boutan, ils ont encore une ligne de corps de garde assez mal entretenus. Sur les frontières, ils gardent, conjointement avec les troupes thibétaines, les hautes montagnes qui séparent le Thibet des premiers postes anglais. Dans les autres parties du Thibet, il n'y a pas de Chinois ; l'entrée leur en est sévèrement interdite.

Les soldats et les Mandarins chinois établis dans

le Thibet sont à la solde du gouvernement de Péking ; ils restent ordinairement trois ans dans le pays ; quand ce temps est écoulé, on leur envoie des remplaçants, et ils rentrent dans leurs provinces respectives. Il en est pourtant un certain nombre qui, après avoir terminé leur service, obtiennent la permission de se fixer à Lha-Ssa ou dans les villes situées sur la route de Sse-Tchouen. Les Chinois de Lha-Ssa sont peu nombreux ; il serait assez difficile de dire à quel genre de spécialité ils se livrent pour faire fortune. En général, ils sont un peu de tous les états, et savent toujours trouver mille moyens pour faire passer dans leur bourse les *tchan-ka* des Thibétains. Il en est plusieurs qui prennent une épouse dans le pays ; mais les liens du mariage sont incapables de les fixer pour la vie dans leur patrie adoptive. Après un certain nombre d'années, quand ils jugent qu'ils ont fait des économies assez abondantes, ils s'en retournent tout bonnement en Chine, et laissent là leur femme et leurs enfants, à l'exception toutefois des garçons, qu'ils auraient scrupule d'abandonner. Les Thibétains redoutent les Chinois, les Katchi les méprisent, et les Péboun se moquent d'eux.

Doutes sur notre origine.
Bon accueil réservé aux étrangers.

Parmi les nombreuses classes d'étrangers qui séjournent ou qui ne font que passer à Lha-Ssa, il n'y en avait aucune à laquelle nous eussions l'air d'appartenir ; nous ne ressemblions à personne. Aussi, dès les premiers jours de notre arrivée, nous aperçûmes-nous que l'étrangeté de notre physionomie attirait l'attention de tout le monde. Quand nous passions dans les rues, on nous examinait avec étonnement, et puis on faisait, à voix basse, de nombreuses hypothèses sur notre nationalité. On nous prenait tantôt pour deux Muphtis nouvellement arrivés de Kachemir, tantôt pour deux Brachmanes de l'Inde ; quelques-uns prétendaient que nous étions des Lamas du nord de la Tartarie ; d'autres, enfin, soutenaient que nous étions des marchands de Péking, et que nous nous étions déguisés pour suivre l'ambassade thibétaine. Mais toutes ces suppositions s'évanouirent bientôt ; car nous déclarâmes formellement aux Katchi que nous n'étions ni Muphtis, ni Kachemiriens ; aux Péboun, que nous n'étions ni Indiens, ni Brachmanes ; aux Mongols, que nous n'étions ni Lamas, ni Tartares ; aux Chinois, que nous n'étions ni marchands, ni du royaume du milieu. Quand on fut bien convaincu que nous n'appartenions à aucune de ces catégories, on se mit à nous appeler *Azaras blancs*. La dénomination était très pittoresque et nous plaisait assez : cependant, nous ne voulûmes pas l'adopter sans prendre, par avance, quelques informations. Nous demandâmes donc ce qu'on entendait par Azara blanc... Il nous fut répondu que les Azaras étaient les plus fervents adorateurs de Bouddha qu'on connût ; qu'ils composaient une grande tribu de l'Inde et qu'ils faisaient souvent, par dévotion, le pèlerinage de Lha-Ssa. On ajouta que, puisque nous n'étions ni Thibétains, ni Katchi, ni Péboun, ni Tartares, ni Chinois, nous devions certainement être Azaras. Il y avait seulement à cela un petit embarras ; c'est que les Azaras, qui avaient paru avant nous à Lha-Ssa, avaient la figure noire. On avait donc dû, pour résoudre la difficulté, nous appeler Azaras blancs. Nous rendîmes encore hommage à la vérité, et nous déclarâmes que nous n'étions Azaras d'aucune façon, ni blancs, ni noirs.

Tous ces doutes sur le lieu de notre origine furent d'abord assez amusants ; mais ils devinrent bientôt graves et sérieux. Des esprits mal tournés allèrent s'imaginer que nous ne pouvions être que Russes ou Anglais ; on finit même assez généralement par nous honorer de cette dernière qualification. On disait, sans trop se gêner, que nous étions des *Pélins de Calcutta*, que nous étions venus pour examiner les forces du Thibet, dresser des cartes de géographie et chercher les moyens de nous emparer du pays. Tout préjugé national à part, il était très fâcheux pour nous qu'on nous prît pour des sujets de Sa Majesté Britannique. Un pareil quiproquo ne pouvait que nous rendre très impopulaires, et peut-être eût fini par nous faire écarteler ; car les Thibétains, nous ne savons trop pourquoi, se sont mis dans la tête que les Anglais sont un peuple envahisseur et dont il faut se défier.

Pour couper court à tous les bavardages qui circulaient sur notre compte, nous prîmes la résolution de nous conformer à un règlement en vigueur à Lha-Ssa, et qui prescrit à tous les étrangers qui veulent séjourner dans la ville, pendant quelque temps, d'aller se présenter aux autorités. Nous allâmes donc trouver le chef de la police, et nous lui déclarâmes que nous étions du ciel d'Occident, d'un grand royaume appelé la France, et que nous étions venus dans le Thibet pour y prêcher la religion chrétienne dont nous étions ministres. Le personnage à qui nous fîmes cette déclaration fut sec et impassible comme un bureaucrate. Il tira flegmatiquement son poinçon de bambou de derrière l'oreille et se mit à écrire, sans réflexion aucune, ce que nous venions de lui dire. Il se contenta de répéter deux ou trois fois entre les dents les mots *France* et *religion chrétienne*, comme un homme qui ne sait pas trop de quoi on veut lui parler. Quand il eut achevé d'écrire, il essuya à ses cheveux son poinçon encore imbibé d'encre, et le réinstalla derrière l'oreille droite en nous disant : — « *Yak poré.* C'est bien. — *Témou chu*, Demeure en paix, » lui répondîmes-nous ; et, après lui avoir tiré la langue, nous sortîmes tout enchantés de nous être mis en règle avec la police. Nous circulâmes dès lors dans les rues de Lha-Ssa d'un pas plus ferme, plus assuré, et sans tenir aucun compte des propos qui bourdonnaient incessamment à nos oreilles. La position légale que nous venions de nous faire nous relevait, à nos propres yeux, et remontait notre courage. Quel bonheur de nous trouver enfin sur une terre hospitalière et de pouvoir respirer franchement un air libre, après avoir vécu si longtemps en Chine, toujours dans la contrainte, toujours en dehors des lois, toujours préoccupés des moyens de tricher le gouvernement de Sa Majesté impériale !

La sorte d'indifférence avec laquelle notre déclaration fut reçue par l'autorité thibétaine ne nous étonna nullement. D'après les informations que nous avions déjà prises sur la manière d'être des étrangers à Lha-Ssa, nous étions convaincus qu'il ne nous serait fait aucune difficulté. Les Thibétains ne professent pas, à l'égard des autres peuples, ces principes d'exclusion qui font le caractère distinctif de la nation chinoise : tout le monde est admis à Lha-Ssa ; chacun peut aller et venir, se livrer au commerce et à l'industrie, sans que personne s'avise d'apporter la moindre entrave à sa liberté. Si l'entrée du Thibet est interdite aux Chinois, il faut attribuer cette prohibition au gouvernement de Péking, qui, pour se montrer conséquent dans sa politique étroite et soupçonneuse, empêche lui-même ses sujets de pénétrer chez les peuples voisins. Il est probable que les Anglais ne seraient pas plus repoussés que les autres des frontières du Thibet si leur marche envahissante, dans l'Indoustan, n'avait inspiré une légitime terreur au Talé-Lama.

Forme du gouvernement.

Nous avons déjà parlé des nombreuses et frappantes analogies qui existent entre les rites lamaïques et le culte catholique. Rome et Lha-Ssa, le Pape et le Talé-Lama (1) pourraient encore nous fournir des rapprochements pleins d'intérêt. Le gouvernement thibétain étant purement lamaïque, paraît, en quelque sorte, être calqué sur le gouvernement ecclésastique des États pontificaux. Le Talé-Lama est le chef politique et religieux de toutes les contrées du Thibet; c'est dans ses mains que réside toute puissance légistative, exécutive et administrative. Le droit coutumier et certains règlements, laissés par Tsong-Kaba, servent à le diriger dans l'exercice de son immense autorité. Quand le Talé-Lama meurt, ou pour parler le langage des bouddhistes, quand il transmigre, on élit un enfant qui doit continuer la personnification indestructible du Bouddha-vivant : cette élection se fait par la grande assemblée des *Lamas-Houtouktou*, dont la dignité sacerdotale n'est inférieure qu'à celle du Talé-Lama. Plus bas, nous entrerons dans quelques détails sur la forme et les règles de cette singulière élection. Comme le Talé-Lama est non seulement le souverain politique et religieux des Thibétains, mais encore leur Dieu visible, on comprend qu'il ne pourrait,

---

(1) *Dalaé-Lama* est une très mauvaise transcription, c'est *Talé-Lama* qu'on doit prononcer. Le mot mongol *talé* veut dire mer, et a été donné au grand Lama du Thibet, parce que ce personnage est censé être une mer de sagesse et de puissance.

sans compromettre gravement sa divinité, descendre des hauteurs de son sanctuaire et se mêler à tout propos des choses humaines. Il s'est donc réservé les affaires de majeure importance, se contentant de régner beaucoup et de gouverner très peu. Au reste, l'exercice de son autorité dépend uniquement de son goût et de son bon plaisir. Il n'y a ni charte ni constitution pour contrôler sa manière de faire.

Après le Talé-Lama, que les Thibétains nomment aussi quelquefois *Kian-Ngan-Remboutchi* (souverain trésor), vient le *Nomekhan* ou empereur spirituel. Les Chinois lui donnent le nom de *Tsan-Wang*, roi du Thibet. Ce personnage est nommé par le Talé-Lama, et doit être toujours choisi parmi la classe des *Lamas-Chaberons*. Il conserve son poste pendant toute sa vie et ne peut être renversé que par un coup d'État. Toutes les affaires du gouvernement dépendent du Nomekhan et de quatre ministres nommés *Kalons*. Les Kalons sont choisis par le Talé-Lama, sur une liste de candidats formée par le Nomekhan : ils n'appartiennent pas à la tribu sacerdotale et peuvent être mariés ; la durée de leur pouvoir est illimitée. Quand ils se rendent indignes de leurs fonctions, le Nomekhan adresse un rapport au Talé-Lama, qui les casse, s'il le juge opportun. Les fonctionnaires subalternes sont choisis par les Kalons et appartiennent le plus souvent à la classe des Lamas.

Les provinces sont divisées en plusieurs principautés, qui sont gouvernées par des Lamas-Houtouktou. Ces espèces de petits souverains ecclésiastiques reçoivent leur investiture du Talé-Lama, et reconnaissent son autorité suzeraine. En général, ils ont l'humeur guerroyante, et se livrent souvent, entre voisins, des combats à outrance, et toujours accompagnés de pillage et d'incendie.

Le plus puissant de ces Lamas souverains est le Bandchan-Remboutchi, il réside à *Djachi-Loumbo* (1), capitale du Thibet ultérieur.

Les pèlerins qui se rendent dans le Thibet ne manquent jamais de visiter Djachi-Loumbo, d'aller se prosterner aux pieds du saint par excellence, et de lui présenter leurs offrandes. On ne saurait se faire une idée des sommes énormes que les caravanes tartares lui apportent annuellement. En retour des lingots d'or et d'argent qu'il enferme dans ses coffres, le Bandchan fait distribuer à ses adorateurs des lambeaux de ses vieux habits, des chiffons de papier où sont imprimées des sentences en mongol ou en thibétain, des statuettes en terre cuite et des pilules rouges d'une infaillible efficacité contre toute espèce de maladies. Les pèlerins reçoivent avec vénération toutes ces niaiseries, et les déposent religieusement dans un sachet qu'ils portent toujours suspendu à leur cou.

Le Talé-Lama et le Nomekhan étant mineurs, à l'époque où nous arrivâmes à Lha-Ssa, la régence était confiée au premier Kalon. Toute la sollicitude du Régent consistait à élever des digues contre les empiétements et les usurpations de l'ambassadeur chinois, qui cherchait, par tous les moyens, à profiter de la faiblesse dans laquelle se trouvait le gouvernement thibétain.

(1) Djachi-Loumbo signifie *Montagne des Oracles*.

CHAPITRE VI

Visite de cinq mouchards.

Aussitôt après que nous nous fûmes présentés aux autorités thibétaines, en leur déclarant qui nous étions, et le but qui nous avait amenés à Lha-Ssa, nous profitâmes de la position semi-officielle que nous venions de nous faire, pour entrer en rapport avec les Lamas thibétains et tartares, et commencer enfin notre œuvre de missionnaires. Un jour, que nous étions assis à côté de notre modeste foyer, nous entretenant de questions religieuses avec un Lama très versé dans la science bouddhique, voilà qu'un Chinois vêtu d'une manière assez recherchée se présente inopinément à nous : il se dit commerçant, et témoigne un vif désir d'acheter de nos marchandises. Nous lui répondîmes que nous n'avions rien à vendre. — « Comment, rien à vendre? — Non, rien ; si ce n'est ces deux vieilles selles de cheval dont nous n'avons plus besoin. — Bon, bon ! c'est précisément ce qu'il me faut ; j'ai besoin de selles ;... » et tout en examinant notre pauvre marchandise, il nous adresse mille questions sur notre pays et sur les lieux que nous avons visités avant d'arriver à Lha-Ssa... Bientôt arrive un deuxième Chinois, puis un troisième, puis enfin deux Lamas enveloppés de magnifiques écharpes de soie. Tous ces visiteurs veulent nous acheter quelque chose ; ils nous accablent de questions, et paraissent en même temps scruter avec inquiétude tous les recoins de notre chambre. Nous avons beau dire que nous ne sommes pas marchands, ils insistent... A défaut de soieries, de draperies ou de quincaillerie, ils s'accommoderont volontiers de nos selles ; ils les tournent et les retournent dans tous les sens ; ils les trouvent tantôt magnifiques et tantôt abominables ; enfin, après de longues tergiversations, ils partent en nous promettant de revenir.

La visite de ces cinq individus était faite pour nous donner à penser : leur façon d'agir et de parler n'avait rien de naturel. Quoique venus les uns après les autres, ils paraissaient s'entendre parfaitement, et marcher de concert vers un même but. Leur envie de nous acheter quelque chose n'était évidemment qu'un prétexte pour déguiser leurs intentions : ces gens étaient plutôt des escrocs ou des mouchards que de véritables marchands. — Attendons, dîmes-nous ; demeurons en paix ; plus tard, peut-être, nous verrons clair dans cette affaire.

L'heure de dîner étant venue, nous nous mîmes à table, ou plutôt nous demeurâmes accroupis à côté de notre foyer, et nous découvrîmes la marmite, où bouillait depuis quelques heures une bonne tranche de bœuf grognant. Samdadchiemba, en sa qualité de majordome, la fit monter à la surface du liquide au moyen d'une large spatule en bois, puis la saisit avec ses ongles et la jeta précipitamment sur un bout de planche, où il la dépeça en trois portions égales : chacun prit une ration dans son écuelle, et à l'aide de quelques petits pains cuits sous la cendre, nous commençâmes tranquillement notre repas, sans trop nous préoccuper ni des escrocs ni des mouchards. Nous en étions au dessert, c'est-à-dire que nous en étions à rincer nos écuelles avec du thé beurré, lorsque les deux Lamas, prétendus marchands, reparurent. — « Le Régent, dirent-ils, vous attend à son palais, il veut vous parler. — Bon ! est-ce que le Régent, lui aussi, voudrait, par hasard, nous acheter nos vieilles selles? — Il n'est question ni de selles, ni de marchandises... Levez-vous promptement, et suivez-nous chez le Régent. » Notre affaire n'était plus douteuse ; le gouvernement avait envie de se mêler de nous ; mais dans quel but? Était-ce pour nous faire du bien ou du mal? pour nous donner la liberté, ou pour nous enchaîner? pour nous laisser vivre, ou pour nous faire mourir? C'était ce que nous ne savions pas, ce que nous ne pouvions prévoir. — Allons voir le Régent, dîmes-nous, et pour tout le reste, à la volonté du bon Dieu !

Nous comparaissons devant le Régent.

Après nous être revêtus de nos plus belles robes, et nous être coiffés de nos majestueux bonnets en peau de renard, nous dîmes à notre estafier : « Allons ! — Et ce jeune homme? fit-il, en nous montrant du doigt Samdadchiemba, qui lui tournait les yeux d'une manière fort peu galante. — Ce jeune homme ! c'est notre domestique ; il gardera la maison pendant notre absence. — Ce n'est pas cela ; il faut qu'il vienne aussi ; le Régent veut vous voir tous les trois. » Samdadchiemba secoua, en guise de toilette, sa grosse robe de peau de mouton, posa d'une façon très insolente une petite toque noire sur son oreille, et nous partîmes tous ensemble, après avoir cadenassé la porte de notre logis.

Nous allâmes au pas de charge pendant cinq ou six minutes, et nous arrivâmes au palais du premier Kalon, régent du Thibet. Après avoir traversé une grande cour, où se trouvaient réunis un grand nombre de Lamas et de Chinois, qui se mirent à chuchoter en nous voyant paraître, on nous fit arrêter devant une porte dorée dont les battants étaient entr'ouverts : l'introducteur passa par un petit corridor à gauche, et un instant après la porte s'ouvrit. Au fond d'un appartement orné avec simplicité, nous aperçûmes un personnage assis, les jambes croisées, sur un épais coussin recouvert d'une peau de tigre : c'était le Régent. De la main droite il nous fit signe d'approcher. Nous avançâmes jusqu'à lui, et nous le saluâmes en mettant notre bonnet sous le bras. Un banc, recouvert d'un tapis rouge, était placé à notre droite ; nous fûmes invités à nous y asseoir ; ce que nous fîmes immédiatement. Pendant ce temps, la porte dorée avait été refermée, et il n'était resté dans la salle que le Régent et sept individus qui se tenaient debout derrière lui, savoir : quatre Lamas au maintien modeste et composé ; deux Chinois dont le regard était plein de finesse et de malice, et un personnage qu'à sa grande barbe, à son turban et à sa contenance grave, nous reconnûmes être un Musulman. Le Régent était un homme d'une cinquantaine d'années ; sa figure large, épanouie et d'une blancheur remarquable, respirait une majesté vraiment royale ; ses yeux noirs, ombragés de longs cils, étaient intelligents et pleins de douceur. Il était vêtu d'une robe jaune doublée de martre-zibeline ; une boucle ornée de diamants était suspendue à son oreille gauche, et ses longs cheveux, d'un noir d'ébène, étaient ramassés au sommet de la tête, et retenus par trois petits peignes en or. Son large bonnet rouge, entouré de perles et surmonté d'une boule en corail, était déposé à côté de lui sur un coussin vert.

Aussitôt que nous fûmes assis, le Régent se mit

à nous considérer longtemps en silence et avec une attention minutieuse. Il penchait sa tête tantôt à droite, tantôt à gauche, et nous souriait d'une façon moitié moqueuse et moitié bienveillante. Cette espèce de pantomime nous parut, à la fin, si drôle, que nous ne pûmes nous empêcher de rire. — « Bon ! dîmes-nous en français et à voix basse, ce monsieur paraît assez bon enfant ; notre affaire ira bien. — Ah ! dit le Régent, d'un ton plein d'affabilité, quel langage parlez-vous? Je n'ai pas compris ce que vous avez dit. — Nous parlons le langage de notre pays. — Voyons, répétez à haute voix ce que vous avez prononcé tout bas. — Nous disions : Ce monsieur paraît assez bon enfant. — Vous autres, comprenez-vous ce langage, ajouta-t-il, en se tournant vers ceux qui se tenaient debout derrière lui? — Ils s'inclinèrent tous ensemble, et répondirent qu'ils ne comprenaient pas. — Vous voyez, personne ici n'entend le langage de votre pays ; traduisez vos paroles en thibétain. — Nous disions que, dans la physionomie du premier Kalon, il y avait beaucoup de bonté. — Ah ! oui, vous trouvez que j'ai de la bonté? Cependant, je suis très méchant. N'est-ce pas que je suis très méchant? demanda-t-il à ses gens. » Ceux-ci se mirent à sourire, et ne répondirent pas. — « Vous avez raison, continua le Régent, je suis bon, car la bonté est le devoir d'un Kalon. Je dois être bon envers mon peuple, et aussi envers les étrangers... » Puis il nous fit un long discours auquel nous ne comprîmes que fort peu de chose. Quand il eut fini, nous lui dîmes que, n'ayant pas assez d'habitude de la langue thibétaine, nous n'avions pas entièrement pénétré le sens de ses paroles. Le Régent fit signe à un Chinois, qui avança d'un pas et nous traduisit sa harangue, dont voici le résumé : — On nous avait fait appeler, sans avoir la moindre

intention de nous molester. Les bruits contradic-
toires, qui, depuis notre arrivée à Lha-Ssa, circulaient sur notre compte, avaient déterminé le Régent à nous interroger lui-même, pour savoir d'où
nous étions. — « Nous sommes du ciel d'Occident,
dîmes-nous au Régent. — De Calcutta? — Non,
notre pays s'appelle la France. — Vous êtes, sans
doute, du *Péling?* — Non, nous sommes Français.
— Savez-vous écrire? — Mieux que parler... » Le Régent se détourna, adressa quelques mots à un Lama
qui disparut, et revint un instant après avec du
papier, de l'encre et un poinçon en bambou. —
« Voilà du papier, nous dit le Régent ; écrivez quelque
chose. — Dans quelle langue? en thibétain? — Non,
écrivez des caractères de votre pays. » L'un de
nous prit le papier sur ses genoux, et écrivit cette
sentence : *Que sert à l'homme de conquérir le monde
entier, s'il vient à perdre son âme?* — « Ah, voilà des
caractères de votre pays ! je n'en avais jamais vu
de semblables ; et quel est le sens de cela? » Nous
écrivîmes la traduction en thibétain, en tartare et en
chinois, et nous la lui fîmes passer. — « On ne m'avait
pas trompé, nous dit-il ; vous êtes des hommes d'un
grand savoir. Voilà que vous pouvez écrire dans
toutes les langues, et vous exprimez des pensées
aussi profondes que celles qu'on trouve dans les
livres de prières. » Puis il répétait, en branlant lentement la tête : *Que sert à l'homme de conquérir le
monde entier, s'il vient à perdre son âme?*

Pendant que le Régent et les personnages dont
il était entouré, s'extasiaient sur notre merveilleuse
science, on entendit tout à coup retentir, dans la
cour du palais, les cris de la multitude et le bruit
sonore du tamtam chinois. — « Voici l'ambassadeur
de Péking, nous dit le Régent ; il veut lui-même
vous interroger. Dites-lui franchement ce qui vous

concerne, et comptez sur ma protection ; c'est moi qui gouverne le pays. » Cela dit, il sortit, avec les gens de sa suite, par une petite porte dérobée, et nous laissa seuls au milieu de cette espèce de prétoire.

Ki-Chan, ambassadeur de Péking, nous interroge.

L'idée de tomber entre les mains des Chinois nous fit d'abord une impression désagréable, et l'image de ces horribles persécutions, qui, à diverses époques, ont désolé les chrétientés de Chine, s'empara tout à coup de notre imagination ; mais nous fûmes bientôt rassurés, en réfléchissant que, seuls et isolés comme nous l'étions au milieu du Thibet, nous ne pouvions compromettre personne. Cette pensée nous donna du courage. — « Samdadchiemba, dîmes-nous à notre jeune néophyte, c'est maintenant qu'il faut montrer que nous sommes des braves, que nous sommes des chrétiens. Cette affaire ira peut-être loin ; mais ne perdons jamais de vue l'éternité. Si on nous traite bien, nous remercierons le bon Dieu ; si on nous traite mal, nous le remercierons encore, car nous aurons le bonheur de souffrir pour la foi. Si on nous fait mourir, le martyre sera un beau couronnement de nos fatigues. Après seulement dix-huit mois de marche, arriver au ciel, n'est-ce pas là un bon voyage ? n'est-ce pas avoir du bonheur ? Qu'en dis-tu, Samdadchiemba ? — Moi, je n'ai jamais eu peur de la mort ; si on me demande si je suis chrétien, vous verrez si je tremble ! »

Ces excellentes dispositions de Samdadchiemba nous remplirent le cœur de joie, et dissipèrent complètement l'impression fâcheuse que cette mésaventure nous avait occasionnée. Nous fûmes un instant sur le point de prévoir les questions qu'on nous adresserait, et les réponses que nous aurions à y faire ; mais nous repoussâmes ce conseil de la prudence humaine. Nous pensâmes que le moment était venu de nous en tenir strictement à ces paroles que Notre-Seigneur adressait à ses disciples : *Quand on vous conduira aux synagogues, aux magistrats et aux puissances, ne soyez point en peine de quelle manière vous répondrez, etc.* — Il fut seulement convenu qu'on saluerait le Mandarin à la française, et qu'on ne se mettrait pas à genoux en sa présence. Nous pensâmes que, lorsqu'on a l'honneur d'être chrétien, missionnaire et Français, on peut sans orgueil se tenir debout devant un Chinois quelconque.

Après quelques moments d'antichambre, un jeune Chinois élégamment vêtu et plein de gracieuses manières, vint nous annoncer que Ki-Chan, grand ambassadeur du grand empereur de Chine, nous attendait pour nous interroger. Nous suivîmes cet aimable appariteur, et nous fûmes introduits dans une salle ornée à la chinoise, où Ki-Chan était assis sur une estrade haute de trois pieds et recouverte de drap rouge. Devant lui était une petite table en laque noire, où l'on voyait une écritoire, des pinceaux, quelques feuilles de papier et un vase en argent rempli de tabac à priser. Au-dessous de l'estrade, étaient quatre scribes, deux à droite et deux à gauche ; le reste de la salle était occupé par un grand nombre de Chinois et de Thibétains, qui avaient mis leurs beaux habits pour assister à la représentation.

Ki-Chan, quoique âgé d'une soixantaine d'années, nous parut plein de force et de vigueur. Sa figure est, sans contredit, la plus noble, la plus gracieuse et la plus spirituelle que nous ayons jamais rencontrée parmi les Chinois. Aussitôt que nous lui eûmes tiré notre chapeau, en lui faisant une cour-

bette de la meilleure façon qu'il nous fût possible.
— « C'est bien, c'est bien, nous dit-il, suivez vos
usages ; on m'a dit que vous parliez correctement
le langage de Péking, je désire causer un instant
avec vous. — Nous commettons beaucoup de fautes
en parlant, mais ta merveilleuse intelligence saura
suppléer à l'obscurité de notre parole. — En vérité,
voilà du pur Pékinois ! vous autres Français, vous
avez une grande facilité pour toutes les sciences ;
vous êtes Français, n'est-ce pas ? — Oui, nous
sommes Français. — Oh ! je connais les Français ;
autrefois il y en avait beaucoup à Péking, j'en voyais
quelques-uns. — Tu as dû en connaître aussi à Canton,
quand tu étais commissaire impérial... » Ce souvenir
fit froncer le sourcil à notre juge ; il puisa dans
sa tabatière une abondante prise de tabac, et le re-
nifla de très mauvaise humeur. — « Oui, c'est vrai,
j'ai vu beaucoup d'Européens à Canton... Vous êtes
de la religion du Seigneur du ciel, n'est-ce pas ?—
Certainement ; nous sommes même prédicateurs de
cette religion. — Je le sais, je le sais ; vous êtes,
sans doute, venus ici pour prêcher cette religion ?
— Nous n'avons pas d'autre but. — Avez-vous déjà
parcouru un grand nombre de pays ? — Nous avons
parcouru toute la Chine, toute la Tartarie et maintenant, nous voici dans la capitale du Thibet. —
Chez qui avez-vous logé quand vous étiez en Chine ?
— Nous ne répondons pas à des questions de ce genre.
— Et si je vous le commande ? — Nous ne pourrons
pas obéir... » Ici, le juge dépité frappa un rude coup de
poing sur la table. — « Tu sais, lui dîmes-nous, que les
chrétiens n'ont pas peur ; pourquoi donc chercher à
nous intimider ? — Où avez-vous appris le chinois ?—
En Chine. — Dans quel endroit ? — Un peu partout.
— Et le tartare, le savez-vous ? où l'avez-vous appris ?
— En Mongolie, dans la Terre des herbes.

Ki-Chan terrifie Samdadchiemba.

Après quelques autres questions insignifiantes, Ki-Chan nous dit que nous devions être fatigués, et nous invita à nous asseoir. Changeant ensuite brusquement de ton et de manière, il s'adressa à Samdadchiemba, qui, le poing sur la hanche, s'était tenu debout un peu derrière nous. — « Et toi, lui dit-il d'une voix sèche et courroucée, d'où es-tu?— Je suis du *Ki-Tou-Sse*. — Qu'est-ce que c'est que ce Ki-Tou-Sse? qui est-ce qui connaît cela? — Ki-Tou-Sse est dans le *San-Tchouen*. — Ah! tu es du San-Tchouen, dans la province du *Kan-Sou!*... Enfant de la nation centrale, à genoux! » Samdadchiemba pâlit, son poing se détacha de la hanche, et son bras glissa modestement le long de la cuisse... « A genoux! répéta le Mandarin d'une voix vibrante. — Samdadchiemba tomba à genoux, en disant : A genoux, debout ou assis, ces positions me sont à peu près indifférentes : un homme de peine et de fatigue, comme moi, n'est pas accoutumé à ses aises. — Ah! tu es du Kan-Sou, dit le juge, en aspirant de grosses prises de tabac, ah! tu es du Kan-Sou, tu es un enfant de la nation centrale! C'est bien... Dans ce cas, c'est moi qui vais te traiter; ton affaire me regarde. Enfant de la nation centrale, réponds à ton père et mère, et garde-toi d'éparpiller des mensonges. Où as-tu rencontré ces deux étrangers? comment t'es-tu attaché à leur service? » — Samdadchiemba fit avec beaucoup d'aplomb une longue histoire de sa vie, qui parut assez intéresser l'auditoire ; puis il raconta comment il nous avait connus en Tartarie, et quels avaient été les motifs qui l'avaient porté à nous suivre. Notre jeune néophyte parla avec dignité, mais surtout avec une prudence à laquelle nous nous attendions peu. — « Pourquoi es-tu entré dans la religion du Seigneur du ciel? ne sais-tu pas que le grand Empereur le défend? — *Le tout petit* (1) est entré dans cette religion, parce qu'elle est la seule véritable. Comment aurais-je pu croire que le grand Empereur proscrivait une religion qui ordonne de faire le bien et d'éviter le mal? — C'est vrai, la religion du Seigneur du ciel est sainte ; je la connais. Pourquoi t'es-tu mis au service des étrangers? ne sais-tu pas que les lois le défendent? — Est-ce qu'un ignorant comme moi peut savoir qui est étranger, ou qui ne l'est pas? Ces hommes ne m'ont jamais fait que du bien, ils m'ont toujours exhorté à la pratique de la vertu ; pourquoi ne les aurais-je pas suivis? — Combien te donnent-ils pour ton salaire? — Si je les accompagne, c'est pour sauver mon âme, et non pas pour gagner de l'argent. Mes maîtres ne m'ont jamais laissé manquer ni de riz ni de vêtements ; cela me suffit. — Es-tu marié? — Ayant été Lama avant d'entrer dans la religion du Seigneur du ciel, je n'ai jamais été marié... » Le juge adressa ensuite, en riant, une question inconvenante à Samdadchiemba, qui baissa la tête et garda le silence. L'un de nous se leva alors, et dit à Ki-Chan : « Notre religion défend non seulement de commettre des actions impures, mais encore d'y penser et d'en parler ; il ne nous est pas même permis de prêter l'oreille aux propos déshonnêtes. » Ces paroles, prononcées avec calme et gravité, firent monter, à la figure de Son Excellence l'ambassadeur de Chine, une légère teinte de rougeur. — « Je le sais, dit-il, je le sais, la religion du Seigneur du ciel est sainte ; je la connais, j'ai lu ses livres de doctrine ; celui qui suivrait fidè-

(1) *Siao-li*, expression dont se servent les Chinois, lorsqu'ils parlent d'eux-mêmes en présence des Mandarins.

lement tous ses enseignements serait un homme irréprochable... Il fit signe à Samdadchiemba de se lever ; puis se tournant vers nous : « Il est déjà nuit, dit-il ; vous devez être fatigués ; il est temps de prendre le repas du soir ; allez, demain, si j'ai besoin de vous, je vous ferai appeler. »

Bienveillance du Régent.
Nous soupons et couchons à son palais.

L'ambassadeur Ki-Chan avait parfaitement raison ; il était fort tard, et les diverses émotions qui nous avaient été ménagées pendant la soirée n'avaient été capables, en aucune façon, de nous tenir lieu de souper. En sortant du prétoire sinico-thibétain, nous fûmes accostés par un vénérable Lama, qui nous donna avis que le premier Kalon nous attendait. Nous traversâmes la cour illuminée par quelques lanternes rouges ; nous allâmes prendre à droite un escalier périlleux, dont nous montâmes les degrés en nous tenant prudemment accrochés à la robe de notre conducteur ; puis, après avoir longé une longue terrasse, en marchant à la lueur douteuse des étoiles du firmament, nous fûmes introduit chez le Régent. L'appartement, vaste et élevé, était splendidement éclairé au beurre ; les murs, le plafond, le plancher même, tout était chargé de dorures et de couleurs éblouissantes. Le Régent était seul ; il nous fit asseoir tout près de lui sur un riche tapis, et essaya de nous exprimer par ses paroles, et plus encore par ses gestes, combien il s'intéressait à nous. Nous comprîmes surtout très clairement qu'on s'occupait de ne pas nous laisser mourir de faim. Notre pantomime fut interrompue par l'arrivée d'un personnage qui laissa en rentrant ses souliers à la porte ; c'était le gouverneur des

Musulmans kachemiriens. Après avoir salué la compagnie, en portant la main au front, et en prononçant la formule « *Salamalek* », il alla s'appuyer contre une colonne, qui s'élevait au milieu de la salle, et paraissait en soutenir la charpente. Le gouverneur musulman parlait très bien la langue chinoise ; le Régent l'avait fait appeler pour servir d'interprète. Aussitôt après son arrivée, un domestique plaça devant nous une petite table, et on nous servit à souper aux frais du gouvernement thibétain. Nous ne dirons rien pour le moment de la cuisine du Régent ; d'abord, parce que le grand appétit dont nous étions dévorés ne nous permit pas de faire une attention suffisante à la qualité des mets ; en second lieu, parce que ce jour-là, nous avions l'esprit beaucoup plus tourné à la politique qu'à la gastronomie. Nous nous aperçûmes cependant que Samdadchiemba n'était pas là, et nous demandâmes ce qu'on en avait fait. — « Il est avec mes domestiques, nous répondit le Régent ; soyez sans inquiétude sur son compte, rien ne lui manquera. »

Pendant et après le repas, il fut beaucoup question de la France et des pays que nous avions parcourus. Le Régent nous fit ensuite admirer les tableaux de peinture qui décoraient son appartement, et nous demanda si nous serions capables d'en faire autant. — « Nous ne savons pas peindre, lui répondîmes-nous ; l'étude et la prédication de la doctrine de Jéhovah est la seule chose qui nous occupe. — Oh ! ne dites pas que vous ne savez pas peindre ; je sais que les hommes de votre pays sont très habiles dans cet art. — Oui, ceux qui en font un état, mais les ministres de la religion ne sont pas dans l'usage de s'en occuper. — Quoique vous ne soyez pas spécialement adonnés à cet art, cependant vous ne l'ignorez pas tout à fait... ; vous savez bien, sans doute, tracer des cartes de géographie ? — Non, nous ne le savons pas. — Comment, dans vos voyages vous n'avez jamais dessiné, vous n'avez fait aucune carte ? — Jamais. — Oh ! c'est impossible !... » La persistance du Régent à nous questionner sur un semblable sujet nous donna à penser. Nous lui exprimâmes l'étonnement que nous causaient toutes ces demandes. — « Je vois, dit-il, que vous êtes des hommes pleins de droiture, je vais donc vous parler franchement. Vous savez que les Chinois sont soupçonneux ; puisque vous êtes restés longtemps en Chine, vous devez les connaître aussi bien que moi ; ils sont persuadés que vous parcourez les royaumes étrangers pour tracer des cartes et explorer tous les pays. Si vous dessinez, si vous faites des cartes de géographie, vous pouvez me l'avouer sans crainte ; comptez sur ma protection... » Évidemment, le Régent avait peur d'un envahissement ; il se figurait, peut-être, que nous étions chargés de préparer les voies à quelque armée formidable, prête à fondre sur le Thibet. Nous tâchâmes de dissiper ses craintes, et de l'assurer des dispositions extrêmement pacifiques du gouvernement français. Nous lui avouâmes que, cependant, parmi nos effets, il se trouvait un grand nombre de dessins et de cartes géographiques, que nous avions même une carte du Thibet... A ces mots, la figure du Régent se contracta subitement... Mais nous nous hâtâmes d'ajouter, pour le rassurer, que tous nos dessins et cartes de géographie étaient imprimés, et que nous n'en étions pas les auteurs. Nous prîmes de là occasion de parler au Régent et au gouverneur kachemirien des connaissances géographiques des Européens. Ils furent fort étonnés, quand nous leur dîmes que, parmi nous, les enfants de dix ou douze ans avaient une idée exacte et complète de tous les royaumes de la terre.

La conversation se prolongea bien avant dans la nuit. Le Régent se leva enfin, et nous demanda si nous n'éprouvions pas le besoin de prendre un peu de repos. — « Nous n'attendions, lui répondîmes-nous, pour rejoindre notre demeure, que la permission du Kalon. — Votre demeure? mais j'ai donné ordre de vous préparer une chambre dans mon palais, vous coucherez ici cette nuit ; demain, vous retournerez à votre maison... » Nous voulûmes nous excuser, et remercier le Régent de sa bienveillante attention ; mais nous nous aperçûmes bientôt que nous n'étions pas libres de refuser ce que nous avions eu la bonhomie de prendre pour une politesse. Nous étions tout bonnement prisonniers. Nous saluâmes le Régent un peu froidement, et nous suivîmes un individu, qui, après nous avoir fait traverser un grand nombre de chambres et de corridors, nous introduisit dans une espèce de cabinet, auquel nous avons bien le droit de donner le nom de prison, puisqu'il ne nous était pas permis d'en sortir pour aller ailleurs.

Indiscrète curiosité des gens du palais.

On nous avait préparé deux couchettes, qui, sans contredit, valaient infiniment mieux que les nôtres. Cependant nous regrettâmes nos pauvres grabats, où nous avions goûté si longtemps un sommeil libre et indépendant, durant nos grandes courses à travers le désert. Des Lamas et des serviteurs du Régent arrivèrent en foule pour nous visiter. Ceux qui étaient déjà couchés se relevèrent, et on entendit bientôt dans ce vaste palais, naguère si silencieux et si calme, les portes s'ouvrir et se refermer, et les pas précipités des curieux retentir dans tous les corridors. On se pressait autour de nous, et on nous examinait avec une insupportable avidité. Dans tous ces regards, qui se croisaient sur nous de tous côtés, il n'y avait ni sympathie ni malveillance ; ils exprimaient seulement une plate curiosité. Pour tous ces individus qui nous entouraient, nous n'étions rien de plus qu'une sorte de phénomène zoologique. O qu'il est dur d'être ainsi donné en spectacle à une multitude indifférente !

Lorsque nous jugeâmes que ces importuns avaient suffisamment regardé et chuchoté, et qu'ils devaient se trouver satisfaits, nous les avertîmes que nous allions nous mettre au lit, et qu'ils nous feraient un plaisir extrême s'ils voulaient bien se retirer. Tout le monde nous fit une inclination de tête, quelques-uns même nous tirèrent la langue ; mais personne ne bougea. Il était évident qu'on avait envie de savoir comment nous allions nous y prendre pour nous coucher. Ce désir nous parut quelque peu déplacé, cependant nous crûmes devoir le tolérer jusqu'à un certain point. Nous nous mîmes donc à genoux, nous fîmes le signe de la croix, et nous récitâmes à haute voix notre prière du soir. Aussitôt que nous eûmes commencé, les chuchotements cessèrent, et on garda un silence religieux. Quand la prière fut terminée, nous invitâmes de nouveau les assistants à nous laisser seuls, et afin de donner un peu d'efficatité à nos paroles, nous soufflâmes immédiatement le luminaire de notre chambre. Le public, plongé tout à coup dans une obscurité profonde, prit le parti de rire et de se retirer à tâtons. Nous poussâmes la porte de notre prison, et nous nous couchâmes.

Aussitôt que nous fûmes étendus sur les lits du premier Kalon, nous nous trouvâmes beaucoup mieux disposés à causer qu'à dormir. Nous éprouvâmes un certain plaisir à récapituler les aventures de la journée. Les prétendus commerçants qui voulaient nous acheter nos selles de cheval, notre comparution devant le Régent, l'interrogatoire que nous avait fait subir l'ambassadeur Ki-Chan, notre souper aux frais du trésor public, nos longs entretiens avec le Régent : tout cela nous paraissait une fantasmagorie. Il nous semblait que notre journée tout entière n'avait été qu'un long cauchemar. Notre voyage même, notre arrivée à Lha-Ssa, tout nous semblait incroyable. Nous nous demandions s'il était bien vrai que nous, Missionnaires, nous, Français, nous fussions réellement dans les États du Talé-Lama, dans la capitale du Thibet, couchés dans le palais même du Régent ! Tous ces événements, passés et présents, se heurtèrent dans notre tête. L'avenir surtout nous apparaissait enveloppé de noirs et épais nuages. Comment tout cela va-t-il finir? Nous dira-t-on : Vous êtes libres ; allez où il vous plaira? Nous laissera-t-on croupir dans cette prison? ou bien va-t-on nous y étrangler? Ces réflexions étaient bien faites pour froisser le cœur, et donner un peu de migraine. Mais que la confiance en Dieu est une bonne chose au milieu des épreuves ! Comme on est heureux de pouvoir s'appuyer sur la Providence, alors qu'on se trouve seul, abandonné et privé de tout secours ! O ! nous disions-nous l'un à l'autre, soyons résignés à tout, et comptons sur la protection du bon Dieu. Pas un cheveu ne tombera de notre tête sans sa permission.

Visite du gouverneur des Katchi.

Nous nous endormîmes, dans ces pensées, d'un sommeil peu profond et souvent interrompu. Aussitôt que les premières lueurs du jour commencèrent à paraître, la porte de notre cellule s'ouvrit tout doucement, et nous vîmes entrer le gouverneur des Katchi. Il vint s'asseoir à côté de nous, entre nos deux couchettes, et nous demanda, d'un ton bienveillant et affectueux, si nous avions passé une assez bonne nuit. Il nous offrit ensuite une petite corbeille de gâteaux faits dans sa famille, et de fruits secs venus de Ladak. Cette attention nous toucha profondément ; ce fut comme si nous venions de faire la rencontre d'un ami sincère et dévoué.

Le gouverneur des Katchi était âgé de trente-deux ans ; sa figure, pleine de noblesse et de majesté, respirait en même temps une bonté et une franchise bien capables d'attirer notre confiance. Son regard, ses paroles, ses manières, tout en lui semblait nous exprimer combien vivement il s'intéressait à nous. Il était venu pour nous mettre au courant de ce qui aurait lieu pendant la journée, à notre sujet. — « Dans la matinée, nous dit-il, l'autorité thibétaine se rendra avec vous dans votre demeure. On mettra le scellé sur tous vos effets, puis on les transportera au tribunal, où ils seront examinés, en votre présence, par le Régent et l'ambassadeur chinois. Si vous n'avez pas dans vos malles des cartes de géographie autographes, vous pouvez être tranquilles : on vous laissera en paix. Si au contraire vous en avez, vous ferez bien de me prévenir d'avance, parce que nous pourrions, dans ce cas, trouver quelque moyen d'arranger l'affaire. Je suis très lié avec le Régent (il nous avait été, en effet, facile de le remarquer la veille pendant notre souper), c'est lui-même qui m'a chargé de venir vous faire cette confidence... » Et il ajouta ensuite, en baissant la voix, que toutes ces tracasseries nous étaient suscitées par les Chinois, contre la volonté du gouvernement thibétain. Nous répondîmes au gouverneur des Katchi, que nous n'avions aucune carte de géographie autographe. Puis, nous lui parlâmes en détail de tous les objets qui étaient renfermés dans nos deux malles. — « Puisqu'on doit aujourd'hui en faire la visite, tu jugeras par toi-même si nous sommes des gens qu'on peut croire, quand ils avancent quelque chose. La figure du Musulman s'épanouit. — Vos paroles, nous dit-il, me rassurent complètement. Parmi les objets dont vous m'avez parlé, il n'y a rien qui puisse vous compromettre. Les cartes de géographie sont très redoutées dans ce pays. On en a une peur extrême, surtout depuis l'affaire d'un certain Anglais nommé Moorcroft, qui s'était introduit à Lha-Ssa, où il se faisait passer pour Kachemirien. Après y avoir séjourné pendant douze ans, il est reparti ; mais il a été assassiné sur la route de Ladak. Parmi ses effets, on a trouvé une nombreuse collection de cartes de géographie et de dessins qu'il avait composés pendant son séjour à Lha-Ssa. Cet événement a rendu les autorités chinoises très soupçonneuses à ce sujet. Puisque vous autres vous ne faites pas de cartes de géographie, c'est bien. Je vais rapporter au Régent ce que vous m'avez dit. »

Nous profitâmes du départ du gouverneur des Katchi pour nous lever, car nous étions restés couchés, sans façon, pendant sa longue visite. Après avoir fait notre prière du matin, et avoir, de notre mieux, préparé nos cœurs à la patience et à la résignation, nous dégustâmes le déjeuner que le Régent venait de nous faire servir. C'était un plat de petits pains farcis de cassonade et de viande hachée, puis un pot de thé richement beurré. Nous fîmes honneur, plus volontiers, aux gâteaux et aux fruits secs que nous avait apportés le gouverneur des Katchi.

On pose le scellé sur notre bagages.

Trois Lamas-huissiers ne tardèrent pas à venir nous signifier l'ordre du jour, portant qu'on allait procéder à la visite de notre bagage. Nous nous inclinâmes respectueusement devant les ordres de l'autorité thibétaine, et nous nous dirigeâmes vers notre domicile, accompagnés d'une nombreuse escorte. Depuis le palais du Régent jusqu'à notre habitation, nous remarquâmes sur notre passage une grande agitation. On balayait les rues, on enlevait les immondices avec empressement, et on tapissait le devant des maisons avec de grandes bandes de *poulou*, jaune et rouge. Nous nous demandions ce que signifiait tout cela, pour qui toutes ces démonstrations d'honneur et de respect..., lorsque nous entendîmes retentir derrière nous de vives acclamations. Nous tournâmes la tête, et nous reconnûmes le Régent. Il s'avançait, monté sur un magnifique cheval blanc, et entouré de nombreux cavaliers. Nous arrivâmes presque en même temps que lui à notre logis. Nous ouvrîmes le cadenas qui en fermait la porte, et nous priâmes le Régent de vouloir bien nous faire l'honneur d'entrer dans les appartements des Missionnaires français.

Samdadchiemba, que nous n'avions pas revu depuis l'audience de l'ambassadeur chinois, se trouvait aussi au rendez-vous. Il était complètement stupéfait, car il ne comprenait rien du tout à ces opérations. Les domestiques du Régent, avec lesquels il avait passé la nuit, n'avaient pu le mettre au courant des affaires. Nous lui dîmes un mot pour le rassurer, et lui donner à entendre qu'on n'allait pas tout de suite nous martyriser.

Le Régent s'assit, au milieu de notre chambre, sur un siège doré, qu'on avait eu soin de prendre au palais ; puis il nous demanda si ce qu'il voyait dans notre demeure était tout notre avoir. — « Oui, voilà tout ce que nous possédons, ni plus ni moins. Voilà toutes nos ressources pour nous emparer du

Thibet. — Il y a de la malice dans vos paroles, dit le Régent. Je n'ai jamais pensé que vous fussiez des gens si redoutables... Qu'est-ce que c'est que cet objet? ajouta-t-il, en nous montrant un crucifix que nous avions placé au mur. — Ah! si tu connaissais bien cet objet, tu ne dirais pas que nous sommes peu redoutables. C'est avec cela que nous voulons nous rendre maîtres de la Chine, de la Tartarie et du Thibet. » Le Régent se mit à rire, car il ne vit qu'une plaisanterie dans nos paroles, pourtant si vraies et si sérieuses.

Un scribe s'accroupit aux pieds du Régent, et fit l'inventaire de nos malles, de nos guenilles et de notre batterie de cuisine. On apporta une lampe allumée ; le Régent tira d'une petite bourse, suspendue à son cou, un sceau en or, qu'on apposa sur tout notre bagage. Rien ne fut épargné ; nos vieilles bottes, les clous même de notre tente de voyage, tout fut barbouillé de cire rousse, et marqué solennellement au cachet du Talé-Lama.

Quand cette longue cérémonie fut terminée, le Régent nous avertit qu'il fallait se rendre au tribunal. On alla donc aussitôt chercher des portefaix, ce qui demanda fort peu de temps. Un Lama de la police n'eut qu'à se présenter dans la rue et sommer, au nom de la loi, les passants, hommes, femmes ou enfants, d'entrer immédiatement dans la maison pour prendre part à un labeur gouvernemental. A Lha-Ssa, le système des corvées est dans un état prospère et florissant. Les Thibétains s'y prêtent gaiement, et de la meilleure grâce du monde.

Lorsque la gent corvéable fut arrivée en nombre suffisant, on lui distribua toutes nos possessions ; on fit dans nos appartements un vide complet, et on se mit ensuite pompeusement en route pour le tribunal. Un cavalier thibétain, le sabre au poing et un fusil en bandoulière, ouvrait la marche ; venait ensuite la troupe des portefaix, s'avançant entre deux lignes de Lamas-satellites ; le Régent, monté sur son cheval blanc, et entouré de quelques cavaliers d'honneur, suivait nos bagages ; enfin, derrière le Régent, marchaient les deux pauvres Missionnaires français, auxquels une grande multitude de curieux formait un cortège peu agréable. Notre allure n'était pas fière. Conduits comme des malfaiteurs, ou du moins comme des gens suspects, nous n'avions qu'à baisser les yeux, et qu'à traverser modestement la foule nombreuse qui se précipitait sur notre passage. Une pareille position était, sans doute, bien pénible et bien humiliante ; mais la pensée de notre divin Sauveur, traîné au prétoire à travers les rues de Jérusalem, était bien capable d'adoucir l'amertume dont nous étions abreuvés. Nous le priâmes de sanctifier nos humiliations par les siennes, et de les accepter en souvenir de sa douloureuse passion.

Inventaire devant le Régent et Ki-Chan.
Cours de géographie.

Quand nous arrivâmes au tribunal, l'ambassadeur chinois, entouré de son état-major, était déjà à son poste. Le Régent lui dit : — « Tu veux examiner les effets de ces étrangers ; les voici, examine. Ces hommes ne sont ni si riches, ni si puissants que tu le prétends... » Il y avait du dépit dans les paroles du Régent ; et, au fond, il devait être un peu confus du rôle de gendarme qu'il venait de jouer. Ki-Chan nous demanda si nous n'avions que deux malles. — « Deux seulement, on a tout apporté ici ; dans notre maison, il ne reste plus un chiffon, plus un morceau de papier. — Qu'avez-vous dans ces deux malles? — Tiens, voilà les clefs ; ouvre-les, vide-les, examine à ton aise. » Ki-Chan rougit, et fit un mouvement en arrière. Sa délicatesse de Chinois parut s'indigner. — « Est-ce que ces malles m'appartiennent, nous dit-il avec émotion?... Est-ce que j'ai le droit de les ouvrir? Si ensuite il vous manquait quelque chose, que diriez-vous? — Ne crains rien ; notre religion nous défend de juger témérairement le prochain. — Ouvrez vous-mêmes vos malles... Je veux savoir ce qu'il y a ; c'est mon devoir. Mais vous seuls avez le droit de toucher à ce qui vous appartient. »

Nous fîmes sauter le sceau du Talé-Lama, le cadenas fut enlevé ; et ces deux malles, que tout le monde perçait des yeux depuis longtemps, furent enfin ouvertes à tous les regards. Nous retirâmes tous les objets les uns après les autres, et nous les étalâmes sur une grande table. D'abord, parurent quelques volumes français et latins, puis des livres chinois et tartares, des linges d'église, des ornements, des vases sacrés, des chapelets, des croix, des médailles, et une magnifique collection de lithographies. Tout le monde était en comtemplation devant ce petit musée européen. On ouvrait de grands yeux, on se poussait du coude, on faisait claquer les langues en signe d'admiration. Jamais personne n'avait rien vu de si beau, de si riche, de si merveilleux. Tout ce qui brillait blanc, était de l'argent ; tout ce qui brillait jaune, était de l'or. Toutes les physionomies s'épanouirent, et on parut oublier complètement que nous étions des gens suspects et dangereux. Les Thibétains nous tiraient la langue, en se grattant l'oreille, et les Chinois nous faisaient les courbettes les plus sentimentales. Notre sac de médailles principalement faisait tournoyer les yeux dans toutes les têtes. On avait l'air d'espérer, qu'avant de quitter le prétoire, nous ferions au public une large distribution de ces brillantes pièces d'or.

Le Régent et Ki-Chan, dont les âmes étaient plus élevées que celles du vulgaire, et qui certainement ne convoitaient pas notre trésor, n'en avaient pas moins oublié leur rôle de juges. La vue de nos belles images coloriées les mettait tout hors d'eux-mêmes. Le Régent tenait les mains jointes, et regardait fixement et la bouche entr'ouverte, pendant que Ki-Chan pérorait, faisait le savant, et démontrait à l'auditoire comme quoi les Français étaient les artistes les plus distingués qu'il y eût au monde. Autrefois, disait-il, il avait connu à Péking un Missionnaire français qui tirait des portraits dont la ressemblance faisait peur. Il tenait son papier caché dans la manche de sa robe, saisissait les traits comme à la dérobée, et dans l'espace d'une pipe de tabac tout était terminé. Ki-Chan nous demanda si nous n'avions pas des montres, des longues-vues, des lanternes magiques, etc., etc... Nous ouvrîmes alors une petite boîte que personne n'avait encore remarquée, et qui contenait un microscope. Nous en ajustâmes les diverses parties, et chacun n'eut plus d'yeux que pour cette singulière machine en or pur, et qui, sans contredit, allait opérer des choses étonnantes. Ki-Chan était le seul qui comprît ce que c'était qu'un microscope. Il en donna l'explication au public, avec beaucoup de prétention et de vanité. Puis il nous pria de placer quelque animalcule à l'objectif... Nous regardâmes Son Excellence du coin de l'œil, puis nous démontâmes le microscope pièce à pièce, et nous le casâmes dans sa boîte. — « Nous pensions, dîmes-nous à Ki-Chan, sur un ton tout à fait parlementaire, nous pensions être venus ici pour subir un jugement, et non pas pour jouer la comédie. — Quel jugement a-t-on à faire? dit-il, en se redressant vivement. Nous avons voulu visiter vos effets, savoir au juste qui vous êtes, et voilà tout. — Et les cartes de géographie, tu n'en parles pas? — Oui, oui ; c'est le point important ; où sont vos cartes de géographie? — Les voilà ; et nous déployâmes les trois cartes que nous avions, savoir : une mappemonde, une terre-plate d'après la projection de Mercator, et un Empire chinois. L'apparition de ces cartes fut pour le Régent comme un coup de foudre. Le pauvre homme changea de couleur trois ou quatre fois dans l'espace d'une minute, comme si nous eussions déployé notre arrêt de mort. — Nous sommes heureux, dîmes-nous à Ki-Chan, de te rencontrer dans ce pays. Si, par malheur, tu n'étais pas ici, il nous serait impossible de convaincre les autorités thibétaines que nous n'avons pas nous-mêmes tracé ces cartes. Mais pour un homme instruit comme toi, pour un homme si bien au courant des choses de l'Europe, il est facile de voir que ces cartes ne sont pas notre ouvrage. — Ki-Chan parut extrêmement flatté du compliment. — C'est évident, dit-il ; au premier coup d'œil, on voit que ces cartes sont imprimées. Tiens, regarde, dit-il au Régent ; ces cartes n'ont pas été faites par ces hommes ; elles ont été imprimées dans le royaume de France. Toi, tu ne sais pas distinguer cela ; mais moi, je suis accoutumé depuis longtemps aux objets venus du ciel d'Occident. » Ces paroles produisirent sur le Régent un effet magique ; sa figure se dilata ; il nous regarda avec des yeux où brillait le contentement, et il nous fit gracieusement un signe de tête, comme pour nous dire : C'est bien, vous êtes de braves gens.

Il était impossible de passer outre, sans faire un peu de géographie. Nous nous prêtâmes charitablement aux désirs que nous manifestèrent le Régent et l'ambassadeur chinois. Nous leur indiquâmes du doigt, sur la terre-plate de Mercator, la Chine, la Tartarie, le Thibet et toutes les autres contrées du globe. Le Régent fut anéanti en voyant combien nous étions éloignés de notre patrie, et quelle longue route nous avions été obligés de faire, sur mer et sur terre, pour venir lui faire une visite dans la capitale du Thibet. Il nous regardait avec stupéfaction ; puis il levait le pouce de la main droite, en nous disant : — Vous êtes des hommes comme cela... Ce qui voulait dire, dans la langue figurée des Thibétains : Vous êtes des hommes au superlatif. Après avoir reconnu les points principaux du Thibet, le Régent nous demanda où était *Calcutta*. — « Voilà, lui dîmes-nous, en lui indiquant un tout petit rond sur les bords de la mer. — Et Lha-Ssa? où est donc Lha-Ssa? — Le voici... Les yeux et le doigt du Régent se promenèrent un instant de Lha-Ssa à Calcutta, et de Calcutta à Lha-Ssa. — Les Pélins de Calcutta sont bien près de nos frontières, dit-il en faisant la grimace et en branlant la tête... Peu importe, ajouta-t-il ensuite, voici les monts Himalaya ! »

Le cours de géographie étant terminé, les cartes furent repliées et mises dans leurs étuis respectifs, et on passa aux objets de religion. Ki-Chan en savait assez long là-dessus. Lorsqu'il était vice-roi de la province du Pé-Tche-Ly, il avait suffisamment persécuté les chrétiens, pour avoir eu de nombreuses occasions de se familiariser avec tout ce qui a rapport au culte catholique ; aussi, ne manqua-t-il pas de faire le connaisseur. Il expliqua les images, les vases sacrés, les ornements ; il sut même dire que, dans la boîte aux saintes huiles, il y avait un remède fameux pour les moribonds. Pendant toutes ces explications, le Régent était préoccupé et distrait ; ses yeux se tournaient incessamment vers un grand fer à hosties. Ces longues pinces terminées par deux larges lèvres, paraissaient agir fortement sur son imagination ; il nous interrogeait des yeux, et semblait nous demander si cet affreux instrument n'était pas quelque chose comme une machine infernale. Il ne fut rassuré qu'après avoir vu quelques hosties que nous tenions renfermées dans une boîte. Alors, seulement, il comprit l'usage de cette étrange machine.

Notre aventure tourne bien.

Nous réintégrons notre domicile.

Le bonhomme de Régent était tout rayonnant de joie et tout triomphant, de voir que, parmi nos effets, on n'avait rien trouvé qui pût nous compromettre. — « Hé bien, dit-il à l'ambassadeur chinois, avec un ton plein de malice, que penses-tu de ces hommes? Que faut-il en faire? — Ces hommes sont Français, ils sont ministres de la religion du Seigneur du ciel, ce sont de braves gens ; il faut les laisser en paix... » Ces paroles flatteuses furent accueillies dans la salle par un léger murmure d'approbation, et les deux Missionnaires répondirent au fond du cœur : *Deo gratias!*

La gent corvéable s'empara de notre bagage, et nous retournâmes à notre logis avec une démarche sans doute plus alerte et plus dégagée que lorsque nous en étions partis. La nouvelle de notre réhabilitation s'était promptement répandue dans la ville, et le peuple thibétain accourait de toute part pour nous faire fête. On nous saluait avec empressement, et le nom Français était dans toutes les bouches. Dès ce moment, les Azaras blancs furent complètement oubliés.

Aussitôt que nous eûmes regarni nos appartements, nous distribuâmes quelques *tchang-ka* aux porteurs de nos effets, afin qu'ils pussent boire à notre santé un pot de petite bière thibétaine, et apprécier la magnanimité des Français qui ne font pas travailler le peuple gratis.

Délicats procédés du Régent.
Il nous alloue une de ses maisons.

Tout le monde étant parti, nous rentrâmes dans notre solitude accoutumée, et la solitude amenant la réflexion, nous nous avisâmes de deux choses très importantes : la première, que nous n'avions pas encore dîné, et la seconde, que nos deux coursiers n'étaient plus à leur râtelier. Pendant que nous songions aux moyens de faire promptement notre cuisine, et de découvrir ce qu'étaient devenus nos chevaux, nous vîmes apparaître au seuil de notre porte le gouverneur des Katchi qui nous tira de ce double embarras. Cet excellent homme ayant prévu que notre séance à la cour d'assises ne nous avait pas permis de faire bouillir notre marmite, arrivait suivi de deux domestiques portant une corbeille remplie de provisions. C'était un festin d'ovation qu'il nous avait préparé. — « Et nos chevaux, pourrais-tu nous en donner des nouvelles? Nous ne les voyons plus dans la cour. — J'allais vous en parler ; ils sont depuis hier soir dans les écuries du Régent. Pendant votre absence, ils n'ont enduré ni la faim ni la soif. J'ai ouï dire que vous étiez dans l'intention de les vendre... ; la chose est-elle vraie? — Oh oui, c'est vrai, ces animaux nous ruinent ; mais ils sont si maigres ! Qui voudrait les acheter à cette heure? — Le Régent désire les acheter. — Le Régent? — Oui, lui-même ; ne riez pas, ce n'est pas une plaisanterie... Combien en voulez-vous? — Oh ! ce qu'on voudra ! — Hé bien, vos chevaux sont achetés. » Et à ces mots, le Kachemirien déploya un petit paquet qu'il portait sous son bras, et posa sur le plancher deux lingots d'argent du poids de dix onces chaque. — Voilà, dit-il, le prix de vos deux chevaux. — Nous pensâmes que nos animaux, maigres et éreintés comme ils étaient, ne valaient pas cela, et nous le dîmes consciencieusement au gouverneur des Katchi ; mais il fut impossible de rien changer à cette affaire, qui avait été déjà conclue et arrêtée d'avance. Le Régent prétendait que nos chevaux, quoique maigres, étaient d'excellente race, puisqu'ils n'avaient pas succombé aux fatigues de notre long voyage. De plus, ils avaient à ses yeux une valeur exceptionnelle, parce qu'ils avaient parcouru de nombreuses contrées ; et surtout parce qu'ils avaient brouté les pâturages de *Kounboum*, patrie de *Tsong-Kaba*.

Vingt onces d'argent de plus dans notre maigre bourse, c'était une bonne fortune ; nous avions de quoi faire les généreux. Aussi, sans désemparer, nous prîmes un de ces lingots, et nous le plaçâmes sur les genoux de Samdadchiemba. — « Voilà pour toi, lui dîmes-nous ; tu en auras pour t'endimancher des pieds à la tête. » Samdadchiemba remercia froidement et maussadement ; puis les muscles de sa figure se détendirent, ses narines se gonflèrent, et sa large bouche se mit à sourire. Enfin il ne lui fut plus possible de comprimer sa joie ; il se leva, et fit deux ou trois fois sauter en l'air son lingot, en s'écriant : — Voilà un fameux jour !... Au fait, Samdadchiemba avait raison ; cette journée, si tristement commencée, avait été bonne au delà de ce que nous pouvions espérer. Nous avions maintenant à Lha-Ssa, une position honorable, et il allait enfin nous être permis de travailler librement à la propagation de l'Évangile.

La journée du lendemain fut encore plus heureuse que la précédente, et vint en quelque sorte mettre le comble à notre prospérité. Dans la matinée, nous nous rendîmes, accompagnés du gouverneur kachemirien, chez le Régent, auquel nous désirions exprimer notre gratitude pour les témoignages d'intérêt qu'il nous avait donnés. Nous fûmes accueillis avec bienveillance et cordialité. Le Régent nous dit, comme en confidence, que les Chinois étaient jaloux de nous voir à Lha-Ssa, mais que nous pouvions compter sur sa protection et séjourner librement dans le pays, sans que personne eût le droit de s'immiscer dans nos affaires. — « Vous êtes très mal logés, ajouta-t-il, votre chambre m'a paru sale, étroite et incommode ; je prétends que des étrangers comme vous, des hommes venus de si loin, se trouvent bien à Lha-Ssa. Est-ce que dans votre pays de France, on ne traite pas bien les étrangers? — On les traite à merveille. Oh ! si un jour tu pouvais y aller, tu verrais comme notre Empereur te recevrait ! — Les étrangers, ce sont des hôtes ; il vous faut donc abandonner la demeure que vous vous êtes choisie. J'ai donné ordre de vous préparer une demeure convenable dans une de mes maisons... » Nous acceptâmes avec empressement et reconnaissance une offre si bienveillante. Être logés commodément et gratis n'était pas chose à dédaigner dans notre position ; mais nous appréciâmes, surtout, l'avantage de pouvoir fixer notre résidence dans une maison même du Régent. Une faveur si signalée, une protection si éclatante de l'autorité thibétaine, ne pouvaient manquer de nous donner, auprès des habitants de Lha-Ssa, une grande influence morale, et de faciliter notre mission apostolique.

En sortant du palais, nous allâmes, sans perdre de temps, visiter la maison qui nous avait été assignée ; c'était superbe, c'était ravissant ! Le soir même nous opérâmes notre déménagement, et nous prîmes possession de notre nouvelle demeure.

Érection d'une chapelle. Prédication.
Conversion d'un médecin chinois.

Notre premier soin fut d'ériger dans notre maison une petite chapelle. Nous choisîmes l'appartement le plus vaste et le plus beau ; nous le tapissâmes aussi proprement qu'il nous fut possible, et ensuite nous l'ornâmes de saintes images. O ! comme notre âme fut inondée de joie, quand il nous fut enfin permis de prier publiquement au pied de la croix, au sein même de la capitale du Bouddhisme, qui, peut-être, n'avait jamais encore vu briller à ses yeux le signe de notre rédemption ! Quelle consolation pour nous, de pouvoir enfin faire retentir des paroles de vie aux oreilles de ces pauvres populations, assises depuis tant de siècles aux ombres de la mort ! Cette petite chapelle était à la vérité bien pauvre, mais pour nous elle était ce centuple que Dieu a promis à ceux qui renoncent à tout pour son service. Notre cœur était si plein, que nous crûmes n'avoir pas acheté trop cher le bonheur que nous goûtions, par deux années de souffrances et de tribulations à travers le désert.

Tout le monde, à Lha-Ssa, voulut visiter la chapelle des Lamas français ; plusieurs, après s'être contentés de nous demander quelques éclaircissements sur la signification des images qu'ils voyaient, s'en retournaient en remettant à une autre époque de s'instruire de la sainte doctrine de Jéhovah ; mais plusieurs aussi se sentaient intérieurement frappés, et paraissaient attacher une grande importance à l'étude des vérités que nous étions venus leur annoncer. Tous les jours ils se rendaient auprès de nous avec assiduité ; ils lisaient avec application le résumé de la doctrine chrétienne, que nous avions composé à la lamaserie de *Kounboum*, et nous priaient de leur enseigner les *véritables prières*.

Les Thibétains n'étaient pas les seuls à montrer du zèle pour l'étude de notre sainte religion. Parmi les Chinois, les secrétaires de l'ambassadeur Ki-Chan venaient souvent nous visiter, pour s'entretenir de la grande doctrine de l'Occident ; l'un d'entre eux à qui nous avions prêté plusieurs ouvrages chrétiens écrits en tartare-mantchou, s'était convaincu de la vérité du christianisme et de la nécessité de l'embrasser, mais il n'avait pas le courage de faire publiquement profession de la foi, tant qu'il serait attaché à l'ambassade ; il voulait attendre le moment où il serait libre de rentrer dans son pays. Dieu veuille que ses dispositions ne se soient pas évanouies !

Un médecin, originaire de la province du Yun-Nan, montra plus de générosité. Ce jeune homme, depuis son arrivée à Lha-Ssa, menait une vie si étrange, que tout le monde le nommait l'*Ermite chinois*. Il ne sortait jamais que pour aller voir ses malades, et ordinairement il ne se rendait que chez les pauvres. Les riches avaient beau le solliciter, il dédaignait de répondre à leurs invitations, à moins qu'il n'y fût forcé par la nécessité d'obtenir quelque secours ; car il ne recevait jamais rien des pauvres au service desquels il s'était voué. Le temps qui n'était pas absorbé par la visite des malades, il le consacrait à l'étude ; il passait même la majeure partie de la nuit sur ses livres. Il dormait peu, et ne prenait par jour qu'un seul repas de farine d'orge, sans qu'il lui arrivât jamais d'user de viande. Il n'y avait, au reste, qu'à le voir, pour se convaincre qu'il menait une vie rude et pénible : sa figure était d'une pâleur et d'une maigreur extrêmes ; et quoiqu'il fût âgé tout au plus d'une trentaine d'années, il avait les cheveux presque entièrement blancs.

Un jour, il vint nous voir pendant que nous récitions le bréviaire dans notre petite chapelle ; il s'arrêta à quelques pas de la porte, et attendit gravement et en silence. Une grande image coloriée, représentant le crucifiement, avait sans doute fixé son attention ; car aussitôt que nous eûmes terminé nos prières, il nous demanda brusquement et sans s'arrêter à nous faire les politesses d'usage, de lui expliquer ce que signifiait cette image. Quand nous eûmes satisfait à sa demande il croisa les bras sur sa poitrine, et sans dire un seul mot, il demeura immobile et les yeux fixés sur l'image du crucifiement ; il garda cette position pendant près d'une demi-heure ; ses yeux enfin se mouillèrent de larmes ; il étendit ses bras vers le Christ, puis tomba à genoux, frappa trois fois la terre de son front, et se releva en s'écriant : — Voilà le seul Bouddha que les hommes doivent adorer ! — Ensuite il se tourna vers nous, et après nous avoir fait une profonde inclination, il ajouta : — Vous êtes mes maîtres, prenez-moi pour votre disciple.

Tout ce que venait de faire cet homme, nous frappa étrangement ; nous ne pûmes nous empêcher de croire qu'un puissant mouvement de la grâce venait d'ébranler son cœur. Nous lui exposâmes brièvement les principaux points de la doctrine chrétienne ; et à tout ce que nous lui disions, il se contentait de répondre, avec une expression de foi vraiment étonnante : Je crois ! Nous lui présentâmes un petit crucifix en cuivre doré, et nous lui demandâmes s'il voudrait l'accepter. Pour toute réponse, il nous fit avec empressement une profonde inclination ; aussitôt qu'il eut le crucifix entre ses mains,

il nous pria de lui donner un cordon, et immédiatement il le suspendit à son cou ; il voulut ensuite
savoir quelle prière il pourrait réciter devant la
croix. — « Nous te prêterons, lui dîmes-nous, quelques
livres chinois, où tu trouveras des explications de
la doctrine et de nombreux formulaires de prières.
— Mes maîtres, c'est bien ;... mais je voudrais avoir
une prière courte, facile, que je puisse apprendre
à l'instant, et répéter souvent et partout. » Nous
lui apprîmes à dire : Jésus, sauveur du monde, ayez
pitié de moi. De peur d'oublier ces paroles, il les
écrivit sur un morceau de papier, qu'il plaça dans
une petite bourse suspendue à sa ceinture ; il nous
quitta en nous assurant que le souvenir de cette
journée ne s'effacerait jamais de sa mémoire.

Ce jeune médecin mit beaucoup d'ardeur à s'instruire des vérités de la religion chrétienne ; mais ce
qu'il y eut en lui de remarquable, c'est qu'il ne
chercha nullement à cacher la foi qu'il avait dans
le cœur. Quand il venait nous visiter, ou quand
nous le rencontrions dans les rues, il avait toujours
son crucifix qui brillait sur sa poitrine, et il ne manquait jamais de nous aborder en disant : « Jésus, sauveur du monde, ayez pitié de moi. » C'était la formule
qu'il avait adoptée pour nous saluer.

Conférences religieuses avec le Régent.

Pendant que nous faisions quelques efforts pour
répandre le grain évangélique parmi la population
de Lha-Ssa, nous ne négligeâmes pas de faire pénétrer cette divine semence jusque dans le palais
du Régent ; et ce ne fut pas sans l'espérance d'y
recueillir un jour une précieuse moisson. Depuis
l'espèce de jugement qu'on nous avait fait subir,
nos relations avec le Régent étaient devenues fré-

quentes, et en quelque sorte pleines d'intimité.
Presque tous les soirs, quand il avait terminé ses
travaux de haute administration, il nous faisait
inviter à venir partager avec lui son repas thibétain, auquel il avait soin de faire ajouter, à notre
intention, quelques mets préparés à la chinoise.
Nos entretiens se prolongeaient ordinairement bien
avant dans la nuit.

Le Régent était un homme d'une capacité remarquable ; issu d'une humble extraction, il s'était élevé
graduellement et par son propre mérite jusqu'à la
dignité de premier Kalon. Depuis trois ans seulement, il était parvenu à cette charge éminente ;
jusque-là il avait toujours rempli des fonctions pénibles et laborieuses ; il avait souvent parcouru, dans
tous les sens, les immenses contrées du Thibet, soit
pour faire la guerre ou négocier avec les États voisins, soit pour surveiller la conduite des Houtouktou placés au gouvernement des diverses provinces.
Une vie si active, si agitée, et en quelque sorte
incompatible avec l'étude, ne l'avait pas empêché
d'acquérir une connaissance approfondie des livres
lamaïques. Tout le monde s'accordait à dire que la
science des Lamas les plus renommés était inférieure
à celle du Régent. On admirait surtout l'aisance
avec laquelle il expédiait les affaires. Un jour, nous
nous trouvions chez lui, quand on lui apporta un
grand nombre de rouleaux de papier ; c'étaient les
dépêches des provinces ; une espèce de secrétaire
les déroulait les unes après les autres, et les lui
présentait à lire, en tenant un genou en terre. Le
Régent les parcourait rapidement des yeux, sans
pourtant interrompre la conversation qu'il avait
engagée avec nous. Au fur et à mesure qu'il avait
pris connaissance d'une dépêche, il saisissait son
style de bambou, et écrivait ses ordres au bas du

rouleau ; il expédia ainsi toutes ses affaires avec promptitude, et comme en se jouant. Nous ne sommes nullement compétent pour nous faire juge du mérite littéraire qu'on attribuait au premier Kalon ; il nous est seulement permis de dire que nous n'avons jamais vu d'écriture thibétaine aussi belle que la sienne.

Le Régent aimait beaucoup à s'occuper de questions religieuses, et le plus souvent elles faisaient la principale matière de nos entretiens. Au commencement, il nous dit ces paroles remarquables : « Tous vos longs voyages, vous les avez entrepris uniquement dans un but religieux ;... vous avez raison, car la religion est l'affaire importante des hommes ; je vois que les Français et les Thibétains pensent de même à ce sujet. Nous ne ressemblons nullement aux Chinois qui comptent pour rien les affaires de l'âme. Cependant, votre religion n'est pas la même que la nôtre ;... il importe de savoir quelle est la véritable. Nous les examinerons donc toutes les deux attentivement et avec sincérité ; si la vôtre est la bonne, nous l'adopterons ; comment pourrions-nous nous y refuser? Si, au contraire, c'est la nôtre, je crois que vous serez assez raisonnables pour la suivre. » Ces dispositions nous parurent excellentes ; nous ne pouvions, pour le moment, en désirer de meilleures.

Nous commençâmes par le christianisme. Le Régent, toujours aimable et poli dans les rapports qu'il avait avec nous, prétendit que, puisque nous étions ses hôtes, nos croyances devaient avoir l'honneur de la priorité. Nous passâmes successivement en revue les vérités dogmatiques et morales. A notre grand étonnement, le Régent ne paraissait surpris de rien. — « Votre religion, nous répétait-il sans cesse, est conforme à la nôtre ; les vérités sont les mêmes, nous ne différons que dans les explications. Parmi tout ce que vous avez vu et entendu dans la Tartarie et dans le Thibet, vous avez dû, sans doute, trouver beaucoup à redire ; mais il ne faut pas oublier que les erreurs et les superstitions nombreuses que vous avez remarquées, ont été introduites par les Lamas ignorants, et qu'elles sont rejetées par les Bouddhistes instruits. » Il n'admettait entre lui et nous que deux points de dissidence, l'origine du monde et la transmigration des âmes. Les croyances du Régent, bien qu'elles parussent quelquefois se rapprocher de la doctrine catholique, finissaient néanmoins par aboutir à un vaste panthéisme ; mais il prétendait que nous arrivions aussi aux mêmes conséquences, et il se faisait fort de nous en convaincre.

La langue thibétaine, essentiellement religieuse et mystique, exprime avec beaucoup de clarté et de précision toutes les idées qui touchent à l'âme humaine et à la Divinité. Malheureusement, nous n'avions pas un usage suffisant de cette langue, et nous étions forcés, dans nos entretiens avec le Régent, d'avoir recours au gouverneur kachemirien pour nous servir d'interprète ; mais comme il n'était pas lui-même très habile à rendre en chinois des idées métaphysiques, il nous était très souvent difficile de bien nous entendre. Un jour, le Régent nous dit : — « La vérité est claire par elle-même ; mais si on l'enveloppe de mots obscurs, on ne l'aperçoit pas. Tant que nous serons obligés d'avoir le chinois pour intermédiaire, il nous sera impossible de nous comprendre. Nous ne discuterons avec fruit, qu'autant que vous parlerez clairement le thibétain. » Personne plus que nous n'était persuadé de la justesse de cette observation. Nous répondîmes au Régent que l'étude de la langue thibétaine était

l'objet de notre sollicitude, et que nous y travail-
lions tous les jours avec ardeur. — Si vous voulez,
nous dit-il, je vous faciliterai les moyens de l'apprendre... Au même instant, il appela un domestique, et lui dit quelques mots que nous ne comprîmes pas. Un tout jeune homme, élégamment vêtu,
parut aussitôt, et nous salua avec beaucoup de grâce.
— « Voilà mon neveu, nous dit le Régent ; je vous
le donne pour élève et pour maître ; il passera toute
la journée avec vous, et vous aurez ainsi occasion
de vous exercer dans la langue thibétaine ; en retour
vous lui donnerez quelques leçons de chinois et de
mantchou. » Nous acceptâmes cette proposition
avec reconnaissance, et nous pûmes, en effet, par ce
moyen, faire des progrès rapides dans la langue du
pays.

Le Régent aimait beaucoup à s'entretenir de la
France. Durant nos longues visites, il nous adressait une foule de questions sur les mœurs, les habitudes et les productions de notre pays. Tout ce que
nous lui racontions, des bateaux à vapeur, des chemins de fer, des aérostats, de l'éclairage au gaz,
des télégraphes, du daguerréotype, et de tous nos
produits industriels, le jetait comme hors de lui, et
lui donnait une haute idée de la grandeur et de la
puissance de la France.

Le microscope. Fâcheuse aventure d'un pou.

Un jour que nous lui parlions des observatoires
et des instruments astronomiques, il nous demanda
s'il ne lui serait pas permis d'examiner de près cette
machine étrange et curieuse que nous tenions dans
une boîte. Il voulait parler du microscope. Comme
nous étions de meilleure humeur, et infiniment plus
aimables qu'au moment où l'on faisait la visite de

nos effets, nous nous empressâmes de satisfaire la curiosité du Régent. Un de nous courut à notre résidence, et revint à l'instant avec le merveilleux instrument. Tout en l'ajustant, nous essayâmes de donner, comme nous pûmes, quelques notions d'optique à notre auditoire ; mais nous étant aperçus que la théorie excitait fort peu d'enthousiasme, nous en vînmes tout de suite à l'expérience. Nous demandâmes si dans la société quelqu'un serait assez bon pour nous procurer un pou. La chose était plus facile à trouver qu'un papillon. Un noble Lama, secrétaire de Son Excellence le premier Kalon, n'eut qu'à porter sa main à son aisselle par-dessous sa robe de soie, et il nous offrit un pou extrêmement bien membré. Nous le saisîmes immédiatement aux flancs avec la pointe de nos brucelles ; mais le Lama se mit aussitôt à faire de l'opposition ; il voulut empêcher l'expérience, sous prétexte que nous allions procurer la mort d'un être vivant. — Sois sans crainte, lui dîmes-nous ; ton pou n'est pris que par l'épiderme ; d'ailleurs, il paraît assez vigoureux pour se tirer victorieusement de ce mauvais pas. — Le Régent, qui, comme nous l'avons dit, avait un symbolisme plus épuré que celui du vulgaire, dit au Lama de garder le silence et de nous laisser faire. Nous continuâmes donc l'expérience, et nous fixâmes à l'objectif cette pauvre petite bête, qui se dépitait de toutes ses forces, à l'extrémité des brucelles. Nous invitâmes ensuite le Régent à appliquer l'œil droit, en clignant le gauche, au verre qui se trouvait au haut de la machine. — Tsong-Kaba ! s'écria le Régent, ce pou est gros comme un rat... Après l'avoir considéré un instant, il leva la tête et cacha sa figure dans ses deux mains, en disant que c'était horrible à voir... Il voulut dissuader les autres de regarder, mais son influence échoua complètement.

Tout le monde, à tour de rôle, alla se pencher sur le microscope, et se releva en poussant des cris d'horreur. Le Lama secrétaire, s'étant avisé que son petit animal ne remuait plus guère, réclama en sa faveur. Nous enlevâmes les brucelles, et nous fîmes tomber le pou dans la main de son propriétaire. Mais hélas ! la pauvre victime était sans mouvement. Le Régent dit en riant à son secrétaire : — Je crois que ton pou est indisposé ;... va, tâche de lui faire prendre une médecine ; autrement il n'en reviendra pas.

Personne ne voulant plus voir des êtres vivants, nous continuâmes la séance, en faisant passer sous les yeux des spectateurs une petite collection de tableaux microscopiques. Tout le monde était dans le ravissement, et on ne parlait qu'avec admiration de la prodigieuse capacité des Français. Le Régent nous dit : — Vos chemins de fer et vos navires aériens ne m'étonnent plus tant ; des hommes qui peuvent inventer une machine comme celle-ci, sont capables de tout.

Le premier Kalon était tellement engoué des choses de notre patrie, qu'il lui prit fantaisie d'étudier la langue française. Un soir, nous lui apportâmes, selon ses désirs, un *A B C* français, dont chaque lettre avait la prononciation écrite, au-dessous, avec des caractères thibétains. Il y jeta un coup d'œil ; et comme nous voulions lui donner quelques explications, il nous répondit que cela n'était pas nécessaire, que ce que nous avions écrit était très clair.

Le lendemain, aussitôt que nous parûmes en sa présence, il nous demanda quel était le nom de notre empereur. — « Notre empereur s'appelle Louis-Philippe. — Louis-Philippe ! Louis-Philippe !... C'est bien. » Puis il prit son poinçon et se mit à écrire.

Un instant après, il nous présenta un morceau de papier où l'on voyait écrit, en caractères très bien formés : LOUY FILIPE.

Entretiens avec Ki-Chan.

Pendant la courte période de notre prospérité à Lha-Ssa, nous eûmes aussi des relations assez familières avec l'ambassadeur chinois Ki-Chan. Il nous fit appeler deux ou trois fois pour parler politique, ou, selon l'expression chinoise, pour dire des paroles oiseuses. Nous fûmes fort surpris de le trouver si au courant des affaires d'Europe. Il nous parla beaucoup des Anglais et de la reine Victoria. — « Il paraît, dit-il, que cette femme a une grande capacité, mais son mari, selon moi, joue un rôle fort ridicule : elle ne le laisse se mêler de rien. Elle lui a fait arranger un jardin magnifique rempli d'arbres fruitiers et de fleurs de toute espèce, et c'est là qu'il est toujours enfermé, passant toute sa vie à se promener... On prétend qu'en Europe, il y a encore d'autres royaumes où les femmes gouvernent. Est-ce vrai? Est-ce que leurs maris sont également enfermés dans des jardins? Est-ce que dans le royaume de France vous avez aussi cet usage? — Non, en France les femmes sont dans les jardins, et les hommes se mêlent des affaires. — Voilà qui est la raison ; agir autrement, c'est du désordre. »

Ki-Chan nous demanda des nouvelles de Palmerston, s'il était toujours chargé des affaires étrangères... — « Et *Ilu* (1), qu'est-il devenu? le savez-vous? — Il a été rappelé ; ta chute a entraîné la sienne. — C'est dommage ; *Ilu* avait un cœur excellent, mais il ne savait pas prendre une résolution.

(1) Nom chinoisé de M. Elliot, plénipotentiaire anglais à Canton au commencement de la guerre anglo-chinoise.

A-t-il été mis à mort ou exilé? — Ni l'un ni l'autre. En Europe, on n'y va pas si rondement qu'à Péking. — Oui, c'est vrai; vos Mandarins sont bien plus heureux que nous. Votre gouvernement vaut mieux que le nôtre : notre Empereur ne peut tout savoir, et cependant c'est lui qui juge tout, sans que personne ose jamais trouver à redire à ses actes. Notre Empereur nous dit : Voilà qui est blanc... Nous nous prosternons, et nous répondons : Oui, voilà qui est blanc. — Il nous montre ensuite le même objet, et nous dit : Voilà qui est noir... Nous nous prosternons de nouveau, et nous répondons : Oui, voilà qui est noir. — Mais enfin si vous disiez qu'un objet ne saurait être à la fois blanc et noir ! — L'Empereur dirait peut-être à celui qui aurait ce courage : Tu as raison ;... mais en même temps il le ferait étrangler ou décapiter. Oh ! nous n'avons pas comme vous une *assemblée de tous les chefs* (*Tchoung-Teou-Y*; c'est ainsi que Ki-Chan désignait la Chambre des députés.) Si votre Empereur voulait agir contrairement à la justice, votre *Tchoung-Teou-Y* serait là pour arrêter sa volonté. »

Esprit religieux des Thibétains.

Nos relations fréquentes avec l'ambassadeur chinois, le Régent et le gouverneur kachemirien, ne contribuaient pas peu à nous attirer la confiance et la considération de la population de Lha-Ssa. En voyant augmenter de jour en jour le nombre de ceux qui venaient nous visiter et s'instruire de notre religion, nous sentions nos espérances grandir, et notre courage se fortifier. Cependant, au milieu de ces consolations, une pensée venait incessamment nous navrer le cœur : nous souffrions de ne pouvoir offrir aux Thibétains le ravissant spectacle des fêtes pompeuses et touchantes du Catholicisme. Il nous semblait toujours que la beauté de nos cérémonies eût agi puissamment sur ce peuple, si avide de tout ce qui tient au culte extérieur.

Les Thibétains, nous l'avons déjà dit, sont éminemment religieux ; mais, à part quelques Lamas comtemplatifs, qui se retirent au sommet des montagnes, et passent leur vie dans le creux des rochers, ils sont très peu portés au mysticisme. Au lieu de renfermer leur dévotion au fond de leur cœur, ils aiment, au contraire, à la manifester par des actes extérieurs. Ainsi les pèlerinages, les cérémonies bruyantes dans les lamaseries, les prostrations sur les plates-formes de leurs maisons, sont des pratiques extrêmement de leur goût. Ils ont continuellement à la main le chapelet bouddhique, qu'ils agitent avec bruit ; et ils ne cessent de murmurer des prières lors même qu'ils vaquent à leurs affaires.

Il existe à Lha-Ssa une coutume bien touchante et que nous avons été en quelque sorte jaloux de rencontrer parmi des infidèles. Sur le soir, au moment où le jour touche à son déclin, tous les Thibétains cessent de se mêler d'affaires, et se réunissent, hommes, femmes et enfants, conformément à leur sexe et à leur âge, dans les principaux quartiers de la ville et sur les places publiques. Aussitôt que les groupes se sont formés, tout le monde s'accroupit par terre, et on commence à chanter des prières lentement et à demi-voix. Les concerts religieux qui s'élèvent du sein de ces réunions nombreuses produisent dans la ville une harmonie immense, solennelle, et qui agit fortement sur l'âme. La première fois que nous fûmes témoins de ce spectacle, nous ne pûmes nous empêcher de faire un douloureux rapprochement entre cette ville païenne où tout le monde priait en commun, et les cités l'Europe où l'on rougirait de faire en public le signe de la croix.

La prière que les Thibétains chantent dans les réunions du soir, varie suivant les saisons de l'année : celle au contraire qu'ils récitent sur leur chapelet, est toujours la même, et ne se compose que des six syllabes : *Om, mani padmé houm*. Cette formule, que les bouddhistes nomment par abréviation le *mani*, se trouve non seulement dans toutes les bouches, mais on la rencontre encore écrite de toute part, dans les rues, sur les places publiques, et dans l'intérieur des maisons. Sur toutes les banderoles qu'on voit flotter au-dessus des portes ou au sommet des édifices, il y a toujours un *mani* imprimé en caractère landza, tartares et thibétains. Certains bouddhistes riches et zélés entretiennent à leurs frais des compagnies de Lamas sculpteurs, qui ont pour mission de propager le *mani*. Ces étranges missionnaires s'en vont un ciseau et un marteau à la main, parcourant les campagnes, les montagnes et les déserts, et gravent la formule sacrée sur les pierres et les rochers qu'ils rencontrent.

Panthéisme bouddhique.

Selon l'opinion du célèbre orientaliste Klaproth, *Om, mani padmé houm* n'est que la transcription thibétaine d'une formule sanscrite apportée de l'Inde dans le Thibet.

Le sens littéral de cette phrase est celui-ci :

> Om, mani padmé houm !
> O ! le joyau dans le lotus, Amen

D'après l'explication du Régent, le *mani* serait en quelque sorte le résumé d'un vaste panthéisme, base de toutes les croyances des bouddhistes. Les Lamas instruits disent que Bouddha est l'Être nécessaire, indépendant, principe et fin de toute chose. La terre, les astres, les hommes, tout ce qui existe, est une manifestation partielle et temporaire de Bouddha. Tout a été créé par Bouddha, en ce sens que tout vient de lui, comme la lumière vient du soleil. Tout les êtres émanés de Bouddha ont eu un commencement et auront une fin ; mais de même qu'ils sont sortis nécessairement de l'essence universelle, ils y rentreront aussi nécessairement. C'est comme les fleuves et les torrents produits par les eaux de la mer, et qui, après un cours plus ou moins long, vont de nouveau se perdre dans son immensité. Ainsi Bouddha est éternel ; ses manifestations aussi sont éternelles ; mais en ce sens, qu'il y en a eu et qu'il y en aura toujours, quoique, prises à part, toutes doivent avoir un commencement et une fin.

Sans trop se mettre en peine si cela s'accorde ou non avec ce qui précède, les bouddhistes admettent en outre un nombre illimité d'incarnations divines. Ils disent que Bouddha prend un corps humain et vient habiter parmi les hommes, afin de les aider à acquérir la perfection, et de leur faciliter la réunion à l'âme universelle. Ces Bouddha-vivants composent la classe nombreuse des *Chaberons*, dont nous avons déjà parlé. Les Bouddha-vivants les plus célèbres sont, à Lha-Ssa, le Talé-Lama ; à Djachi-Loumbo, le Bandchan-Remboutchi ; au Grand-Kouren, le Guison-Tamba ; à Péking, le Tchang-Kia-Fo, espèce de grand aumônier de la cour impériale ; et dans le pays des *Ssamba*, au pied des monts Himalaya, le Sa-Dcha-Fo. Ce dernier a, dit-on, une mission passablement singulière. Il est nuit et jour en prière, afin de faire tomber continuellement de la neige sur la cime des Himalaya. Car, selon une tradition thibétaine, il existe, derrière ces monts élevés, un peuple sauvage et cruel, qui n'attend que la fonte des neiges pour venir massacrer les tribus thibétaines, et s'emparer du pays.

Quoique tous les Chaberons indistinctement soient des Bouddha-vivants, il y a néanmoins, parmi eux, une hiérarchie, dont le Talé-Lama occupe le sommet ; tous les autres reconnaissent ou doivent reconnaître sa suprématie. Le Talé-Lama actuel, nous l'avons déjà dit, est un enfant de neuf ans. Il y en a déjà six qu'il occupe le palais du Bouddha-La. Il est *Si-Fan* d'origine, et a été pris dans une famille pauvre et inconnue de la principauté de *Ming-Tchen-Tou-Sse*.

Élection du Talé-Lama.

Quand le Talé-Lama est mort, ou pour parler bouddhiquement, quand il s'est dépouillé de son enveloppe humaine, on procède à l'élection de son successeur de la manière suivante. On prescrit des prières et des jeûnes dans toutes les lamaseries. Les habitants de Lha-Ssa surtout, comme étant les plus intéressés à l'affaire, redoublent de zèle et de dévotion. Tout le monde se met en pèlerinage autour du Bouddha-La et de la *Cité des Esprits;* les *Tchu-Kor* tournent dans toutes les mains, la formule sacrée du *mani* retentit jour et nuit dans tous les quartiers de la ville, et les parfums brûlent de toute part avec profusion. Ceux qui croient posséder le Talé-Lama dans leur famille, en donnent avis à l'autorité de Lha-Ssa, afin qu'on puisse constater, dans les enfants désignés, leur qualité de Chaberons. Pour pouvoir procéder à l'élection du Talé-Lama, il faut avoir découvert trois Chaberons, authentiquement reconnus pour tels. On les fait venir à Lha-Ssa, et les Houtouktou des États lamaïques se constituent en assemblée. Ils s'enferment dans un temple du Bouddha-La, et passent six jours dans la retraite, le jeûne et la prière. Le septième jour, on prend une urne en or, contenant trois fiches également en or, sur lesquelles sont gravés les noms des trois petits candidats aux fonctions de divinité du Bouddha-La. On agite l'urne, le doyen des Houtouktou en tire une fiche, et le marmot dont le nom a été désigné par le sort est immédiatement proclamé Talé-Lama. On le promène en grande pompe dans les rues de la Cité des Esprits, pendant que tout le monde se prosterne dévotement sur son passage, et on le colloque enfin dans son sanctuaire.

Les deux Chaberons en maillot, qui ont concouru pour la place de Talé-Lama, sont rapportés par leurs nourrices dans leurs familles respectives ; mais pour les dédommager de n'avoir pas eu une bonne chance, le gouvernement leur fait un petit cadeau de cinq cents onces d'argent.

Le Talé-Lama est vénéré par les Thibétains et les Mongols comme une divinité. Le prestige qu'il exerce sur les populations bouddhistes est vraiment étonnant ; cependant, on a été beaucoup trop loin, quand on a avancé que ses excréments sont recueillis avec respect, et servent à fabriquer des amulettes que les dévots enferment dans des sachets et portent suspendus à leur cou. Il est également faux que le Talé-Lama ait la tête et les bras entourés de serpents, pour frapper l'imagination de ses adorateurs. Ces assertions, qu'on lit dans certaines géographies, sont entièrement dénuées de fondement. Pendant notre séjour à Lha-Ssa, nous avons beaucoup interrogé à ce sujet, et tout le monde nous a ri au nez. A moins de dire que, depuis le Régent jusqu'à notre marchand d'*argols*, tout le monde s'est entendu pour nous cacher la vérité, il faut convenir que les relations, qui ont donné cours à de pareilles fables, ont été écrites avec bien peu de circonspection.

Il nous a été impossible de voir le Talé-Lama ; ce n'est pas qu'on soit très difficile pour laisser pénétrer les curieux ou les dévots jusqu'à lui, mais nous en avons été empêchés par une cironstance assez bizarre. Le Régent nous avait promis de nous conduire au Bouddha-La, et nous étions sur le point de faire cette fameuse visite, lorsqu'on s'imagina que nous donnerions la petite vérole au Talé-Lama. Cette maladie venait effectivement de se déclarer à Lha-Ssa, et on prétendait qu'elle avait été apportée de Péking par la grande caravane qui était arrivée depuis peu de jours. Comme nous avions fait partie de cette caravane, on nous demanda s'il ne serait pas mieux d'ajourner notre visite, que d'exposer le Talé-Lama à gagner le petite vérole. L'observation était trop raisonnable pour que nous eussions quelque chose à objecter.

Ravages de la petite vérole. Galeux.

Lépreux. Coutumes mortuaires.

La crainte que les Thibétains ont de la petite vérole est inimaginable. Ils n'en parlent jamais qu'avec stupeur, et comme du plus grand fléau qui puisse désoler l'espèce humaine. Il n'est presque pas d'année où cette maladie ne fasse à Lha-Ssa des ravages épouvantables ; les seuls remèdes préservatifs que le gouvernement sache employer, pour soustraire les populations à cette affreuse épidémie, c'est de proscrire les malheureuses familles qui en sont atteintes. Aussitôt que la petite vérole s'est déclarée dans une maison, tous les habitants doivent déloger, et se réfugier, bon gré, mal gré, loin de la ville, sur le sommet des montagnes ou dans les déserts. Personne ne peut avoir de communication avec ces malheureux, qui meurent bientôt de faim et de misère, ou deviennent la proie des bêtes sauvages. Nous ne manquâmes pas de faire connaître au Régent la méthode précieuse usitée parmi les nations européennes, pour se préserver de la petite vérole. Un des motifs qui nous avaient valu la sympathie et la protection du Régent, c'était l'espérance que nous pourrions un jour introduire la vaccine dans le Thibet. Le Missionnaire qui aurait le bonheur de doter les Thibétains d'un bienfait si signalé, acquerrait certainement sur leur esprit une influence capable de lutter avec celle du Talé-Lama lui-même. L'introduction de la vaccine dans le Thibet, par les Missionnaires, serait peut-être le signal de la ruine du lamaïsme, et de l'établissement de la religion chrétienne parmi ces tribus infidèles.

Les galeux et les lépreux sont en assez grand nombre à Lha-Ssa. Ces maladies cutanées sont engendrées par la malpropreté, qui règne surtout dans les basses classes de la population. Il n'est pas rare, non plus, de rencontrer parmi les Thibétains des cas d'hydrophobie. On est seulement étonné que cette maladie horrible n'exerce pas de plus grands ravages, quand on songe à l'effrayante multitude de chiens affamés qui rôdent incessamment dans les rues de Lha-Ssa ; ces animaux sont tellement nombreux dans cette ville, que les Chinois ont coutume de dire ironiquement, que les trois grands produits de la capitale du Thibet sont les Lamas, les femmes et les chiens, *Lama, Ya-Téou, Keou.*

Cette multitude étonnante de chiens, vient du grand respect que les Thibétains ont pour ces animaux, et de l'usage qu'ils en font pour la sépulture des morts. Quatre espèces différentes de sépultures sont en vigueur dans le Thibet : la première est la combustion ; la deuxième l'immersion dans les fleuves et les lacs ; la troisième, l'exposition sur le sommet des montagnes ; et la quatrième, qui est la plus flatteuse de toutes, consiste à couper les cadavres par morceaux et à les faire manger aux chiens. Cette dernière méthode est la plus courue. Les pauvres ont tout simplement pour mausolée les chiens des faubourgs ; mais pour les personnes distinguées, on y met un peu plus de façon ; il y a des lamaseries où l'on nourrit *ad hoc* des chiens sacrés, et c'est là que les riches Thibétains vont se faire enterrer (1)...

(1) Strabon, parlant des coutumes des Scythes nomades, conservées chez les Sogdiens et les Bactriens, dit : « Dans la capitale des Bactriens, l'on nourrit des chiens auxquels on donne un nom particulier ; et ce nom rendu dans notre langue, voudrait dire *enterreurs*. Ces chiens sont chargés de dévorer tous ceux qui commencent à s'affaiblir par l'âge ou par la maladie. De là vient que les environs de cette capitale n'offrent la vue d'aucun tombeau ; mais l'intérieur de ses murs est tout rempli d'ossements. On dit qu'Alexandre a aboli cette coutume. »

Cicéron attribue le même usage aux Hyrcaniens, lorsqu'il dit : « In Hyrcania plebs publicos alit canes ; optimates, domesticos. Nobile autem genus canum illud scimus esse. Sel pro sua quisque facultate parat, à quibus lanietur : eamque optimam illi esse censent sepulturam. » (*Quæst.Tuscul.*, lib. I, § 45.)

Justin dit aussi des Parthes : « Sepultura vulgô aut avium aut canum laniatus est. Nuda demum ossa terrâ obruunt. » (*Note de Klaproth.*)

CHAPITRE VII

Projets de mission. Hostilité chinoise.

Dispute avec Ki-Chan.

Aussitôt que nous crûmes notre position assurée à Lha-Ssa, nous songeâmes aux moyens de renouer au plus tôt nos communications avec l'Europe. La voie du désert était impraticable. Nous avions bien pu traverser une fois, et comme miraculeusement, ces steppes infestées de brigands et de bêtes sauvages, mais il n'était pas permis de s'arrêter à la pensée d'organiser un service de courriers sur cette route affreuse. En supposant d'ailleurs toute la sécurité désirable, le trajet eût été d'une longueur à faire frémir. La voie de l'Inde nous parut la seule praticable. De Lha-Ssa jusqu'aux premiers postes anglais, il n'y a guère qu'un mois de marche. En établissant un correspondant par delà les monts Himalaya et un autre à Calcutta, nos communications avec la France devenaient, sinon promptes et faciles, du moins réalisables. Comme ce plan ne pouvait s'exécuter qu'avec l'assentiment du gouvernement thibétain, nous le communiquâmes au Régent, qui entra aussitôt dans nos vues. Il fut donc convenu qu'à la belle saison M. Gabet entreprendrait le voyage de Calcutta, avec une escorte thibétaine, qui l'accompagnerait jusqu'à Boutan.

Tels étaient les plans que nous formions pour

l'établissement d'une mission à Lha-Ssa ; mais, en ce moment même, l'ennemi de tout bien travaillait à ruiner nos projets, et à nous éloigner d'un pays qu'il semble avoir choisi pour le siège de son empire. Ayant entendu çà et là quelques paroles de mauvais augure, nous comprîmes que l'ambassadeur chinois tramait secrètement notre expulsion du Thibet. Le bruit vague de cette persécution n'avait, du reste, rien qui pût nous étonner. Dès le commencement, nous avions prévu que, s'il nous survenait des difficultés, ce ne pourrait être que de la part des Mandarins chinois. Ki-Chan, en effet, ne pouvait supporter de voir le gouvernement thibétain accueillir si favorablement une religion et des étrangers que les absurdes préjugés de la Chine repoussent depuis si longtemps de ses frontières. Le christianisme et le nom français excitaient trop vivement la sympathie de la population de Lha-Ssa, pour que les Chinois n'en fussent pas jaloux. Un agent de la cour de Péking ne pouvait penser, sans dépit, à la popularité dont des étrangers jouissaient dans le Thibet, et à l'influence qu'ils exerceraient peut-être un jour dans un pays que la Chine a tout intérêt à tenir sous sa domination. Il fut donc arrêté qu'on chasserait de Lha-Ssa les prédicateurs de la religion du Seigneur du ciel.

Un jour, l'ambassadeur Ki-Chan nous fit appeler, et après maintes cajoleries, il finit par nous dire que le Thibet était un pays trop froid, trop pauvre pour nous, et qu'il fallait songer à retourner dans notre royaume de France. Ki-Chan nous adressa ces paroles avec une sorte de laisser-aller et d'abandon, comme s'il eût supposé qu'il n'y avait pas la moindre objection à faire. Nous lui demandâmes si, en parlant ainsi, il entendait nous donner un conseil ou un ordre. — « L'un et l'autre, nous répondit-il froidement. — Puisqu'il en est ainsi, nous avons d'abord à te remercier pour l'intérêt que tu parais nous porter, en nous avertissant que ce pays est froid et misérable. Mais tu devrais savoir que des hommes comme nous ne recherchent pas les biens et les commodités de cette vie ; s'il en était autrement, nous serions restés dans notre royaume de France. Car, ne l'ignore pas, il n'existe nulle part une contrée qui vaille notre patrie. Pour ce qu'il y a d'impératif dans tes paroles, voici notre réponse : admis dans le Thibet par l'autorité du lieu, nous ne reconnaissons ni à toi, ni à qui que ce soit, le droit d'y troubler notre séjour. — Comment ! vous êtes des étrangers, et vous prétendez encore rester ici ? — Oui, nous sommes étrangers, mais nous savons que les lois du Thibet ne ressemblent pas à celles de la Chine. Les Péboun, les Katchi, les Mongols, sont étrangers comme nous ; et cependant on les laisse vivre en paix, nul ne les tourmente. Que signifie donc cet arbitraire, de vouloir exclure les Français d'un pays ouvert à tous les peuples ? Si les étrangers doivent partir de Lha-Ssa, pourquoi y restes-tu ? Est-ce que ton titre de *Kin-Tchaï* (ambassadeur) ne dit pas clairement que toi-même tu n'es ici qu'un étranger ? — A ces mots, Ki-Chan bondit sur son coussin cramoisi. — Moi, un étranger ! s'écria-t-il, un étranger ! moi qui porte la puissance du grand Empereur ! »

L'ambassadeur chinois ne jugea pas à propos de continuer cette discussion ; il nous congédia sèchement, en nous déclarant que nous pouvions nous tenir assurés qu'il nous ferait partir du Thibet.

Dissentiment entre le Régent et Ki-Chan à notre sujet.

Nous nous hâtâmes de nous rendre chez le Régent, et de lui faire part de la déplorable entrevue que nous avions eue avec Ki-Chan. Le premier Kalon avait eu connaissance des projets de persécution que les Mandarins chinois tramaient contre nous. Il tâcha de nous rassurer, et nous dit que, protégeant dans le pays des milliers d'étrangers, il serait assez fort pour nous y faire jouir d'une protection que le gouvernement thibétain accordait à tout le monde. — Au reste, ajouta-t-il, lors même que nos lois interdiraient aux étrangers l'entrée de notre pays, ces lois ne pourraient vous atteindre. Les religieux, les hommes de prières étant de tous les pays, ne sont étrangers nulle part ; telle est la doctrine qui est snseignée dans nos saints livres. Il est écrit : *La chèvre jaune est sans patrie, et le Lama n'a pas de famille...* Lha-Ssa étant le rendez-vous et le séjour spécial des hommes de prières, ce seul titre devrait toujours vous y faire trouver liberté et protection.

Cette opinion des bouddhistes, qui fait du religieux un homme cosmopolite, n'est pas simplement une pensée mystique écrite dans les livres ; mais nous avons remarqué qu'elle était passée dans les mœurs et les habitudes des lamaseries. Aussitôt qu'un homme s'est rasé la tête et a revêtu le costume religieux, il renonce à son ancien nom pour en prendre un nouveau. Si l'on demande à un Lama de quel pays il est, il répond : « Je n'ai pas de patrie, mais je passe mes jours dans telle lamaserie. » Cette manière de penser et d'agir est même admise en Chine, parmi les bonzes et les autres espèces de religieux, qu'on a coutume de désigner par le nom générique de *Tchou-Kia-Jin,* homme sorti de la famille.

Il s'engagea à notre sujet une lutte de plusieurs jours entre le gouvernement thibétain et l'ambassadeur chinois. Ki-Chan, afin de mieux réussir dans ses prétentions, se posa comme défenseur des intérêts du Talé-Lama. Voici quelle était son argumentation : Envoyé à Lha-Ssa par son Empereur afin de protéger le Bouddha-vivant, il était de son devoir d'éloigner de lui tout ce qui pouvait lui être nuisible. Des prédicateurs de la religion du Seigneur du ciel, bien qu'animés d'intentions excellentes, propageaient une doctrine qui, au fond, tendait à ruiner l'autorité et la puissance du Talé-Lama. Leur but avoué était de substituer leurs croyances religieuses au Bouddhisme, et de convertir tous les habitants du Thibet, de tout âge, de toutes conditions et de tout sexe. Que deviendrait le Talé-Lama lorsqu'il n'aurait plus d'adorateurs? L'introduction de la religion du Seigneur du ciel dans le pays, ne conduit-elle pas directement à la destruction du sanctuaire du Bouddha-La, et par conséquent à la ruine de la hiérarchie lamaïque et du gouvernement thibétain?

Le Régent n'entrait nullement dans ces appréhensions que l'ambassadeur chinois cherchait à lui inspirer. Il soutenait que notre présence à Lha-Ssa ne pouvait, en aucune façon, nuire au gouvernement thibétain. « Si la doctrine que ces hommes apportent, disait-il, est une doctrine fausse, les Thibétains ne l'embrasseront pas. Si au contraire elle est vraie, qu'avons-nous à craindre? Comment la vérité pourrait-elle être préjudiciable aux hommes? Ces deux Lamas du royaume de France, ajoutait-il, n'ont fait aucun mal ; ils sont animés des meilleures intentions à notre égard. Pouvons-nous, sans motif, les priver de la liberté et de la protection que nous accordons ici à tous les étrangers, et surtout aux hommes de prières? Nous est-il permis de nous rendre coupables d'une injustice actuelle et certaine, par la crainte imaginaire d'un malheur à venir? »

Ki-Chan reprochait au Régent de négliger les intérêts du Talé-Lama, et le Régent de son côté accusait Ki-Chan de profiter de la minorité du sou-

verain, pour tyranniser le gouvernement thibétain
Quant à nous, au milieu de ce malheureux conflit,
nous refusions de reconnaître l'autorité du Mandarin chinois, et nous déclarions que nous ne quitterions pas le pays sans un ordre formel du Régent, qui nous assurait constamment qu'on ne lui arracherait jamais un acte semblable.

La prudence nous force d'accepter notre expulsion.
On nous achemine par les voies chinoises.

La querelle s'envenimant tous les jours de plus en plus, Ki-Chan se décida enfin à prendre sur lui de nous faire partir. Les choses en vinrent à un tel point, que la prudence nous fit une obligation de céder aux circonstances, et de ne pas opposer une plus longue résistance, de peur de compromettre le Régent, et de devenir, peut-être, la cause de fâcheuses dissensions entre la Chine et le Thibet. En nous raidissant contre cette injuste persécution, nous avions à craindre d'irriter trop vivement les Chinois, et de fournir des prétextes à leur projet d'usurpation sur le gouvernement thibétain. Si, à cause de nous, une rupture venait malheureusement à éclater entre Lha-Ssa et Péking, on ne manquerait pas de nous en rendre responsables ; nous deviendrions odieux aux yeux des Thibétains ; et l'introduction du christianisme dans ces contrées souffrirait peut-être dans la suite de plus grandes difficultés. Nous pensâmes donc qu'il valait mieux courber la tête, et accepter avec résignation le rôle de persécutés. Notre conduite prouverait du moins aux Thibétains que nous étions venus au milieu d'eux avec des intentions pacifiques, et que nous n'entendions nullement nous y établir par la violence.

Après avoir mûrement réfléchi aux motifs que nous venons d'indiquer, nous nous rendîmes chez le Régent. En apprenant que nous avions résolu de partir de Lha-Ssa, il parut triste et embarrassé. Il nous dit qu'il eût vivement désiré de pouvoir nous assurer dans le Thibet un séjour libre et tranquille ; mais que seul, et privé de l'appui de son souverain, il s'était trouvé trop faible pour réprimer la tyrannie des Chinois, qui, depuis plusieurs années, profitant de l'enfance du Talé-Lama, s'arrogeaient des droits inouïs dans le pays... Nous remerciâmes le Régent de sa bonne volonté, et nous partîmes pour nous rendre chez l'ambassadeur chinois.

Nous dîmes à Ki-Chan que, loin de tout moyen de protection, nous étions décidés à nous éloigner de Lha-Ssa, puisqu'on voulait nous y contraindre ; mais que nous protestions contre cette violation de nos droits. — Oui, c'est cela, nous répondit Ki-Chan ; il n'y a rien de mieux à faire, il faut vous mettre en route ; ce sera bien pour vous, bien pour moi, bien pour les Thibétains, bien pour tout le monde. — Il nous annonça ensuite qu'il avait déjà ordonné de faire tous les préparatifs nécessaires pour notre prochain départ, que déjà le Mandarin et l'escorte qui devaient nous accompagner, avaient été désignés. Il avait été même arrêté que nous partirions dans huit jours, et qu'on nous ferait suivre la route qui conduit aux frontières de Chine. Ces dernières dispositions excitèrent tout à la fois notre indignation et notre surprise ; nous ne concevions pas qu'on eût la cruauté de nous condamner à un voyage de huit mois, tandis qu'en nous dirigeant vers l'Inde, vingt-cinq jours de marche nous suffisaient pour arriver au premier poste européen, où nous ne pouvions manquer de trouver des moyens sûrs et faciles pour nous rendre à Calcutta. Nous fîmes là-dessus les plus instantes réclamations ; mais elles ne furent pas écoutées, non plus que la demande d'un sursis de quelques jours pour nous reposer un peu de la longue route que nous venions de faire, et laisser se cicatriser de grandes plaies causées par le froid du désert. Tout ce que nous pûmes dire pour adoucir la dureté de l'ambassadeur chinois fut inutile.

Pour lors nous laissâmes là notre ton suppliant, et nous déclarâmes au délégué de la cour de Péking que nous cédions à la violence, mais que nous dénoncerions à notre gouvernement : premièrement que l'ambassadeur chinois installé à Lha-Ssa nous en avait arbitrairement et violemment chassés, sous le vain prétexte que nous étions étrangers et prédicateurs de la religion chrétienne, qu'il disait mauvaise et réprouvée par son Empereur ; secondement, que, contre tout droit et toute justice, il nous avait empêchés de suivre une route facile, directe, et de vingt-cinq jours seulement, pour nous traîner tyranniquement dans l'intérieur de la Chine, et nous faire subir les rigueurs d'un voyage de huit mois ; enfin que nous dénoncerions à notre gouvernement la barbarie avec laquelle on nous forçait à nous mettre en route sans nous accorder un peu de repos ; barbarie que, vu l'état où nous étions, nous avions droit de considérer comme un attentat à nos jours. — Ki-Chan nous répondit qu'il n'avait pas à s'occuper de ce que pouvait penser ou faire le gouvernement français, que dans sa conduite il ne devait envisager que la volonté de son Empereur. — Si mon maître, dit-il, savait que j'ai laissé deux Européens prêcher librement la religion du Seigneur du ciel dans le Thibet, je serais perdu. Il ne me serait pas possible pour cette fois d'échapper à la mort.

Ki-Chan effrayé à son tour.

Le lendemain, Ki-Chan nous fit appeler pour nous communiquer un rapport qu'il avait rédigé au sujet de nos affaires, et qu'il devait adresser à l'Empereur. « Je n'ai pas voulu, nous dit-il, le faire partir avant de vous le lire, de peur qu'il ne me soit échappé des paroles inexactes ou qui pourraient vous être désagréables. « Ayant obtenu son principal but, Ki-Chan reprenait à notre égard ses manières aimables et caressantes. Son rapport était assez insignifiant ; ce qu'on y disait de nous n'était ni bien ni mal ; on se contentait d'y donner une sèche nomenclature des pays que nous avions parcourus depuis notre départ de Macao. — Ce rapport va-t-il bien comme cela, dit Ki-Chan ; y trouvez-vous quelque chose à redire? — M. Huc répondit qu'il aurait à faire une observation d'une grande importance. — « Parle, j'écoute tes paroles. — Ce que j'ai à te dire ne nous intéresse nullement ; mais cela te touche de très près. — Voyons, qu'est-ce donc? — Ma communication doit être secrète ; fais retirer tout ce monde. — Ces gens sont mes serviteurs, ils appartiennent tous à ma maison ; ne crains rien. — Oh ! nous autres, nous n'avons rien à craindre ; tout le danger est pour toi ! — Du danger pour moi !... N'importe, les gens de ma suite peuvent tout entendre. — Si tu veux, tu leur rapporteras ce que j'ai à te dire ; mais je ne puis parler en leur présence. — Les Mandarins ne peuvent s'entretenir en secret avec des étrangers ; cela nous est défendu par les lois. — Dans ce cas, je n'ai rien à te dire, envoie le rapport tel qu'il est ; mais s'il t'en arrive malheur, ne t'en prends qu'à toi... » L'ambassadeur chinois devint pensif ; il aspira coup sur coup de nombreuses prises de tabac, et après avoir longtemps réfléchi, il dit aux gens de sa suite de se retirer, et de nous laisser seuls avec lui.

Quand tout le monde fut parti, M. Huc prit la parole : — « Maintenant, dit-il à Ki-Chan, tu vas comprendre pourquoi j'ai voulu te parler en secret, et combien il t'importe que personne n'entende ce que j'ai à te dire ; tu vas juger si nous sommes des hommes dangereux, nous qui craignons même de nuire à nos persécuteurs. — Ki-Chan était pâle et décontenancé. — Voyons, dit-il, explique-toi ; que tes paroles soient blanches et claires : que veux-tu dire? — Dans ton rapport, il y a une chose inexacte ; tu me fais partir de Macao avec mon frère Joseph Gabet, pourtant je ne suis entré en Chine que quatre ans après lui. — Oh ! si ce n'est que cela, c'est facile à corriger. — Oui, très facile ; ce rapport, dis-tu, est pour l'Empereur, n'est-ce pas? — Certainement. — Dans ce cas, il faut dire à l'Empereur la vérité et toute la vérité. — Oui, oui, toute la vérité ; corrigeons le rapport... A quelle époque es-tu entré en Chine? — Dans la vingtième année de *Tao-Kouang* (1840)... Ki-Chan prit son pinceau et écrivit à la marge : vingtième année de Tao-Kouang. — Quelle lune? — Deuxième lune. — Ki-Chan, entendant parler de la deuxième lune, posa son pinceau et nous regarda fixement. — Oui, je suis entré dans l'empire chinois la vingtième année de Tao-Kouang, dans la deuxième lune ; j'ai traversé la province de Canton, dont tu étais à cette époque le vice-roi... Pourquoi n'écris-tu pas? Est-ce qu'il ne faut pas dire toute la vérité à l'Empereur? — La figure de Ki-Chan se contracta... — Comprends-tu maintenant pourquoi j'ai voulu te parler en secret? — Oui, je sais que les chrétiens ne sont pas méchants... Quelqu'un ici connaît-il cette affaire? —

Non, personne. » — Ki-Chan prit le rapport et le déchira ; il en composa un nouveau, tout différent du premier ; les dates de notre entrée en Chine n'y étaient pas précisées, et on y lisait un pompeux éloge de notre science et de notre sainteté. Ce pauvre homme avait eu la simplicité de croire que nous attacherions une grande importance à ce que l'Empereur de Chine eût une bonne opinion de nous.

Chronologie thibétaine. Fête du premier jour de l'an.

D'après les ordres de Ki-Chan, nous devions nous mettre en route après les fêtes de la nouvelle année thibétaine. Il n'y avait pas encore deux mois que nous étions arrivés à Lha-Ssa, et nous y avions passé déjà deux fois le nouvel an, d'abord à l'européenne et ensuite à la chinoise ; c'était maintenant le tour de la manière thibétaine. Quoique à Lha-Ssa on suppute l'année comme en Chine, d'après le système lunaire, cependant les calendriers de ces deux pays ne s'accordent pas ; celui de Lha-Ssa est toujours en arrière d'une lune sur celui de Péking.

Pendant notre séjour à Lha-Ssa, nous avons eu occasion de remarquer que les Thibétains sont très mauvais chronologistes, non seulement pour ce qui concerne les grandes dates, mais encore pour la manière de supputer journellement le quantième de la lune. Leur almanach est d'une confusion vraiment désolante ; et cette confusion vient uniquement des idées superstitieuses des bouddhistes au sujet des jours heureux et malheureux ; tous les jours réputés malheureux, qui se rencontrent dans le courant de la lune, sont retranchés et ne comptent pas. Ainsi, par exemple, si le quinzième de la lune est un jour néfaste, on compte deux fois le quatorzième, et on passe immédiatement au seizième. Quelquefois il se rencontre plusieurs jours néfastes à la file les uns des autres ; mais on n'est pas plus embarrassé pour cela ; on les retranche tous également, jusqu'à ce qu'on soit arrivé à un jour heureux. Les Thibétains ne paraissent pas trouver le moindre inconvénient à une pareille méthode.

Le renouvellement de l'année est pour les Thibétains, comme pour tous les peuples, une époque de fêtes et de réjouissances. Les derniers jours de la douzième lune sont consacrés à en faire les préparatifs ; on s'approvisionne de thé, de beurre, de tsamba, de vin d'orge, et de quelques quartiers de bœuf ou de mouton. Les beaux habits sont retirés de leurs armoires ; on enlève la poussière dont les meubles sont ordinairement couverts ; on fourbit, on nettoie, on balaye ; on cherche en un mot à introduire dans l'intérieur de la maison un peu d'ordre et de propreté. La chose n'arrivant qu'une fois par an, tous les ménages prennent un nouvel aspect ; les autels domestiques sont surtout l'objet d'un soin tout particulier ; on repeint à neuf les vieilles idoles ; on façonne avec du beurre frais des pyramides, des fleurs, et divers ornements destinés à parer les petits sanctuaires où résident les Bouddhas de la famille.

Les dragées thibétaines nous font faire la grimace.

Le premier *Louk-So*, ou rite de la fête, commence à minuit ; aussi tout le monde veille, attendant avec impatience cette heure mystique et solennelle, qui doit clore la vieille année et ouvrir le cours de la nouvelle. Comme nous étions peu curieux de saisir ce point d'intersection qui sépare les deux années thibétaines, nous nous étions couchés à notre heure ordinaire. Nous dormions profondément, lorsque nous fûmes tout à coup réveillés par les cris de joie qui éclatèrent de toute part dans les quartiers de la ville. Les cloches, les cymbales, les conques marines, les tambourins, et tous les instruments de la musique thibétaine, se firent bientôt entendre, et donnèrent naissance au tintamarre le plus affreux qu'on puisse imaginer ; on eût dit qu'on accueillait par un charivari l'année qui venait d'éclore. Nous eûmes un instant bonne envie de nous lever, pour aller contempler le bonheur des heureux habitants de Lha-Ssa ; mais le froid était si piquant, qu'après de mûres et sérieuses réflexions, nous opinâmes qu'il serait plus convenable de demeurer sous nos épaisses couvertures de laine, et de nous unir seulement de cœur à la félicité publique... Des coups redoublés, qui retentirent bientôt à la porte de notre demeure, et qui menaçaient de la faire voler en éclats, nous avertirent qu'il fallait renoncer à notre magnifique projet. Après quelques tergiversations, nous fûmes enfin contraints de sortir de notre chaude couchette ; nous endossâmes nos robes, et la porte ayant été ouverte, quelques Thibétains de nos connaissances envahirent notre chambre, en nous conviant au régal de la nouvelle année. Ils portaient tous, entre leurs mains, un petit pot en terre cuite, où flottaient, dans de l'eau bouillante, des boulettes fabriquées avec du miel et de la farine de froment. Un de ces visiteurs nous offrit une longue aiguille en argent, terminée en crochet, et nous invita à pêcher dans son vase. D'abord nous voulûmes nous excuser, en objectant que nous n'étions pas dans l'habitude de prendre de la nourriture pendant la nuit ; mais on nous fit des instances si engageantes, on nous tira la langue de si bonne grâce, qu'il fallut bien se résigner au *Louk-So*. Nous piquâmes chacun une boulette, que nous écrasâmes d'abord entre les dents pour en étudier la saveur... Nous nous regardâmes en faisant la grimace ; cependant les convenances étaient là, et nous dûmes l'avaler par politesse. Si encore nous en avions été quittes pour ce premier acte de dévouement ! Mais le *Louk-So* était inexorable ; les nombreux amis que nous avions à Lha-Ssa se succédèrent presque sans interruption, et force nous fut de croquer jusqu'au jour des dragées thibétaines.

Le second *Louk-So* consiste encore à faire des visites, mais avec un nouveau cérémonial. Aussitôt que l'aube paraît, les Thibétains parcourent les rues de la ville, portant d'une main, un pot de thé beurré, et de l'autre, un large plat doré et vernissé, rempli de farine de tsamba amoncelée en pyramide, et surmontée de trois épis d'orge ; en pareil jour, il n'est pas permis de faire des visites sans avoir avec soi du tsamba et du thé beurré. Dès qu'on est entré dans la maison de ceux à qui on veut souhaiter la bonne année, on commence avant tout par se prosterner trois fois devant l'autel domestique, qui est solennellement paré et illuminé ; ensuite, après avoir brûlé quelques feuilles de cèdre, ou d'autres arbres aromatiques, dans une grande cassolette en cuivre, on offre aux assistants une écuellée de thé, et on leur présente le plat où chacun prend une pincée de tsamba. Les gens de la maison font aux visiteurs la même politesse. Les habitants de Lha-Ssa ont coutume de dire : « Les Thibétains célèbrent les fêtes du nouvel an avec du tsamba et du thé beurré ; les Chinois avec du papier rouge et des pétards, les Katchi avec des mets recherchés et du tabac, les Péboun avec des chansons et des gambades. »

Gaîté des Thibétains.
Chants, danses, représentations théâtrales.

Quoique ce dicton populaire soit plein d'exactitude, cependant les Péboun n'ont pas tout à fait le monopole de la gaîté. Les Thibétains savent aussi animer leurs fêtes du nouvel an, par des réjouissances bruyantes, et où les chants et les danses jouent toujours un grand rôle. Des groupes d'enfants, portant de nombreux grelots suspendus à leur robe verte, parcourent les rues, et vont, de maison en maison, donner des concerts qui ne sont pas dépourvus d'agrément. Le chant, ordinairement doux et mélancolique, est entrecoupé de refrains précipités et pleins de feu. Pendant la strophe, tous ces petits chanteurs marquent continuellement la mesure en imprimant à leur corps un mouvement lent et régulier, semblable au balancement d'un pendule ; mais, quand arrive le refrain, ils se mettent à trépigner, en frappant la terre en cadence et avec vigueur. Le bruit des grelots et de leur chaussure ferrée produit une espèce d'accompagnement sauvage, qui ne laisse pas de frapper agréablement l'oreille, surtout lorsqu'il est entendu d'une certaine distance. Ces jeunes *dilettanti* ayant achevé leur concert, il est d'usage que ceux pour lesquels ils ont chanté leur distribuent des gâteaux frits dans de l'huile de noix et quelques petites boules de beurre.

Sur les places principales et devant les monuments publics, on rencontre, du matin au soir, des troupes de comédiens et de bateleurs qui amusent le peuple par leurs représentations. Les Thibétains n'ont pas, comme les Chinois, des répertoires de pièces de théâtre ; leurs comédiens sont tous ensemble et continuellement, sur la scène, tantôt chantant et dansant, tantôt faisant des tours de force et d'adresse. Le ballet est l'exercice dans lequel ils paraissent exceller le plus. Ils valsent, ils bondissent, ils pirouettent avec une agilité vraiment étonnante. Leur costume se compose d'une toque surmontée de longues plumes de faisan, d'un masque noir orné d'une barbe blanche d'une prodigieuse longueur, d'un large pantalon blanc, et d'une tunique verte pendante jusqu'aux genoux, et serrée aux reins par une ceinture jaune. A cette tunique sont attachés, de distance en distance, de longs cordons, au bout desquels pendent de gros flocons de laine blanche. Quand l'acteur se balance en cadence, toutes ces houppes accompagnent avec grâce les mouvements de son corps ; et quand il se met à tournoyer, elles se dressent horizontalement, font la roue autour de l'individu, et semblent en quelque sorte accélérer la rapidité de ses pirouettes.

On voit encore à Lha-Ssa une espèce d'exercice gymnastique, nommé *danse des esprits*. Une longue corde, faite avec des lanières de cuir solidement tressées ensemble, est attachée au sommet du Bouddha-La, et descend jusqu'au pied de la montagne. Les *esprits danseurs* vont et viennent sur cette corde, avec une agilité qui ne peut être comparée qu'à celle des chats ou des singes. Quelquefois, quand ils sont arrivés au sommet, ils étendent les bras comme pour se jeter à la nage, et se laissent couler le long de la corde avec la rapidité d'une flèche. Les habitants de la province de *Ssang* sont réputés les plus habiles pour ce genre d'exercice.

Invasion de Lha-Ssa par les Lamas.

La chose la plus étrange que nous ayons vue à Lha-Ssa, pendant les fêtes du nouvel an, c'est ce que les Thibétains appellent le *Lha-Ssa-Morou*, c'est-à-dire l'invasion totale de la ville et de ses environs par des bandes innombrables de Lamas. Le Lha-Ssa-Morou commence le troisième jour de la première lune. Tous les couvents bouddhiques de la province d'*Oui* ouvrent leurs portes à leurs nombreux habitants ; et l'on voit arriver en tumulte, par tous les chemins qui conduisent à Lha-Ssa, de grandes troupes de Lamas, à pied, à cheval, montés sur des ânes et sur des bœufs grognants, et portant avec eux leurs livres de prières et leurs instruments de cuisine. La ville se trouve bientôt couverte, sur tous les points, par ces avalanches de Lamas, qui se précipitent de toutes les montagnes environnantes. Ceux qui ne trouvent pas à se caser dans les maisons des particuliers et dans les édifices publics forment des campements sur les places et dans les rues, ou dressent leurs petites tentes de voyage dans la campagne. Le Lha-Ssa-Morou dure six jours entiers. Pendant ce temps, les tribunaux sont fermés, le cours ordinaire de la justice est suspendu, les ministres et les fonctionnaires publics perdent en quelque sorte leur autorité, et toute la puissance du gouvernement est abandonnée à cette armée formidable de religieux bouddhistes. Il règne alors dans la ville un désordre et une confusion inexprimables. Les Lamas parcourent les rues par bandes désordonnées, poussent des cris affreux, chantent des prières, se heurtent, se querellent, et quelquefois se livrent, à grands coups de poing, des batailles sanglantes.

Quoique les Lamas montrent, en général, peu de réserve et de modestie, pendant ces jours de fêtes, il ne faudrait pas croire cependant qu'ils se rendent à Lha-Ssa pour se livrer à des divertissements profanes, et peu conformes à leur état de religieux ;

c'est la dévotion, au contraire, qui est le grand mobile de leur voyage. Leur but est d'implorer la bénédiction du Talé-Lama, et de faire un pèlerinage au célèbre couvent bouddhique appelé *Morou*, et qui occupe le centre de la ville. C'est de là qu'est venu le nom de Lha-Ssa-Morou, qui a été donné à ces six jours de fête.

Le couvent de Morou est remarquable par le luxe et les richesses qui sont étalés dans ses temples. L'ordre et la propreté qui y règnent continuellement en font comme le modèle et la règle des autres couvents de la province. A l'ouest du principal temple, on voit un vaste jardin entouré d'un péristyle. C'est là que se trouvent les ateliers de typographie. De nombreux ouvriers, appartenant à la lamaserie, sont journellement occupés à graver des planches et à imprimer les livres bouddhiques. Les procédés dont ils se servent étant semblables à ceux des Chinois, qui sont suffisamment connus, nous nous dispenserons d'en parler. Les Lamas qui se rendent annuellement à la fête du Lha-Ssa-Morou, ont l'habitude de profiter de cette occasion pour faire leurs emplettes de livres.

Lamaseries de Lha-Ssa.

Dans le seul district de Lha-Ssa, on compte plus de trente grands couvents bouddhiques (1). Ceux de Khaldha, de Préboung et de Séra, sont les plus célèbres et les plus nombreux. Chacun d'eux renferme à peu près quinze mille Lamas.

Khaldhan, qui signifie en thibétain *Béatitude céleste*, est le nom d'une montagne située à l'est de Lha-Ssa ; elle en est éloignée de quatre lieues. C'est

____

(1) La province d'*Ouï* en compte trois mille.

sur le sommet de cette montagne que s'élève la lamaserie de Khaldhan. Au rapport des livres lamaïques, elle fut fondée l'an 1409 de notre ère, par le fameux Tsong-Kaba, réformateur du bouddhisme, et instituteur de la secte du bonnet jaune. Tsong-Kaba y fixa sa résidence ; et c'est là qu'il laissa son enveloppe humaine, quand son âme alla s'absorber dans l'essence universelle. Les Thibétains prétendent qu'on y voit encore son corps merveilleux, frais, incorruptible, parlant quelquefois, et par un prodige continuel, se tenant toujours en l'air sans que rien le soutienne. Nous ne pouvons rien dire de cette croyance des bouddhistes, parce que le trop court séjour que nous avons fait à Lha-Ssa ne nous a pas permis d'aller visiter le couvent de Khaldha.

La lamaserie de Préboung (*Dix mille fruits*) est située à deux lieues à l'ouest de Lha-Ssa ; elle est construite sur les flancs d'une haute montagne. Au centre du couvent, s'élève une espèce de kiosque magnifiquement orné, et tout étincelant d'or et de peintures. Il est réservé pour le Talé-Lama, qui s'y rend une fois tous les ans pour expliquer aux religieux les livres sacrés. Les Lamas mongols, qui viennent dans le Thibet pour se perfectionner dans la science des prières, et obtenir les grades de la hiérarchie lamaïque, vont ordinairement se fixer à Préboung qui, à cause de cela, est quelquefois appelé dans le pays *Couvent des Mongols*.

Séra est situé au nord de Lha-Ssa, et tout au plus à une demi-lieue de distance de la ville. Les temples bouddhiques et les habitations des Lamas sont adossés au versant d'une montagne plantée de houx et de cyprès. C'est par là que passe la route suivie par les pèlerins qui viennent de la Tartarie.

De loin, tous ces monuments rangés en amphithéâtre les uns au-dessus des autres, et se détachant sur le fond vert de la montagne, présentent à la vue un tableau attrayant et pittoresque. Çà et là, aux anfractuosités de la montagne, et bien au-dessus de la cité religieuse, on voit un grand nombre de cellules habitées par des Lamas contemplatifs, et où l'on ne peut parvenir qu'avec une grande difficulté. Le couvent de Séra est remarquable par trois grands temples à plusieurs étages, dont toutes les salles sont entièrement dorées. C'est de là que vient à la lamaserie le nom de Séra, du mot thibétain *ser*, qui veut dire or. Dans le principal de ces trois temples, on conserve religieusement le fameux *tortché*, ou *instrument sanctificateur* qui, selon la croyance des bouddhistes, est venu de l'Inde, à travers les airs, se placer de lui-même dans le couvent de Séra. Cet instrument est en bronze ; sa forme ressemble grossièrement à celle d'un pilon : le milieu par où on le tient, est uni et cylindrique ; les deux extrémités sont renflées, affectent la forme ovoïde, et sont chargées de figures symboliques. Tous les Lamas doivent avoir un petit *tortché* fabriqué sur le modèle de celui qui est venu merveilleusement de l'Inde. Quand ils récitent leurs prières, et pendant les cérémonies religieuses, cet instrument leur est indispensable : ils doivent tantôt le prendre, tantôt le déposer sur leurs genoux, puis le reprendre et le faire tourner dans leur main, suivant les règles marquées par le livre des rites. Le *tortché* de Séra est l'objet d'une grande vénération. Les pèlerins ne manquent jamais d'aller se prosterner devant la niche où il repose. Aux fêtes du nouvel an, on le transporte processionnellement et en grande pompe à Lha-Ssa, pour l'offrir à l'adoration des habitants de la ville.

Préparatifs de départ. Adieux au Régent et à nos amis.

Pendant que les innombrables Lamas du Lha-Ssa-Morou, célébraient avec transport leur bruyante fête, nous autres, le cœur navré de tristesse, nous étions occupés en silence des préparatifs de notre départ ; nous défaisions cette petite chapelle où nous avions goûté des consolations bien enivrantes, mais hélas ! de bien courte durée. Après avoir essayé de défricher et d'ensemencer un pauvre petit coin de cet immense désert, il fallait l'abandonner, en nous disant que bientôt, sans doute, les ronces et épines viendraient repousser en abondance, et étouffer ces précieux germes de salut qui déjà commençaient à poindre. O ! comme ces pensées étaient amères et désolantes ! Nous sentions nos cœurs se briser ; et nous n'avions de force que pour supplier le Seigneur d'envoyer à ces pauvres enfants des ténèbres, des Missionnaires plus dignes de leur porter le flambeau de la foi.

La veille de notre départ, un des secrétaires du Régent entra chez nous, et nous remit, de sa part, deux gros lingots d'argent. Cette attention du premier Kalon nous toucha profondément ; mais nous crûmes ne pas devoir accepter cette somme. Sur le soir, en nous rendant à son palais pour lui faire nos adieux, nous lui rapportâmes les deux lingots. Nous les déposâmes devant lui sur une petite table, en lui protestant que cette démarche n'était nullement un signe de mécontentement de notre part ; qu'au contraire nous nous souviendrions toujours, avec reconnaissance, des bons traitements que nous avions reçus du gouvernement thibétain, pendant le court séjour que nous avions fait à Lha-Ssa ; que nous étions persuadés que, s'il eût dépendu du Ré-

gent, nous eussions toujours joui dans le Thibet
du séjour le plus tranquille et le plus honorable ;
mais que, pour cet argent, nous ne pouvions le recevoir sans compromettre notre conscience de Missionnaires et l'honneur de notre nation. Le Régent
ne se montra nullement choqué de notre procédé.
Il nous dit qu'il comprenait notre démarche, et
savait apprécier la répugnance que nous lui expri-
mions ; qu'il n'insisterait donc pas pour nous faire
accepter cet argent, mais que pourtant il serait bien
aise de nous offrir quelque chose au moment de se
séparer de nous... Alors, nous indiquant un diction-
naire en quatre langues, qu'il nous avait souvent
vus feuilleter avec intérêt, il nous demanda si cet
ouvrage pourrait nous être agréable. Nous crûmes
pouvoir recevoir ce présent, sans compromettre en
aucune manière la dignité de notre caractère. Nous
exprimâmes ensuite au Régent combien nous serions
heureux s'il daignait accepter, comme un souvenir
de la France, le microscope qui avait tant excité
sa curiosité : notre offre fut accueillie avec bienveillance.

Au moment de nous séparer, le Régent se leva
et nous adressa ces paroles : — « Vous partez ;...
mais qui peut connaître les choses à venir?... Vous
êtes des hommes d'un courage étonnant, puisque
vous avez pu venir jusqu'ici... Je sais que vous avez
dans le cœur une grande et sainte résolution. Je
pense que vous ne l'oublierez jamais ; pour moi,
je m'en souviendrai toujours... Vous me comprenez
assez ; les circonstances ne me permettent pas d'en
dire davantage. — Nous comprenons, répondîmes-
nous au Régent, toute la portée de tes paroles...
Nous prierons beaucoup notre Dieu de réaliser un
jour le vœu qu'elles expriment. » Nous nous séparâmes ensuite, le cœur gros d'affliction, de cet homme

qui avait été pour nous si plein de bonté, et sur lequel nous avions fondé l'espérance de faire connaître, avec l'aide de Dieu, les vérités du Christianisme à ces pauvres peuplades du Thibet.

Quand nous rentrâmes à notre habitation, nous trouvâmes le gouverneur kachemirien qui nous attendait : il nous avait apporté quelques provisions de voyage, d'excellents fruits secs de Ladak, et des gâteaux faits avec de la farine de froment, du beurre et des œufs. Il voulut passer toute la soirée avec nous, et nous aider à confectionner nos malles. Comme il avait le projet de faire prochainement le voyage de Calcutta, nous le chargeâmes de donner de nos nouvelles au premier Français qu'il rencontrerait dans les possessions anglaises de l'Inde. Nous lui remîmes même une lettre, que nous le priâmes de faire parvenir au représentant du gouvernement français à Calcutta. Dans cette lettre, nous exposions sommairement les circonstances de notre séjour dans la capitale du Thibet, et les causes de notre départ. Il nous parut bon de prendre cette mesure de prudence, au moment où nous allions nous engager dans un voyage de mille lieues, à travers des routes affreuses et continuellement bordées de précipices. Nous pensâmes que, si telle était la volonté de Dieu, que nous fussions ensevelis au milieu des montagnes du Thibet, nos amis de France pourraient du moins savoir ce que nous serions devenus.

Séparation d'avec Samdadchiemba.

Ce soir même, Samdadchiemba vint nous faire ses adieux. Depuis le jour où l'ambassadeur chinois avait arrêté de nous faire partir du Thibet, notre cher néophyte nous avait été arraché. Il est inutile de dire combien cette épreuve nous fut dure et pénible ; mais à cette mesure nous ne pouvions, ni le Régent ni nous, opposer aucune réclamation. Samdadchiemba étant originaire de la province du Kan-Sou, dépendait directement de l'autorité chinoise. Quoique notre influence auprès de Ki-Chan ne fût pas très grande, nous obtînmes de lui pourtant qu'on ne lui ferait subir aucun mauvais traitement, et qu'on le renverrait en paix dans sa famille. Ki-Chan nous le promit, et nous avons su depuis qu'il avait été assez fidèle à sa parole. Le Régent fut plein de bonté pour notre néophyte. Aussitôt qu'il fut séparé de nous, il pourvut à ce que rien ne lui manquât ; il lui fit même donner une assez forte somme d'argent pour faire les préparatifs de son voyage. Avec ce que les circonstances nous permirent d'y ajouter, Samdadchiemba put se faire une petite fortune, et se mettre en état de rentrer convenablement dans sa maison paternelle. Nous lui recommandâmes d'aller, auprès de sa vieille mère, remplir les devoirs qu'impose la piété filiale, de l'instruire des mystères de la foi, et de la faire jouir à sa dernière heure du bienfait de la régénération baptismale ; puis, quand il lui aurait fermé les yeux, de retourner passer ses jours parmi les chrétiens (1).

Pour dire vrai, Samdadchiemba n'était pas un jeune homme aimable ; son caractère âpre, sauvage, et quelquefois insolent, en faisait un assez mauvais compagnon de voyage. Cependant il y avait en lui un fonds de droiture et de dévouement, bien capable de compenser à nos yeux les travers de son

---

(1) Nous avons eu depuis peu de temps des nouvelles de Samdadchiemba. Après être resté pendant plus d'un an dans son pays, il est retourné dans nos missions de la Tartarie Mongole et actuellement il est dans le village chrétien de *Si-Wang*, en dehors de la grande muraille (1852).

naturel. Nous éprouvâmes en nous séparant de lui une douleur profonde, et qui nous fut d'autant plus sensible, que nous n'eussions jamais soupçonné avoir au fond du cœur un si vif attachement pour ce jeune homme. Mais nous avions fait ensemble un voyage si long et si pénible, nous avions enduré ensemble tant de privations et supporté tant de misères, qu'insensiblement, et comme à notre insu, notre existence s'était, pour ainsi dire, soudée à la sienne. La loi d'affinité qui unit les hommes entre eux, agit au milieu des souffrances, bien plus puissamment que dans un état de prospérité.

Le Pacificateur des royaumes.

Le jour fixé pour notre départ, deux soldats chinois vinrent, de grand matin, nous avertir que le *Ta-Lao-Yé*, Ly-Kouo-Ngan, c'est-à-dire, Son Excellence *Ly*, Pacificateur des royaumes, nous attendait pour déjeuner. Ce personnage était le Mandarin que l'ambassadeur Ki-Chan avait désigné pour nous accompagner jusqu'en Chine. Nous nous rendîmes à son invitation ; et comme le convoi devait s'organiser chez lui, nous y fîmes transporter nos effets.

Ly, Pacificateur des royaumes, était originaire de *Tcheng-Tou-Fou*, capitale de la province du Sse-Tchouen : il appartenait à la hiérarchie des Mandarins militaires. Pendant douze ans, il avait servi dans le *Gorkha*, province du Boutan, où il avait obtenu un avancement rapide, et était parvenu jusqu'à la dignité de *Tou-Sse*, avec le commandement général des troupes qui surveillent les frontières voisines des possessions anglaises. Il était décoré du globule bleu, et jouissait du privilège de porter à son bonnet sept queues de martre-zibeline. Ly-Kouo-Ngan n'était âgé que de quarante-cinq ans, mais on lui en eût bien donné soixante-dix, tant il était cassé et délabré ; il n'avait presque plus de dents, ses rares cheveux étaient gris, et ses yeux ternes et vitrés supportaient avec peine une lumière trop vive ; sa figure molle et plissée, ses mains entièrement desséchées, et ses jambes épaisses, sur lesquelles il pouvait à peine se soutenir, tout indiquait un homme épuisé par de grands excès. Nous crûmes d'abord que cette vieillesse précoce était le résultat d'un usage immodéré de l'opium ; mais il nous apprit lui-même, et dès notre première entrevue, que c'était l'eau-de-vie qui l'avait réduit en cet état. Ayant demandé et obtenu sa retraite, il allait, au sein de sa famille, essayer de réparer, par un régime sage et sévère, le délabrement de sa santé. L'ambassadeur Ki-Chan n'avait tant pressé notre départ, que pour nous faire aller de compagnie avec ce Mandarin, qui, en sa qualité de Tou-Sse, devait avoir une escorte de quinze soldats.

Ly-Kouo-Ngan était très instruit pour un Mandarin militaire ; les connaissances qu'il avait de la littérature chinoise, et surtout son caractère éminemment observateur, rendaient sa conversation piquante et pleine d'intérêt. Il parlait lentement, d'une manière même traînante ; mais il savait admirablement donner à ses récits une tournure dramatique et pittoresque. Il aimait beaucoup à s'occuper de questions philosophiques et religieuses ; il avait même, disait-il, de magnifiques projets de perfection pour le temps où, libre et tranquille dans sa famille, il n'aurait plus à s'occuper qu'à jouer aux échecs avec ses amis, ou à aller voir la comédie. Il ne croyait ni aux Bonzes, ni aux Lamas ; quant à la doctrine du Seigneur du ciel, il ne savait pas trop ce que c'était ; il avait besoin de s'en instruire avant de l'embrasser. En attendant, toute sa religion consistait en une fervente dévotion pour la Grande-Ourse ; il affectait des manières aristocratiques, et d'une politesse exquise ; malheureusement, il lui arrivait parfois de s'oublier, et de laisser percer son origine tout à fait plébéienne. Il est inutile d'ajouter que Son Excellence le Pacificateur des royaumes était amateur des lingots d'argent ; sans cela, il eût été difficile de reconnaître en lui un Chinois, et surtout un Mandarin.

Ly-Kouo-Ngan nous fit servir un déjeuner de luxe ; sa table nous parut d'autant mieux servie, que, depuis deux ans, nous étions accoutumés à vivre un peu comme des sauvages. L'habitude de manger avec les doigts nous avait fait presque oublier de nous servir des bâtonnets chinois. Quand nous eûmes fini, Ly-Kouo-Ngan nous avertit que tout était préparé pour le départ ; mais, qu'avant de se mettre en route, il était de son devoir de se rendre, avec sa compagnie de soldats, au palais de l'ambassadeur, pour prendre congé de lui. Il nous demanda si nous ne désirerions pas l'accompagner.—Volontiers, lui répondîmes-nous, allons ensemble chez l'ambassadeur ; nous remplirons, toi, un devoir, et nous, une politesse.

Harangues de Ki-Chan.

Nous entrâmes, notre conducteur et nous, dans l'appartement où était Ki-Chan. Les quinze soldats s'arrêtèrent au seuil de la porte, et se rangèrent en file, après s'être prosternés et avoir frappé trois fois la terre de leur front. Le Pacificateur des royaumes en fit autant ; mais le pauvre malheureux ne put se relever qu'avec notre secours. Selon notre habitude, nous saluâmes en mettant notre bonnet sous le bras. Ki-Chan prit la parole, et nous fit à chacun une petite harangue.

S'adressant d'abord à nous, il prit un ton patelin et maniéré. — « Voilà, nous dit-il, que vous allez retourner dans votre royaume ; je pense que vous n'aurez pas à vous plaindre de moi, ma conduite à votre égard est irréprochable. Je ne vous permets pas de rester ici, mais c'est la volonté du grand Empereur et non la mienne ; je ne vous permets pas de suivre la route de l'Inde, parce que les lois de l'empire s'y opposent ; s'il en était autrement, tout vieux que je suis, je vous accompagnerais moi-même jusqu'aux frontières. La route que vous allez suivre n'est pas si affreuse qu'on le prétend ; vous aurez, il est vrai, un peu de neige ; vous trouverez quelques montagnes élevées ; il y aura des journées froides... Vous voyez que je ne vous cache pas la vérité ; pourquoi vous tromper ? Mais au moins vous aurez des hommes pour vous servir, et tous les soirs vous trouverez un gîte préparé ; vous n'aurez pas besoin de dresser la tente. Est-ce que cette route ne vaut pas mieux que celle que vous avez suivie pour venir ? Vous serez obligés d'aller à cheval ; je ne puis pas vous donner un palanquin, on n'en trouve pas dans ce pays. Le rapport que je dois adresser au grand Empereur partira dans quelques jours ; comme mes estafettes courent jour et nuit, il vous précédera. Quand vous serez arrivés en paix à la capitale du Sse-Tchouen, le vice-roi, *Pao*, aura soin de vous, et ma responsabilité cessera. Vous pouvez partir avec confiance, et en dilatant vos cœurs. J'ai déjà envoyé des ordres, afin que vous soyez bien traités partout où vous passerez. Que l'astre de la félicité vous guide dans votre voyage depuis le commencement jusqu'à la fin !

— Quoique nous nous sentions opprimés, répondîmes-nous à Ki-Chan, nous n'en faisons pas moins des vœux pour ta prospérité. Puisque c'est aux dignités que tu aspires, puisses-tu rentrer dans toutes celles que tu as perdues, et en obtenir encore de plus grandes ! — Oh ! mon étoile est mauvaise ! mon étoile est mauvaise ! » s'écria Ki-Chan, en puisant dans son godet d'argent une forte prise de tabac.

S'adressant ensuite au Pacificateur des royaumes, sa voix prit tout à coup une intonation grave et solennelle. — « Ly-Kouo-Ngan, lui dit-il, puisque le grand Empereur te permet de rentrer dans ta famille, tu vas partir : tu auras ces deux compagnons de voyage, et ce doit être pour toi un grand sujet de joie ; car la route, tu le sais, est longue et ennuyeuse. Le caractère de ces hommes est plein de justice et de miséricorde ; tu vivras donc avec eux dans une grande concorde. Garde-toi de jamais contrister leur cœur, soit par parole, soit par action... Voici encore une chose importante que j'ai à te dire : comme tu as servi l'empire pendant douze ans sur les frontières du Gorkha, j'ai donné ordre au fournisseur de t'envoyer cinq cents onces d'argent ; c'est un cadeau du grand Empereur. » — A ces mots, Ly-Kouo-Ngan, trouvant tout à coup dans ses jambes une souplesse inusitée, se précipita à genoux avec impétuosité. — « Les bienfaits célestes du grand Empereur, dit-il, m'ont toujours environné de toute part ; mais, mauvais serviteur que je suis, comment pourrais-je encore recevoir, sans rougir, une faveur si signalée? J'adresse de vives supplications à l'ambassadeur, afin qu'il me soit permis de me cacher la face, et de me soustraire à cette grâce imméritée. » Ki-Chan lui répondit : — « Est-ce que tu t'imagines que le grand Empereur va te savoir beaucoup de gré de ton désintéressement? Qu'est-ce que c'est que quelques onces d'argent? Va, reçois ce peu d'argent puisqu'on te l'offre ; tu en auras pour boire une tasse de thé avec tes amis ; mais quand tu seras là-bas, garde-toi bien de recommencer avec ton eau-de-vie. Si tu es désireux de vivre encore quelques années, tu dois t'interdire l'eau-de-vie. Je te dis cette parole, parce qu'un père et une mère doivent donner de bons conseils à leurs enfants. » — Ly-Kouo-Ngan frappa trois fois la terre du front, puis se releva et vint se placer à côté de nous.

Ki-Chan harangua enfin les soldats, et changea de ton pour la troisième fois. Sa voix fut brusque, saccadée, et frisant quelquefois la colère et l'emportement. — « Et vous autres soldats... A ces mots, les quinze militaires, comme poussés par un ressort unique, tombèrent ensemble à genoux, et gardèrent cette posture pendant tout le temps que dura l'allocution... Voyons, combien êtes-vous? vous êtes quinze, je crois ;... et en même temps, il les compta du doigt... oui, c'est cela, quinze hommes. Vous autres quinze soldats, vous allez rentrer dans votre province, votre service est fini ; vous escorterez jusqu'au Sse-Tchouen votre Tou-Sse, ainsi que ces deux étrangers ; en route, vous les servirez fidèlement, et soyez attentifs à être toujours respectueux et obéissants. Comprenez-vous clairement ces paroles? — Oui, nous comprenons. — Quand vous passerez dans les villages des *Poba* (Thibétains), gare à vous, si vous opprimez le peuple ; dans les relais, gardez-vous bien de piller et de dérober le bien d'autrui. Comprenez-vous clairement? — Oui, nous comprenons. — Ne nuisez pas aux troupeaux, respectez les champs ensemencés, n'incendiez pas les forêts... Comprenez-vous clairement? — Oui, nous comprenons. — Entre vous autres, qu'il y ait toujours paix et concorde. Est-ce que vous n'êtes pas tous des soldats de l'empire? N'allez donc pas vous maudire et vous quereller. Comprenez-vous clairement? — Oui, nous comprenons. — Quiconque aura une mauvaise conduite, qu'il n'espère pas échapper au châtiment ; son péché sera examiné attentivement, et puni avec sévérité. Comprenez-vous clairement? — Oui, nous comprenons. — Puisque vous comprenez, obéissez et tremblez !... » Aussitôt après cette courte, mais énergique péroraison, les quinze soldats frappèrent trois fois la terre du front, et se relevèrent.

Ki-Chan nous confie son trésor.

Au moment où nous quittions la résidence de l'ambassadeur, Ki-Chan nous tira à l'écart pour nous dire quelques mots en particulier. — « Dans peu de temps, nous dit-il, je dois quitter le Thibet (1) et rentrer en Chine. Pour ne pas être trop chargé de bagage à mon départ, je fais partir deux grosses caisses par cette occasion ; elles sont recouvertes en peau de bœuf à long poil... Il nous indiqua ensuite les caractères dont elles étaient marquées. — Ces deux caisses, ajouta-t-il, je vous les recommande. Tous les soirs, quand vous arriverez au relais, faites-les déposer dans l'endroit même où vous devrez passer la nuit. A Tching-Tou-Fou, capitale du Sse-Tchouen, vous les remettrez à Pao-Tchoung-Tang, Vice-Roi de la province. Veillez aussi avec soin sur vos effets ; car dans la route que vous allez suivre, il y a beaucoup de petits voleurs. » Après avoir donné à Ki-Chan l'assurance que nous nous sou-

---

(1) Ki-Chan est en effet actuellement vice-roi de la province du Sse-Tchouen.

Au moment de notre départ de la Chine, nous avons appris que le nouvel empereur avait condamné à mort et fait exécuter le malheureux *Ki-Chan*. Il nous a été impossible de savoir de quel crime on l'avait accusé. — L'empire chinois a fait une grande perte et l'empereur s'est privé d'un homme d'État plein d'intelligence et de patriotisme (1852).

viendrions de sa recommandation, nous allâmes rejoindre Ly-Kouo-Ngan, qui nous attendait au seuil de la grande porte d'entrée.

C'est une chose assez curieuse que l'ambassadeur chinois se soit avisé de nous confier son trésor, tandis qu'il avait à sa disposition un grand Mandarin qui naturellement était appelé par sa position à lui rendre ce service. Mais la jalousie dont Ki-Chan était animé à l'égard des étrangers, n'allait pas jusqu'à lui faire oublier ses intérêts. Il trouva, sans doute, qu'il serait plus sûr de confier ses caisses à des Missionnaires qu'à un Chinois, même Mandarin. Cette marque de confiance nous fit plaisir ; c'était un hommage rendu à la probité des chrétiens, et en même temps une satire bien amère du caractère chinois.

Adieux du Pacificateur à son épouse.

Nous nous rendîmes à la maison de Ly-Kouo-Ngan, où dix-huit chevaux déjà tout sellés nous attendaient dans la cour. Les trois qui avaient meilleure mine étaient à part ; on les avait réservés pour le Tou-Sse et pour nous. Les quinze autres étaient pour les soldats, et chacun dut prendre celui qui lui fut désigné par le sort.

Avant de monter à cheval, une Thibétaine vigoureusement membrée et assez proprement vêtue, se présenta : c'était la femme de Ly-Kouo-Ngan. Il l'avait épousée depuis six ans, et il allait l'abandonner pour toujours ; il n'en avait eu qu'un enfant qui était mort en bas âge. Ces deux conjugales moitiés ne devant plus se revoir, il était bien juste qu'au moment d'une si déchirante séparation, il y eût quelques mots d'adieu. La chose se fit en public, et de la manière suivante. — « Voilà que nous partons, dit le mari ; toi, demeure ici, assise en paix dans ta chambre. — Va-t'en tout doucement, répondit l'épouse ; va-t'en tout doucement, et prends bien garde aux enflures de tes jambes... Elle mit ensuite une main devant ses yeux, comme pour faire croire qu'elle pleurait. — Tiens, dit le Pacificateur des royaumes, en se tournant vers nous, elles sont drôles ces femmes thibétaines ; je lui laisse une maison solidement bâtie, et puis une foule de meubles presque tout neufs ; et voilà qu'elle s'avise de pleurer ! Est-ce qu'elle n'est pas contente comme cela ? » Après ces adieux si pleins d'onction et de tendresse, tout le monde monta à cheval, et l'escadron se mit en marche à travers les rues de Lha-Ssa, ayant soin de choisir les endroits les moins encombrés de Lamas.

Dernière entrevue avec nos amis.

Quand nous fûmes hors de la ville, nous aperçûmes un groupe assez nombreux qui paraissait nous attendre ; c'étaient des habitants de Lha-Ssa, avec lesquels nous avions eu des relations assez intimes pendant notre séjour dans cette ville. La plupart d'entre eux avaient commencé à s'instruire des vérités du Christianisme, et nous avaient paru sincèrement disposés à embrasser notre sainte religion ; ils s'étaient rassemblés sur notre passage, pour nous saluer et nous offrir un *khata* d'adieu. Nous remarquâmes au milieu d'eux le jeune médecin, portant toujours sur sa poitrine la croix que nous lui avions donnée. Nous descendîmes de cheval pour adresser à ces cœurs chrétiens quelques paroles de consolation ; nous les exhortâmes à renoncer courageusement au culte superstitieux de Bouddha, pour adorer le Dieu des chrétiens, et à être toujours pleins de confiance en sa miséricorde. O ! qu'il fut cruel, le moment où nous fûmes obligés de nous séparer de ces bien-aimés catéchumènes, auxquels nous n'avions fait qu'indiquer la voie du salut éternel, sans pouvoir y diriger leurs premiers pas ! Hélas ! nous ne pouvions plus rien pour eux, rien, si ce n'est de prier la divine Providence d'avoir compassion de ces âmes rachetées par le sang de Jésus-Christ.

Au moment où nous remontions à cheval pour continuer notre route, nous aperçûmes un cavalier qui se dirigeait vers nous au grand galop ; c'était le gouverneur des Kachemiriens qui avait eu la pensée de nous accompagner jusqu'à la rivière *Bo-Tchou*. Nous fûmes extrêmement touchés d'une attention si aimable, et qui n'avait rien qui dût nous surprendre de la part d'un ami sincère, dévoué, et qui nous avait donné des marques si nombreuses d'attachement durant notre séjour à Lha-Ssa.

L'arrivée du gouverneur des Kachemiriens fut cause que nous chevauchâmes très lentement, car nous avions beaucoup de choses à nous dire ; enfin, après une heure de marche, nous arrivâmes sur les bords du Bo-Tchou. Nous y trouvâmes une escorte thibétaine, que le Régent avait fait organiser pour nous conduire jusqu'aux frontières de Chine ; elle se composait de sept hommes et d'un grand Lama, portant le titre de *Dheba*, gouverneur de canton ; avec l'escorte chinoise, nous formions une caravane de vingt-six cavaliers, sans parler des conducteurs d'un grand troupeau de bœufs grognants qui portaient nos bagages.

Passage du Bo-Tchou.

Deux grands bacs étaient disposés pour recevoir les cavaliers et les chevaux ; ceux-ci y sautèrent d'un seul bond et allèrent ensuite s'aligner tout tranquillement les uns à côté des autres : on voyait que ce n'était pas la première fois qu'ils faisaient ce métier. Les hommes entrèrent ensuite, à l'exception du Dhéba, de Ly-Kouo-Ngan et de nous deux. Nous comprîmes qu'on allait nous faire passer la rivière d'une façon un peu plus aristocratique ; mais nous avions beau regarder de tous côtés, nous n'apercevions pas d'embarcation. — « Comment donc allons-nous faire pour passer, nous autres? » Voilà là-bas, nous répondit-on, la barque qui arrive. — Nous levâmes les yeux du côté qu'on nous indiquait : nous aperçûmes en effet une barque et un homme, qui s'avançaient à travers champs ; mais, à l'opposé de ce qui se pratique ordinairement, c'était la barque qui était portée par l'homme, et non l'homme par la barque. Ce batelier, qui courait le dos chargé d'une grande embarcation, était une chose monstrueuse à voir. Aussitôt qu'il fut arrivé sur le rivage, il déposa tranquillement son fardeau, et poussa la barque à l'eau sans le moindre effort. Il n'y avait pas de milieu ; ou l'homme était d'une force prodigieuse, ou la barque d'une légèreté extrême. Nous regardâmes l'homme, et nous n'aperçûmes en lui rien d'extraordinaire ; nous approchâmes de la barque, nous l'examinâmes, nous la touchâmes, et le problème fut aussitôt résolu. Cette grande embarcation était fabriquée avec des cuirs de bœuf solidement cousus les uns aux autres ; dans l'intérieur, quelques légères tringles en bambou servaient à lui maintenir sa forme.

Après avoir serré affectueusement la main au gouverneur kachemirien, nous entrâmes dans l'embarcation ; mais nous faillîmes la crever du premier pas que nous fîmes. On avait oublié de nous avertir qu'on devait seulement appuyer les pieds sur les tringles de bambou. Quand nous fûmes tous embarqués, le batelier se mit à pousser avec une longue perche, et dans un clin d'œil nous fûmes de l'autre côté de la rivière ; nous sautâmes à terre, et le patron prenant la barque sur son dos se sauva à travers champs.

Ces barques en cuir ont l'inconvénient de ne pouvoir rester longtemps dans l'eau sans se pourrir. Aussitôt qu'on s'en est servi, on a soin de les renverser sur la plage, pour les faire sécher : peut-être qu'en les enduisant d'un bon vernis, on pourrait les préserver de l'action de l'eau, et les rendre propres à supporter une plus longue navigation.

Quand nous fûmes à cheval, nous jetâmes un dernier regard sur la ville de Lha-Ssa qu'on apercevait encore dans le lointain ; nous dîmes au fond du cœur : O mon Dieu, que votre volonté soit faite !... Et nous suivîmes en silence les pas de la caravane. C'était le 15 mars 1846.

CHAPITRE VIII

La campagne thibétaine. Le Musicien.

En sortant de Lha-Ssa, nous cheminâmes pendant plusieurs jours au milieu d'une large vallée *entièrement* livrée à la culture, et où l'on aperçoit de tous côtés de *nombreuses fermes thibétaines*, ordinairement entourées de grands arbres. Les travaux agricoles n'avaient pas encore commencé, car dans le Thibet les hivers sont toujours longs et rigoureux. Des troupeaux de chèvres et de bœufs grognants erraient tristement parmi les champs poudreux, et donnaient de temps en temps quelques coups de *dents aux dures tiges de tsing-kou* dont le sol était hérissé : cette espèce d'orge est la récolte principale de ces pauvres contrées.

La vallée tout entière se compose d'une foule de petits champs, séparés les uns des autres par des clôtures basses et épaisses, formées avec de grosses pierres. Le défrichement de ce terrain rocailleux a sans doute coûté, aux premiers cultivateurs, beaucoup de fatigues et une grande patience. Ces pierres énormes ont dû être péniblement arrachées du sol, les unes après les autres, et roulées avec effort sur les limites des champs.

Au moment de notre passage, la campagne présentait en général un aspect morne et mélancolique. Cependant le tableau était quelquefois animé *par* quelques caravanes de Lamas, qui se rendaient en chantant et en folâtrant à la solennité du Lha-Ssa-Morou. Des cris de joie et des éclats de rire s'échappaient par intervalles des métairies qui bordaient la route, et nous annonçaient que les réjouissances du nouvel an n'étaient pas encore terminées.

Notre première étape ne fut pas longue. Nous nous arrêtâmes bien avant le coucher du soleil, à Detsin-Dzoûg, gros village éloigné de Lha-Ssa de six lieues (soixante lis). Une grande maison avait été préparée à l'avance, pour le repos de la caravane. Aussitôt que nous eûmes mis pied à terre, nous fûmes introduits, par le chef du village, dans une chambre au milieu de laquelle flambait un magnifique feu d'argols, dans un grand bassin en terre cuite. On nous invita à nous asseoir sur d'épais coussins de *pou-lou* vert, et on nous servit immédiatement du thé beurré. Nous fûmes entourés de tant de soins et de prévenances, que nos cœurs finirent bientôt par s'épanouir. Cette manière de voyager nous parut merveilleuse. Quel contraste en effet avec la vie dure et pénible que nous avions menée dans le désert, où une halte n'était pour nous qu'un surcroît de misères ! Voyager sans être obligés de dresser une tente et de soigner des animaux ; sans se mettre en peine du chauffage et de la nourriture : c'était comme la réalisation d'une brillante utopie. Aussitôt qu'on est descendu de cheval, trouver une chambre bien chaude et une grande cruche de thé beurré, c'était pour nous du pur sybaritisme.

Peu après notre arrivée, nous reçûmes la visite officielle du grand Lama que le Régent avait chargé de nous accompagner jusqu'aux frontières de la Chine, et avec lequel nous n'avions encore échangé que quelques paroles de politesse, lors du passage de la rivière. Ce personnage nommé *Dsiamdchang*, c'est-à-dire *le Musicien*, était un homme trapu, et âgé d'une cinquantaine d'années ; il avait rempli des fonctions administratives dans plusieurs contrées du Thibet. Avant d'être rappelé à Lha-Ssa, il occupait le poste de *Dhéba* général, dans un canton peu éloigné de Ladak ; une incomparable bonhomie était répandue sur sa figure large et un peu ridée. Son caractère tenait de la naïveté et de la candeur de l'enfant. Il nous dit que le Régent l'avait chargé de faire ce voyage exprès pour nous, afin de veiller à ce que rien ne nous manquât, durant tout le temps que nous serions dans les contrées soumises au Talé-Lama. Ensuite il nous présenta deux jeunes Thibétains, dont il nous fit un long et pompeux éloge. — « Ces deux hommes, nous dit-il, ont été spécialement désignés pour vous servir en route. Quand vous leur commanderez quelque chose, ils devront vous obéir ponctuellement. Pour ce qui est de vos repas, ajouta-t-il, comme vous êtes peu accoutumés à la cuisine thibétaine, il a été convenu que vous les prendriez avec les Mandarins chinois. »

Après avoir conversé pendant quelques instants avec le Lama Dsiamdchang, nous eûmes en effet l'honneur de souper en la compagnie de Ly, le Pacificateur des royaumes, qui logeait dans une chambre voisine de la nôtre. Ly- Kouo-Ngan fut très aimable, et nous donna de nombreux détails sur la route que nous allions faire, et qu'il parcourait lui-même pour la huitième fois. Afin que nous pussions avoir tous les jours des notions précises sur les contrées que nous traversions, il nous prêta un ouvrage chinois, renfermant un itinéraire de Tching-Tou, capitale du Sse-Tchouen à Lha-Ssa. Cet ouvrage est intitulé : *Ouï-Tsang-Thou-Tchi*, c'est-à-dire *Description du Thibet, accompagnée de gravures.*

Nouvelles étapes. Organisation des « oulah ».

Nous partîmes de *Detsin-Dzoûg*, que le jour n'avait
pas encore paru, car nous avions une longue traite
à faire. Nous suivîmes la même vallée dans laquelle
nous étions entrés en sortant de la ville de Lha-Ssa.
Mais à mesure que nous avancions, les montagnes,
dont cette large plaine est environnée, s'élevaient
insensiblement à l'horizon, et semblaient se rapprocher de nous ; la vallée allait toujours se rétrécissant ;
le sol devenait plus rocailleux ; les fermes étaient
moins nombreuses ; et la population perdait peu à
peu ces dehors d'élégance et de civilisation qu'on
remarque toujours aux environs des grandes villes.
Après quatre-vingts lis d'une marche précipitée et
non interrompue, nous nous arrêtâmes pour prendre
un peu de repos et de nourriture, dans un grand
couvent bouddhique tombant en ruines, et qui servait de résidence à quelques vieux Lamas salement
vêtus. La pauvreté dans laquelle ils vivaient ne
leur permit d'offrir à l'état-major de la caravane
que du thé au lait, un pot de bière et une petite
boule de beurre. En joignant à ces provisions des
galettes, et un gigot de mouton que le cuisinier de
Ly-Kouo-Ngan avait eu l'attention de nous pré--
parer la veille, nous eûmes une collation assez substantielle.

Aussitôt que nous eûmes amorti notre appétit, et
rendu un peu de vigueur à nos membres, nous remerciâmes ces pauvres religieux bouddhistes, en leur
offrant un *khata*, ou écharpe de félicité, puis nous
remontâmes promptement sur nos chevaux. Il était
déjà tard, et nous avions encore quarante *lis* à faire
avant d'atteindre le poste. Il était nuit close quand
nous arrivâmes à *Midchou-Koung*. Notre premier

soin fut d'appeler nos grooms thibétains, et de leur recommander d'organiser nos lits le plus promptement possible.

Le lendemain, quand nous mîmes la tête hors du lit, le soleil brillait déjà de toute sa splendeur. Cependant, tout était calme dans la cour de l'hôtellerie ; on n'entendait ni les grognements des yaks, ni les hennissements des chevaux ; rien n'annonçait les tumultueux préparatifs du départ d'une caravane. Nous nous levâmes, et après avoir passé nos pouces sur nos yeux, nous ouvrîmes la porte de notre chambre pour voir où en étaient les affaires. Nous trouvâmes Ly-Kouo-Ngan et le Lama Dsiamdchang, assis à un angle de la cour, et se chauffant tranquillement aux rayons du soleil. Aussitôt qu'ils nous eurent aperçus, ils vinrent à nous, et prirent de nombreux détours pour nous annoncer qu'on serait obligé de s'arrêter une journée, parce qu'il y avait des difficultés à se procurer les chevaux et les bœufs de rechange. — « Cette nouvelle est bien mauvaise, nous dirent-ils ; ce contretemps est très fâcheux ; mais nous n'y pouvons rien : la circonstance des fêtes du nouvel an est la seule cause de ce retard. — Au contraire, leur répondîmes-nous, cette nouvelle est excellente ; nous autres, nous ne sommes nullement pressés d'arriver. Allons tout doucement, reposons-nous souvent en route, et tout ira bien. » Ces paroles tirèrent nos deux chefs d'escorte d'un grand embarras. Ces bonnes gens s'étaient imaginé que nous allions leur chercher querelle, parce qu'il fallait se reposer un jour ; ils se trompaient énormément. Si, dans nos voyages précédents, des retards avaient été pour nous des contradictions quelquefois très douloureuses, c'est que nous avions un but devant nous, et que nous avions hâte de l'atteindre. Mais pour le moment ce n'était pas le même cas, et nous dési-

rions, autant que possible, voyager un peu en ama-
teurs. Nous trouvions d'ailleurs qu'il n'était pas logique de nous en aller en courant d'un lieu dont
on nous chassait.

Midchou-Koung est un poste où l'on change les
oulah, c'est-à-dire les chevaux, les bêtes de somme
et les hommes chargés de les conduire. Ces espèces
de corvées sont organisées par le gouvernement thibétain, sur toute la route qui conduit de Lha-Ssa
aux frontières de Chine. Les officiers publics chinois
ou thibétains, qui voyagent officiellement sur cette
route, ont seuls le droit d'user de ce genre de service. Le gouvernement de Lha-Ssa leur délivre un
passeport, sur lequel on indique clairement le nombre
d'hommes et d'animaux que doivent fournir les villages soumis à la contribution des *oulah*.

Les Mandarins chinois, qui cherchent toujours à
faire argent de tout, ont trouvé moyen de spéculer
sur les oulah que leur fournit le gouvernement thibétain. Avant de partir de Lha-Ssa, ils intriguent,
par tous les moyens imaginables, afin d'obtenir qu'on
inscrive sur leur feuille de route un grand nombre
d'animaux ; ils exigent ceux qui leur sont absolument nécessaires, et reçoivent pour l'excédent une
compensation en argent, que les riches Thibétains
aiment mieux leur donner que d'exposer les animaux
aux dangers de la route. Il en est d'autres qui ré-
clament le oulah complet, et l'emploient à transporter en Chine des marchandises thibétaines. Ly-
Kouo-Ngan que nous avons vu protester si énergiquement de son désintéressement, quand l'ambassadeur Ki-Chan lui offrit un cadeau de la part de
l'Empereur, avait montré des sentiments moins généreux à l'endroit des oulah. Pendant la journée
que nous passâmes à Midchou-Koung, la feuille de
route nous tomba par hasard entre les mains, et

nous fûmes fort surpris d'y lire qu'on nous avait alloué deux chevaux et *douze* bœufs à long poil. Tout notre bagage se réduisait pourtant à deux malles et à quelques couvertures de lit. — « A quoi bon tous ces bœufs, demandâmes-nous au Pacificateur des royaumes? Comment s'y prennent-ils pour porter deux malles à douze? — Ah ! c'est une erreur, nous répondit-il ; le scribe s'est trompé... » Par politesse, nous dûmes avoir l'air de trouver cette explication excellente.

Il arrive pourtant assez souvent que les Chinois trouvent de grands mécomptes dans leurs spéculations sur les oulah ; ils rencontrent sur la route certaines peuplades thibétaines qui ne sont nullement apprivoisées à ce genre de contribution. On a beau montrer à ces rudes et fiers montagnards la feuille de route scellée du sceau du Talé-Lama et de celui de l'ambassadeur chinois, ils demeurent impassibles. A tous les discours qu'on leur adresse, pour les engager à se soumettre à la loi, ils n'ont que cette réponse : « Pour un conducteur, vous donnerez tant ; pour un cheval, tant ; pour un yak, tant... » La diplomatie chinoise est enfin poussée à bout, et il faut payer les oulah.

Représentation de saltimbanques.

Les habitants du district de Midchou-Koung nous traitèrent avec beaucoup de politesse et de courtoisie : les chefs du village nous firent donner une représentation par une troupe de saltimbanques, qui se trouvaient réunis dans le pays pour les fêtes du nouvel an. La vaste cour de l'hôtellerie où nous étions logés servit de théâtre : d'abord les artistes masqués, et bizarrement costumés, exécutèrent pendant longtemps une musique bruyante et sauvage pour appeler au spectacle les habitants de la contrée. Quand tout le monde fut réuni et rangé en cercle autour de la scène, le Dhéba de Midchou-Koung vint solennellement offrir à nos deux conducteurs et à nous, une *écharpe de félicité,* et nous invita à aller prendre place sur quatre épais coussins qu'on avait disposés au pied d'un grand arbre qui s'élevait à un angle de la cour. Aussitôt que nous nous fûmes assis, toute la troupe des saltimbanques se mit en mouvement, et exécuta au son de la musique une sorte de ronde satanique, dont la rapidité fut sur le point de nous donner le vertige. Ensuite il y eut des sauts, des gambades, des pirouettes, des tours de force, et des combats avec des sabres de bois : tout cela était accompagné tour à tour de chants, de dialogues, de musique et de clameurs imitant les cris des bêtes féroces. Parmi cette troupe de comédiens, il y en avait un plus grotesquement masqué que les autres, qui jouait spécialement le rôle de farceur, et s'était réservé le monopole des plaisanteries et des reparties piquantes. Nous n'avions pas une habitude suffisante de la langue thibétaine pour apprécier le mérite de ses saillies ; mais à en juger par les trépignements et les éclats de rire du public, il paraissait s'acquitter à merveille de ses fonctions d'homme d'esprit. En somme, ces espèces de représentations théâtrales étaient assez amusantes ; les Thibétains en étaient enthousiasmés. Quand on eut bien dansé, sauté et chanté pendant plus de deux heures, tous les bateleurs vinrent se ranger en demi-cercle devant nous, détachèrent leur masque, et nous tirèrent la langue en s'inclinant profondément. Chacun de nous offrit au chef de la troupe une écharpe de félicité... et la toile tomba.

Dans l'après-midi, nous invitâmes Ly-Kouo-Ngan à une petite promenade ; malgré le peu d'élasticité

dont jouissaient ses jambes, il accueillit de bonne
grâce notre proposition, et nous allâmes ensemble
explorer le pays. Le village de Midchou-Koung est
assez populeux ; mais tout y annonce que ses habitants ne vivent pas dans une grande aisance. Les
maisons sont en général construites en cailloux grossièrement cimentés avec de la terre glaise. On en
voit un assez grand nombre qui sont à moitié écrou-
lées, et dont les ruines servent de retraite à des
troupes de gros rats. Quelques petits autels bouddhiques, soigneusement peints à l'eau de chaux, sont
les seules constructions qui présentent un peu de propreté, et dont la blancheur contraste avec la teinte
grisâtre et enfumée du village. Midchou-Koung a
un corps de garde chinois, composé de quatre soldats et d'un sous-caporal. Ces hommes nourrissent
quelques chevaux, et leur poste sert de relais aux
courriers qui portent les dépêches de l'administration
chinoise.

En rentrant à l'hôtellerie, nous rencontrâmes dans
la vaste cour, qui le matin avait servi de théâtre,
un tumultueux rassemblement d'hommes et d'animaux. On était occupé à recruter notre oulah, qui
devait être de vingt-huit chevaux, de soixante-dix
bœufs grognants, et de douze conducteurs. A l'entrée
de la nuit, le Dhéba vint nous avertir que tout avait
été organisé selon les saintes ordonnances du Talé-
Lama, et que le lendemain nous pourrions nous mettre
en route, tard oú de bonne heure, selon notre volonté.

Incidents de route.
Le Pacificateur fait la culbute.
Honneurs qui lui sont rendus.

Aussitôt que le jour parut, nous montâmes à cheval, et nous dîmes adieu à Midchou-Koung. Après

quelques heures de marche, nous quittâmes, comme par l'extrémité d'un immense entonnoir, la grande vallée que nous avions suivie depuis Lha-Ssa, et nous entrâmes dans un rude et sauvage pays. Pendant cinq jours, nous voyageâmes continuellement dans un labyrinthe, allant tantôt à droite, tantôt à gauche, quelquefois revenant en quelque sorte sur nos pas, pour éviter des gouffres, et tourner des montagnes inaccessibles. Nous ne quittions jamais la profondeur des ravins ou les bords escarpés et rocailleux des torrents ; nos chevaux bondissaient plutôt qu'ils ne marchaient. Des animaux vigoureux, mais qui seraient étrangers à ces affreuses contrées, ne pourraient résister longtemps aux fatigues d'une semblable route. Pendant une demi-journée seulement nous pûmes voyager avec assez d'agrément et de sécurité. Nous retrouvâmes la rivière que nous avions déjà traversée en sortant de Lha-Ssa ; elle coulait tranquillement dans un lit légèrement incliné, et ses larges bords offraient aux voyageurs un chemin facile et uni. Au milieu de ces contrées sauvages, on ne rencontre, pour passer la nuit, que des masures froides, humides, et ouvertes à tous les vents. Cependant on y arrive tellement brisé de fatigue, qu'on y dort toujours d'un sommeil profond.

Avant d'arriver à la ville de *Ghiamda*, nous traversâmes la montagne *Loumma-Ri*. « Cette montagne, dit l'*Itinéraire chinois*, est haute et peu escarpée ; elle s'étend sur une largeur d'environ quarante lis. Les neiges, les glaces, et les menaçantes sommités que les voyageurs rencontrent en chemin, avant d'arriver à cette montagne, et qui épouvantent le cœur et offusquent les yeux, peuvent la faire regarder, par comparaison, comme une plaine aisée à passer. » — Le sommet du mont Loumma-Ri quoique très élevé, est, en effet, d'un accès facile.

Nous y arrivâmes par une pente douce, et sans être obligés de descendre une seule fois de cheval, circonstance très remarquable, quand il s'agit des montagnes du Thibet. Nous trouvâmes cependant, de l'autre côté de la montagne, une assez grande difficulté, à cause de la neige, qui, ce jour-là, tombait en abondance. Les animaux glissaient souvent ; quelquefois leurs pieds de derrière venaient brusquement se réunir à ceux du devant ; mais ils ne s'abattaient jamais. Il en résultait seulement pour le cavalier comme un petit balancement d'escarpolette, auquel on s'habituait insensiblement.

Le Pacificateur des royaumes voulut descendre la montagne à pied, pour se réchauffer un peu ; mais, après quelques pas mal assurés, il chancela un instant sur ses pauvres jambes, fit la culbute, et alla tracer dans la neige un large et profond sillon. Il se releva plein de colère, courut au soldat qui était le plus rapproché, et l'accabla de malédictions et de coups de fouet, parce qu'il n'était pas descendu de cheval pour le soutenir. Tous les soldats chinois sautèrent aussitôt en bas de leur monture, et vinrent se prosterner devant leur colonel et lui faire des excuses. Tous, en effet, avaient manqué à leur devoir ; car, d'après l'urbanité chinoise, lorsqu'un chef met pied à terre, tous les subalternes doivent à l'instant descendre de cheval.

Quand nous fûmes au bas de la montagne de Loumma-Ri, nous continuâmes notre route le long d'une petite rivière qui serpentait au milieu d'une forêt de sapins tellement touffus, que la clarté du jour y pénétrait à peine. La neige s'arrêtait, par couches épaisses, sur les larges branches des arbres, d'où le vent la secouait quelquefois par gros flocons sur la caravane. Ces petites avalanches, tombant à l'improviste sur les cavaliers, les faisaient tressaillir et leur arrachaient des cris de surprise ; mais les animaux, qui, sans doute, avaient traversé d'autres fois cette forêt avec un temps semblable, demeuraient impassibles. Ils allaient toujours leur pas ordinaire, sans s'effaroucher, se contentant de secouer nonchalamment leurs oreilles lorsque la neige les incommodait.

A peine sortis de la forêt, nous fûmes tous obligés de mettre pied à terre, pour escalader pendant une heure d'horribles entassements de rochers. Quand nous fûmes arrivés au sommet, on replia les brides sur le cou des chevaux, qu'on abandonna à la sagacité de leur instinct, pour se diriger sur cette pente rapide et semée de précipices. Les hommes descendirent, tantôt à reculons, comme le long d'une échelle, tantôt en s'asseyant et en se laissant glisser sur la neige ; tout le monde se tira victorieusement de ce mauvais pas, et on arriva au bas, sans que personne se fût cassé ni bras ni jambe.

Nous fîmes encore cinq lis dans une étroite vallée, et nous aperçûmes enfin, au pied d'une haute montagne, une vaste agglomération de maisons, parmi lesquelles s'élevaient deux temples bouddhiques aux proportions colossales. C'était la station de *Ghiamda*. Un peu avant d'entrer dans la ville, nous rencontrâmes sur la route une compagnie de dix-huit soldats rangés en file, et ayant à leur tête deux petits Mandarins décorés du globule blanc. Mandarins et soldats, tous avaient le sabre nu à la main, et un arc en bandoulière. C'était la garnison de Ghiamda, qui, sous les armes et en grand uniforme, attendait Ly, le Pacificateur des royaumes, pour lui rendre les honneurs militaires. Quand la caravane se fut suffisamment rapprochée, les dix-huit soldats et les deux Mandarins tombèrent à genoux, appuyèrent contre terre la pointe de leur sabre, et s'écrièrent tous ensemble : « Au Tou-Sse Ly-Kouo-Ngan, la chétive garnison de Ghiamda, salut et prospérité... » A ces mots, Ly-Kouo-Ngan et les soldats de sa suite firent aussitôt arrêter leurs chevaux, mirent pied à terre, et coururent vers la garnison pour l'inviter à se relever. De part et d'autre, on se fit des inclinations interminables, pendant lesquelles nous continuâmes sans façon notre route. A l'entrée de la ville, nous eûmes, à notre tour, notre petite réception officielle. Deux Thibétains en habits de fête saisirent, pour nous faire honneur, la bride de notre cheval, et nous conduisirent à la maison qui nous avait été préparée. Là nous attendait le Dhéba ou premier magistrat du district, qui nous offrit une écharpe de félicité, et nous introduisit dans une salle où était une table déjà servie de thé au lait, de beurre, de galettes et de fruits secs. Dans toutes ces marques de bienveillance et d'attention, nous ne pûmes nous empêcher de voir un effet des ordres que le Régent avait envoyés.

Pendant que nous faisions honneur à cette modeste collation, on vint nous annoncer que nous serions obligés de nous arrêter pendant deux jours à Ghiamda, parce que le Dhéba du district n'ayant reçu que dans la matinée la nouvelle de notre prochaine arrivée, n'avait pas eu le temps d'envoyer chercher les animaux, qui se trouvaient au pâturage, à une distance très éloignée de la ville. Cette nouvelle nous fut très agréable ; mais elle plongea dans la désolation Ly-Kouo-Ngan et le Lama Dsiamdchang. Nous essayâmes de les consoler, en leur disant que, lorsqu'on n'était pas maître de diriger les événements, il fallait les subir avec calme et résignation. Nos deux conducteurs trouvaient notre doctrine magnifique en théorie, mais la pratique était peu de leur goût. Cependant ils furent obligés de

convenir, dans la suite, que ce retard était venu assez
à propos ; car, pendant les deux jours que nous res-
tâmes à Ghiamda, le. ciel fut si sombre, le vent du
nord souffla avec tant de violence, et la neige tomba
si abondamment, que, de l'avis des gens du pays,
on n'eût pu se mettre en route impunément avec
un temps si affreux. A en juger, en effet, d'après
ce qui se passait dans la vallée, il était aisé de comprendre qu'un ouragan épouvantable devait désoler
les montagnes.

Deux guerriers chinois, le hardi et le langoureux.
Nous reprenons la route.

Le lendemain de notre arrivée à Ghiamda, nous
reçûmes la visite des deux officiers chinois résidant
dans cette ville. L'un portait le titre de *Pa-Tsoung*,
et l'autre celui de *Wei-Wei*. Le Pa-Tsoung était un
bel homme, vigoureusement membré, ayant la parole vibrante et les mouvements brusques. Une large
balafre, qui sillonnait sa figure, et de grandes moustaches noires, ne contribuaient pas peu à lui donner
une magnifique tournure de soldat. Pendant quatre
ans, il avait fait la guerre dans le Kachkhar, en
qualité de simple soldat, et en était revenu avec
le titre de Pa-Tsoung et la décoration de la Plume
de Paon. Le *Wei-Wei*, jeune homme de vingt-deux
ans, était aussi d'une taille avantageuse ; mais son
extérieur langoureux et efféminé contrastait singulièrement avec la mâle allure de son collègue. Sa
figure était blanche, molle, et d'une délicatesse
extrême ; ses yeux étaient toujours humides et lan-
guissants. Nous lui demandâmes s'il était malade.
— Non, nous répondit-il d'une voix presque éteinte,
ma santé est excellente... Et, en disant ces mots,
ses joues se colorèrent d'une légère teinte de rou-

geur. Nous comprîmes que notre question avait été indiscrète, et nous entamâmes un autre sujet de conversation. Ce pauvre jeune homme était un forcené fumeur d'opium. Quand ils furent partis, Ly-Kouo-Ngan nous dit : « Le Pa-Tsoung est un homme qui est né sous une constellation très favorable ; il montera rapidement les degrés du mandarinat militaire : mais le Wei-Wei est né sous un mauvais brouillard ; depuis qu'il s'est passionné pour la fumée européenne, le ciel l'a abandonné. Avant qu'une année se soit écoulée, il aura salué le monde. »

La pluie torrentielle qui tomba presque sans interruption, pendant notre séjour à Ghiamda, ne nous permit pas de visiter en détail cette ville très populeuse et assez commerçante. On y rencontre un grand nombre de Pébouns ou Indiens du Boutan, qui exploitent, comme à Lha-Ssa, tout ce qui tient aux arts et à l'industrie. Les produits agricoles du pays sont presque nuls. On cultive, dans la vallée, de l'orge noire en quantité à peine suffisante pour la consommation des habitants. La richesse du pays provient de la laine et du poil de chèvre, dont on fabrique des étoffes. Il paraît que, parmi ces montagnes affreuses, il existe des pâturages excellents, où les Thibétains nourrissent de nombreux troupeaux. Le lapis-lazuli, les cornes de cerf et la rhubarbe, sont l'objet d'un assez grand commerce avec Lha-Ssa et les provinces du Sse-Tchouen et du Yun-Nan. On prétend que c'est sur les montagnes qui environnent Ghiamda, qu'on recueille la meilleure qualité de rhubarbe. Ce district foisonne aussi en gibier de toute espèce. La forêt que nous traversâmes après avoir quitté le mont Loumma-Ri est particulièrement remplie de perdreaux, de faisans et de plusieurs variétés de poules sauvages. Les Thibétains ne savent tirer aucun parti de ces mets si recherchés par les gourmets d'Europe. Ils les mangent bouillis et sans aucune espèce d'assaisonnement. Les Chinois sont sur ce point, comme sur tout le reste, beaucoup plus avancés que leurs voisins. Le cuisinier de Ly-Kouo-Ngan savait nous préparer la venaison d'une façon qui ne laissait rien à désirer.

Le jour fixé pour le départ étant arrivé, les oulah se trouvèrent prêts de grand matin. Le vent avait complètement cessé, et la pluie ne tombait plus. Cependant il s'en fallait que le temps fût beau ; une brume froide et épaisse remplissait la vallée, et dérobait à la vue les montagnes environnantes. Nous dûmes néanmoins partir, car les gens du pays s'accordaient à dire que, pour la saison, c'était tout ce qu'on pouvait désirer de mieux. « Tant que vous serez dans la vallée, nous disait-on, vous ne verrez pas très clair ; mais une fois arrivés sur les hauteurs, l'obscurité disparaîtra : règle générale, quand il y a de la brume dans la vallée, il tombe de la neige sur les montagnes. » Ces paroles étaient très peu rassurantes ; il fallut pourtant se résigner, et s'aguerrir contre la neige, car tout le monde nous assurait que, depuis Ghiamda jusqu'aux frontières de Chine, tous les jours, sans en excepter un seul, nous en verrions sur notre route.

Au moment où nous montions à cheval, le Dhéba de Ghiamda nous fit cadeau de deux paires de lunettes, pour mettre nos yeux à l'abri de la blancheur éblouissante de la neige. Nous ne pûmes d'abord nous empêcher de rire, à la vue de ces appareils d'optique d'une façon toute nouvelle. La place que tiennent les verres, dans les lunettes ordinaires, était occupée par un tissu en crin de cheval extrêmement bombé, et ressemblant assez, par la forme, à de grosses coques de noix. Pour tenir ces deux couvercles assujettis sur les yeux, il y avait, des deux côtés, deux longs cordons qu'on faisait passer derrière les oreilles, et qu'on nouait ensuite sous le menton. Nous remerciâmes cet excellent Dhéba du plus profond de notre cœur ; car, dans les circonstances où nous nous trouvions, ce cadeau était inappréciable. En traversant la montagne de Loumma-Ri, nous avions eu déjà beaucoup à souffrir de la réverbération de la neige.

En sortant de la ville, nous rencontrâmes, comme en y entrant, les soldats de la garnison, qui attendaient au passage Ly-Kouo-Ngan, pour lui faire le salut militaire. Ces hommes, rangés en file au milieu d'un épais brouillard, et tenant dans la main un sabre qui reluisait dans l'obscurité, avaient quelque chose de si fantastique, que presque tous les chevaux de la caravane en furent épouvantés. Ces saluts militaires se renouvelèrent, sur la route, partout où il y avait des soldats chinois. Ly-Kouo-Ngan en était exaspéré. Comme il ne pouvait, à cause de ses jambes malades, descendre de cheval et y remonter qu'avec de grandes difficultés, ces cérémonies étaient pour lui un véritable supplice. Il avait beau envoyer en avant un de ses soldats pour avertir qu'on ne vînt pas lui faire de réception, on n'y mettait que plus d'empressement et un plus grand appareil, car on s'imaginait que c'était par modestie qu'il voulait se soustraire aux honneurs qu'on devait rendre à sa dignité.

A quatre lis loin de Ghiamda, nous traversâmes un large et impétueux torrent, sur un pont formé avec six énormes troncs de sapin, non rabotés, et si mal unis ensemble, qu'on les sentait rouler sous les pieds. Personne n'osa passer à cheval, et ce fut un grand bonheur pour un des soldats de la troupe ; son cheval ayant glissé sur le pont humide et tremblant, une de ses jambes de devant s'enfonça jusqu'au poitrail, entre les jointures de deux arbres, où il demeura pris comme dans un étau. Si le cavalier se fût trouvé dessus, il eût été infailliblement précipité au fond du torrent, et brisé sur les rochers. Après de longs et pénibles efforts, on finit par retirer ce pauvre animal de cette affreuse position. Au grand étonnement de tout le monde, il en sortit sans s'être cassé la jambe, sans même avoir reçu la moindre blessure.

Par delà ce misérable pont, nous reprîmes notre rude pèlerinage, à travers des montagnes escarpées et encombrées de neige. Pendant quatre jours, nous ne rencontrâmes dans ces contrées sauvages aucun village thibétain. Tous les soirs, nous couchions dans les corps de garde chinois, auprès desquels se groupaient quelques cabanes de bergers, construites avec des écorces d'arbres. Pendant ces quatre jours, nous changeâmes pourtant trois fois les oulah, sans éprouver le moindre retard. Les ordres avaient été si bien donnés d'avance, qu'à notre arrivée au poste nous trouvions déjà tout disposé pour notre départ du lendemain. Si nous n'avions su que, parmi ces contrées, désertes en apparence, il y avait cependant, dans les gorges des montagnes, de nombreux bergers vivant sous des tentes, il nous eût été impossible de nous expliquer cette prompte organisation des oulah. En général, ce n'a jamais été que dans les grands endroits, que le service de la caravane a éprouvé des retards et des difficultés.

Le quatrième jour depuis notre départ de Ghiamda, après avoir traversé sur la glace un grand lac, nous nous arrêtâmes au poste d'*Atdza*, petit village dont les habitants cultivent quelques lambeaux de terre, dans une petite vallée entourée de montagnes dont la cime est couronnée de houx et de pins. *l'Itinéraire chinois* dit, au sujet du lac qu'on rencontre avant d'arriver à *Atdza* : « La licorne, animal très curieux, se trouve dans le voisinage de ce lac, qui a quarante lis de longueur. »

La licorne est un animal réel.

La licorne, qu'on a longtemps regardée comme un être fabuleux, existe réellement dans le Thibet. On la trouve souvent représentée parmi les sculptures et les peintures des temples bouddhiques. En Chine même, on la voit souvent dans les paysages qui décorent les auberges des provinces septentrionales (1). Les habitants d'Atdza parlaient de cet animal, sans y attacher une plus grande importance qu'aux autres espèces d'antilopes qui abondent dans leurs montagnes. Nous n'avons pas eu la bonne fortune d'apercevoir de licorne durant nos voyages dans la Haute-Asie.

M. Hodgson, résident anglais dans le Népal, est enfin parvenu à se procurer une licorne, et a fixé indubitablement la question relative à l'existence de cette espèce d'antilope, appelée *tchirou*, dans le Thibet méridional qui confine au Népal. C'est le même mot que *serou*, prononcé autrement suivant les dialectes différents du nord et du midi.

La peau et la corne, envoyées à Calcutta par M. Hodgson, appartenaient à une licorne morte dans la ménagerie du Radjah du Népal. Elle avait été présentée à ce prince par le Lama de *Digourtchi* (*Jikazze*), qui l'aimait beaucoup. Les gens qui amenèrent l'animal au Népal, informèrent M. Hodgson que le *tchirou* se plaisait principalement dans la

---

(1) Nous avons eu longtemps entre les mains un petit traité mongol d'histoire naturelle, à l'usage des enfants, où l'on voyait une licorne représentée sur une des planches dont cet ouvrage classique était illustré.

belle vallée ou plaine de *Tingri*, située dans la partie méridionale de la province thibétaine de *Tsang*, et qui est arrosée par l'*Arroun*. Pour se rendre du Népal dans cette vallée, on passe le défilé de *Kouti* ou *Nialam*. Les Népaliens appellent la vallée de l'Arroun *Tingri-Meïdam*, de la ville de *Tingri*, qui s'y trouve sur la gauche de cette rivière; elle est remplie de couches de sel, autour desquelles les *tchirous* se rassemblent en troupeaux. On décrit ces animaux comme extrêmement farouches, quand ils sont dans l'état sauvage; ils ne se laissent approcher par personne, et s'enfuient au moindre bruit. Si on les attaque, ils résistent courageusement. Le mâle et la femelle ont en général la même apparence.

La forme du *tchirou* est gracieuse, comme celle de tous les autres antilopes; il a aussi les yeux incomparables des animaux de cette espèce. Sa couleur est rougeâtre, comme celle du faon, à la partie supérieure du corps, et blanche à l'inférieure. Ses caractères distinctifs sont : d'abord, une corne noire, longue et pointue, ayant trois légères courbures, avec des anneaux circulaires vers la base; ces anneaux sont plus saillants sur le devant que sur le derrière de la corne; puis deux touffes de crin qui sortent du côté extérieur de chaque narine; beaucoup de soie entoure le nez et la bouche, et donne à la tête de l'animal une apparence lourde. Le poil du *tchirou* est dur, et paraît creux comme celui de tous les animaux qui habitent au nord de l'Himalaya, et que M. Hodgson a eu l'occasion d'examiner. Ce poil a environ cinq centimètres de longueur; il est si touffu, qu'il présente au toucher comme une masse solide. Au-dessous du poil, le corps du *tchirou* est couvert d'un duvet très fin et doux, comme presque tous les quadrupèdes qui habitent les hautes régions des monts Himalaya, et spécialement comme les chèvres dites de Kachemir.

Le docteur Abel a proposé de donner au tchirou le nom systématique d'*antilope Hodgsonii*, d'après celui du savant qui a mis son existence hors de doute (1).

Cruelle traversée de la montagne des Esprits.
La glissade sur le glacier.

A Atdza, nous changeâmes les oulah, quoique nous n'eussions que cinquante lis à parcourir avant d'arriver à la résidence de *Lha-Ri*. Il nous fallait des animaux frais et accoutumés à la route épouvantable que nous avions devant nous. Une seule montagne nous séparait de Lha-Ri, et pour la franchir, il était, disait-on, nécessaire de partir de grand matin, si nous voulions arriver avant la nuit. Nous consultâmes *l'Itinéraire*, et nous y trouvâmes la jolie description que voici : « Plus loin, on passe par une grande montagne dont les sommets s'élèvent à pic. Les glaces et les neiges n'y fondent pas pendant les quatre saisons de l'année. Ses abîmes ressemblent aux bords escarpés de la mer ; souvent le vent les comble de neige ; les chemins y sont presque impraticables, tant la descente est rapide et glissante... » Comme on le voit, ce court, mais énergique aperçu, ne nous promettait pas pour le lendemain une trop agréable partie de plaisir. O ! comme nous eussions cédé volontiers notre place à quelques-uns de ces intrépides touristes, que l'amour de la neige et des

(1) L'antilope-licorne du Thibet est probablement *l'oryx-capra* des anciens. On le trouve encore dans les déserts de la haute Nubie, où on le nomme *ariel*. La licorne, en hébreu *réem* et en grec *monoceros*, telle qu'elle est représentée dans la *Bible* et dans Pline le naturaliste, ne peut être identifiée avec *l'oryx-capra*. La licorne des livres saints paraît être un pachyderme d'une force prodigieuse et d'une épouvantable férocité. Au rapport des voyageurs, elle existe dans l'Afrique centrale, et les Arabes lui donnent le nom de *Aboukarn*.

glaces, des rochers et des précipices, conduit tous les ans, en cabriolet, au milieu des Alpes, ces miniatures des montagnes du Thibet !

Une chose peu propre à nous encourager, c'est que les gens de la caravane, les habitants même du pays, tout le monde paraissait préoccupé et inquiet. On se demandait avec anxiété si la neige, qui était tombée en abondance pendant cinq jours, et qui n'avait pas encore eu le temps de s'affaisser, ne rendrait pas la montagne infranchissable ; si l'on n'avait pas à craindre de s'enfoncer dans des abîmes ou d'être écrasé par des avalanches ; si, enfin, il ne serait pas prudent d'attendre quelques jours, dans l'espoir que la neige serait dispersée par le vent, ou fondue en partie par le soleil, ou solidifiée par le froid. A toutes ces questions, on n'avait que des réponses fort peu rassurantes. Afin de nous mettre à l'abri de la pusillanimité et de la présomption, nous tînmes, avant de nous coucher, un conseil auquel nous appelâmes les vieux montagnards de la contrée. Après une longue délibération, on décida, premièrement, que si le lendemain le temps était calme et serein, on pourrait se mettre en route sans témérité ; secondement, que, dans l'hypothèse du départ, les bœufs à long poil chargés des bagages, et conduits par les gens du pays, précéderaient les cavaliers, afin de leur tracer, dans la neige, un chemin plus facile. La chose étant ainsi arrêtée, nous essayâmes de prendre un peu de repos, comptant médiocrement sur les avantages de ce plan, et beaucoup sur la protection de la divine Providence.

Quand nous nous levâmes, quelques étoiles brillaient encore au ciel, et luttaient contre les premières blancheurs de l'aube ; le temps était d'une beauté admirable. On fit donc promptement les préparatifs du départ, et aussitôt que les dernières obscurités de la nuit furent entièrement dissipées, nous commençâmes à gravir la formidable *montagne des Esprits* (Lha-Ri). Elle s'élevait devant nous comme un immense bloc de neige, où les yeux n'apercevaient pas un seul arbre, pas un brin d'herbe, pas un point noir qui vînt rompre l'uniformité de cette blancheur éblouissante. Ainsi qu'il avait été réglé, les bœufs à long poil, suivis de leurs conducteurs, s'avancèrent les premiers, marchant les uns après les autres, puis tous les cavaliers se rangèrent en file sur leur trace, et la longue caravane, semblable à un gigantesque serpent, déroula lentement ses grandes spirales sur les flancs de la montagne. D'abord la pente fut peu rapide ; mais nous trouvâmes une si affreuse quantité de neige, que nous étions menacés à chaque instant d'y demeurer ensevelis. On voyait les bœufs placés à la tête de la colonne, avançant par soubresauts, cherchant avec anxiété à droite et à gauche les endroits les moins périlleux, quelquefois disparaissant tout à fait dans des gouffres et bondissant au milieu de ces amas de neige mouvants, comme de gros marsouins dans les flots de l'Océan. Les cavaliers qui fermaient la marche trouvaient un terrain plus solide. Nous avancions pas à pas dans un étroit et profond sillon, entre deux murailles de neige qui s'élevaient au niveau de notre poitrine. Les bœufs à long poil faisaient entendre leur sourd grognement, les chevaux haletaient avec grand bruit, et les hommes, afin d'exciter le courage de la caravane, poussaient tous ensemble un cri cadencé, et semblable à celui des mariniers quand ils virent au cabestan. Peu à peu la route devint tellement raide et escarpée, que la caravane paraissait en quelque sorte suspendue à la montagne. Il ne fut plus possible de rester à cheval. Tout le monde descendit, et chacun se cramponnant à la queue de son coursier, on se remit en marche avec une nouvelle ardeur. Le soleil, brillant de tout son éclat, dardait ses rayons sur ces vastes entassements de neige, et en faisait jaillir d'innombrables étincelles, dont le scintillement éblouissait la vue. Heureusement, nous avions les yeux abrités sous les inappréciables lunettes dont nous avait fait cadeau le Dhéba de Ghiamda.

Après de longues et indicibles fatigues, nous arrivâmes ou plutôt nous fûmes hissés sur le sommet de la montagne. Le soleil était déjà sur son déclin. On s'arrêta un instant, soit pour rajuster les selles et consolider les bagages, soit pour détacher de la semelle des bottes ces insupportables blocs de neige, qui s'y étaient amassés et solidifiés en forme ds cônes renversés. Tout le monde était transporté de joie ; on éprouvait une sorte de fierté d'être monté si haut, et de se trouver debout sur ce gigantesque piédestal. On aimait à suivre des yeux cette profonde et tortueuse ornière qu'on avait creusée dans la neige, et dont la teinte roussâtre se dessinait sur le blanc immaculé de la montagne.

La descente était plus escarpée que la montée ; mais elle était beaucoup moins longue, et ne demandait pas les efforts que nous avions été obligés de déployer de l'autre côté du mont. L'extrême raideur de la pente était au contraire une facilité pour descendre ; car il n'y avait qu'à se laisser aller ; le seul danger était de rouler trop brusquement, de franchir le sentier battu, et d'aller s'engloutir pour toujours au fond de quelque abîme. Dans un semblable pays, des accidents de ce genre ne sont nullement chimériques. Nous descendîmes donc lestement, tantôt debout, tantôt assis, et sans autres mésaventures que des culbutes et de longues glissades, bien plus propres à exciter l'hilarité que la crainte des voyageurs.

Un peu avant d'arriver au bas de la montagne, toute la caravane s'arrêta sur un petit plateau où s'élevait un *obo*, ou monument bouddhique, en pierres amoncelées et surmontées de banderoles et d'ossements chargés de sentences thibétaines. Quelques énormes et majestueux sapins entouraient cet *obo*, et l'abritaient sous un magnifique dôme de verdure. « Nous voici arrivés au glacier de la montagne des Esprits, nous dit Ly-Kouo-Ngan ; nous allons rire un instant. » Nous regardâmes avec étonnement le Pacificateur des royaumes. « Oui, voici le glacier, voyez de ce côté... » Nous nous dirigeâmes vers l'endroit qu'il nous indiquait ; nous nous penchâmes sur le bord du plateau, et nous aperçûmes un immense glacier extrêmement bombé, et bordé des deux côtés par d'affreux précipices. On pouvait entrevoir, sous une légère couche de neige, la couleur verdâtre de la glace. Nous détachâmes une pierre du monument bouddhique et nous la jetâmes sur le glacier. Un bruit sonore se fit entendre, et la pierre, glissant avec rapidité, laissa sur son passage un large ruban vert. Il n'y avait pas à en douter, c'était bien là un glacier ; et nous comprîmes une partie des paroles de Ly-Kouo-Ngan ; mais nous ne trouvions absolument rien de risible à être obligés de voyager sur une pareille route. Ly-Kouo-Ngan avait cependant raison en tout point, et nous pûmes bientôt nous en convaincre.

On fit passer les animaux les premiers, d'abord les bœufs, et puis les chevaux. Un magnifique bœuf à long poil ouvrit la marche : il avança gravement jusque sur le bord du plateau ; là, après avoir allongé le cou, flairé un instant la glace, et soufflé par ses larges naseaux quelques épaisses bouffées de vapeur,

il appliqua avec courage ses deux pieds de devant
sur le glacier, et partit à l'instant, comme s'il eût
été poussé par un ressort. Il descendit les jambes
écartées, mais aussi raides et immobiles que si elles
eussent été de marbre. Arrivé au bout du glacier,
il fit la culbute, et se sauva grognant et bondissant
à travers des flots de neige. Tous les animaux les
uns après les autres nous donnèrent ce spectacle,
qui était réellement palpitant d'intérêt. Les chevaux
faisaient en général, avant de se lancer, un peu plus
de façon que les bœufs ; mais il était facile de voir
que les uns et les autres étaient accoutumés depuis
longtemps à ce genre d'exercice.

Les hommes s'embarquèrent à leur tour, avec non
moins d'intrépidité et de succès que les animaux,
quoique d'après une méthode toute différente. Nous
nous assîmes avec précaution sur le bord du glacier ;
nous appuyâmes fortement sur la glace nos talons
serrés l'un contre l'autre ; puis nous servant du
manche de notre fouet en guise de gouvernail, nous
nous mîmes à voguer sur ces eaux glacées, avec la
rapidité d'une locomotive. Un marin eût trouvé
que nous filions au moins douze nœuds. Dans
nos longs et nombreux voyages, nous n'avions
encore jamais rencontré un moyen de transport à
la fois si commode, si expéditif, et surtout si ra-
fraîchissant.

Au bas du glacier, chacun rattrapa son cheval
comme il put, et nous continuâmes notre route,
selon la méthode vulgaire. Après une descente peu
rapide, nous laissâmes derrière nous la *montagne des
Esprits*, et nous entrâmes dans une vallée parsemée
çà et là de larges plaques de neige qui avaient ré-
sisté aux rayons du soleil. Nous longeâmes pendant
quelques instants les bords glacés d'une petite rivière, et nous arrivâmes enfin au poste de Lha-Ri,

Il y eut à la porte de la ville, comme à Ghiamda, une réception militaire. Le Dhéba du lieu vint nous offrir ses services, et nous allâmes occuper le logement qui nous avait été préparé dans une pagode chinoise, nommée *Kouang-Ti-Miao* (1), c'est-à-dire *temple du Dieu de la guerre*. De Lha-Ssa à Lha-Ri, on compte mille dix lis (cent et une lieues) ; il y avait quinze jours que nous étions en route.

Le village de Lha-Ri. Avarice du mandarin Sué la Truie.

Aussitôt que nous fûmes installés dant notre habitation, il fut convenu à l'unanimité entre Ly-Kouo-Ngan, le Lama Dsiamdchang et nous, qu'on s'arrêterait un jour à Lha-Ri. Quoique les oulah fussent déjà préparés, nous jugeâmes prudent de faire une courte halte, et de puiser, dans une journée de repos, les forces qui nous étaient nécessaires pour franchir encore une formidable montagne que nous devions rencontrer sur notre route.

Le gros village de Lha-Ri est bâti dans une gorge entourée de montagnes stériles et désolées ; ce district ne présente pas les moindres vestiges de culture, et l'on est obligé d'aller chercher ailleurs la farine de Tsing-Kou. Les habitants sont presque tous bergers ; ils nourrissent des troupeaux de moutons, de bœufs grognants, et surtout de chèvres dont le poil fin et moelleux sert à fabriquer les *pou-lou* de première qualité, et ces belles étoffes si

(1) Kouang-Ti, célèbre général qui vivait au troisième siècle ; après de nombreuses et fameuses victoires, il fut mis à mort avec son fils Les Chinois disent qu'il n'est pas mort réellement, mais qu'il monta au ciel où il prit place parmi les dieux. Les Mantchous, qui règnent actuellement en Chine, l'ont nommé Kouang-Ti, Esprit tutélaire de leur dynastie, et lui ont élevé un grand nombre de temples. On le représente ordinairement assis, ayant à sa gauche son fils Kouang-Ping qui se tient debout, et à sa droite son écuyer d'une figure brune et presque noire.

connues sous le nom de châles de Kachemir. Les Thibétains de Lha-Ri sont beaucoup moins civilisés que ceux de Lha-Ssa : leur physionomie a quelque chose de dur et de sauvage ; ils sont habillés salement, leurs maisons ne sont que de grandes masures informes, construites avec de la pierre brute et grossièrement enduites de limon. On remarque pourtant, sur les flancs de la montagne, un peu au-dessus du village, un vaste couvent bouddhique dont le temple est assez beau : un Kampo est supérieur de cette lamaserie, et en même temps administrateur temporel du canton. Les nombreux Lamas de Lha-Ri mènent une vie paresseuse et abjecte ; nous les avons vus, à toute heure du jour, couchés ou accroupis en grand nombre dans les quartiers de la ville, essayant de réchauffer, aux rayons du soleil, leurs membres à moitié couverts de quelques haillons rouges et jaunes ; c'était un spectacle dégoûtant.

A Lha-Ri, le gouvernement chinois entretient un magasin de vivres, confié à l'administration d'un Mandarin lettré, portant le titre de *Leang-Taï* (fournisseur), et décoré du globule de cristal blanc. Le Leang-Taï est chargé de distribuer la solde aux divers corps de garde échelonnés sur la route ; on compte de Lha-Ssa aux frontières de la Chine, six magasins de vivres. Le premier et le plus important est à Lha-Ssa, le Leang-Taï de cette ville a inspection sur les cinq autres, et reçoit un traitement annuel de soixante-dix onces d'argent, tandis que ses collègues n'en ont que soixante. L'entretien du magasin de vivres de Lha-Ssa coûte tous les ans, au gouvernement chinois, la somme de quarante mille onces d'argent ; l'entretien de celui de Lha-Ri ne va qu'à huit mille onces. La garnison de cette dernière ville se compose de cent trente soldats, ayant à leur tête un *Tsien-Tsoung*, un *Pa-Tsoung* et un *Wei-Wei*.

Le lendemain de notre arrivée à Lha-Ri, le Leang-Taï ou fournisseur, au lieu de venir saluer officiellement l'état-major de la caravane, se contenta de nous envoyer, en guise de carte de visite, une feuille de papier rouge où étaient inscrits les caractères de son nom ; il fit ajouter, par son commissionnaire, qu'une grave maladie le retenait dans sa chambre. Ly-Kouo-Ngan nous dit à voix basse, et avec un sourire plein de malice : « Le Leang-Taï sera guéri quand nous serons partis. » Aussitôt que nous fûmes seuls, il s'écria : « — Ah ! je m'en doutais bien ;... toutes les fois qu'une caravane passe, le Leang-Taï Sué (nom du Mandarin) est à l'agonie ; c'est un fait connu de tout le monde. D'après les rites, il aurait dû nous préparer aujourd'hui un festin de première classe, et c'est pour s'en dispenser qu'il fait le malade. Le Leang-Taï Sué est l'homme le plus avare qu'on puisse imaginer ; il est toujours vêtu comme un porteur de palanquin, il mange du tsamba comme un barbare du Thibet, jamais il ne fume, jamais il ne joue, jamais il ne boit de vin ; le soir, sa maison n'est pas éclairée ; il se met au lit à tâtons, et se lève toujours très tard, de peur d'avoir faim de trop bonne heure. Oh ! un être comme cela n'est pas un homme, c'est un œuf de tortue. L'ambassadeur Ki-Chan veut le casser, et il fera bien ; est-ce que dans votre pays vous avez des Leang-Taï de ce genre? — Quelle question ! les Leang-Taï du royaume de France ne se couchent jamais sans chandelle, et quand les oulah passent chez eux, ils ne manquent jamais de préparer un bon dîner. — Ah ! c'est cela ;... voilà les rites ! mais ce *Sué-Mou-Tchou...* » A ces mots, nous ne pûmes nous empêcher de partir d'un grand éclat de rire.

— « A propos, savez-vous pourquoi le Leang-Taï Sué est appelé *Sué-Mou-Tchou?* — Ce nom nous paraît bien ignoble. — Ignoble, c'est vrai, mais il fait allusion à une anecdote singulière. Le Leang-Taï Sué, avant d'être envoyé à Lha-Ri, exerçait le mandarinat dans un petit district de la province du *Kiang-Si*. Un jour, deux hommes du peuple se présentèrent à son tribunal, et le prièrent de prononcer son jugement au sujet d'une truie dont ils se contestaient mutuellement la propriété. Le juge Sué prononça ainsi son arrêt : « Ayant séparé la vérité du mensonge, je vois clairement que cette truie n'est ni à toi, ni à toi... Je déclare donc qu'elle m'appartient : qu'on respecte ce jugement ! » Les satellites du tribunal allèrent s'emparer de la truie, et le juge la fit vendre au marché voisin. Depuis cet événement, le Mandarin Sué est appelé partout *Sué-Mou-Tchou* (c'est-à-dire *Sué la truie*). » Le récit de cette aventure nous fit vivement regretter d'être obligés de nous mettre en route, sans voir la physionomie de cet intéressant personnage.

Nous quittâmes la ville de Lha-Ri avec un temps variable ; notre première journée de marche ne fut que de soixante lis, et n'offrit de remarquable qu'un grand lac auquel on donne huit lis de largeur et dix de longueur : il était glacé, et nous pûmes le traverser avec beaucoup de facilité, grâce à une légère couche de neige dont il était recouvert. Nous logeâmes dans un pauvre hameau nommé *Tsa-Tchou-Ka*, non loin duquel on trouve des eaux thermales ; les Thibétains vont s'y baigner, et ne manquent pas de leur attribuer des propriétés merveilleuses.

Gouffres et abîmes.

Le lendemain nous eûmes une grande journée de fatigues et de tribulations : nous traversâmes la montagne de Chor-Kou-La qui, par sa hauteur et ses escarpements, peut avantageusement rivaliser avec celle de Lha-Ri. Nous en commençâmes l'ascension, le cœur plein d'anxiété ; car le ciel gris et lourd qui pesait sur nous semblait nous présager du vent ou de la neige ; la miséricorde de Dieu nous préserva de l'un et de l'autre. Vers le milieu du jour, il s'éleva un petit vent du nord, dont la piquante froidure nous eut bientôt fendillé la peau du visage ; mais il ne fut pas assez fort pour soulever les épaisses couches de neige qui enveloppaient la montagne.

Quand nous fûmes parvenus au sommet, nous nous reposâmes un instant à l'abri d'un grand *obo* en pierres, et nous déjeunâmes en fumant une pipe de tabac ; pendant ce frugal repas, le Mandarin Ly-Kouo-Ngan nous dit que du temps des guerres de Kien-Long contre le Thibet, les troupes chinoises, aigries par les fatigues et les privations d'un long voyage, s'étaient mutinées en franchissant le Chor-Kou-La. — « C'est sur ce plateau, nous dit-il, que les soldats s'emparèrent de leurs chefs, et après les avoir garrottés, les menacèrent de les précipiter dans ce gouffre, si on ne leur promettait pas une augmentation de solde. Les généraux ayant pris l'engagement de faire droit aux réclamations de l'armée, la sédition s'apaisa, les Mandarins furent mis en liberté, et on continua tranquillement la route jusqu'à Lha-Ri. Aussitôt qu'on fut arrivé dans cette ville, les généraux tinrent leur promesse, on augmenta la solde ; mais en même temps ces troupes insubordonnées furent impitoyablement décimées. — Et que dirent les soldats ? demandâmes-nous à Ly-Kouo-Ngan. — Ceux sur qui le sort ne tomba pas, rirent beaucoup, et trouvèrent que les chefs avaient eu une grande habileté. »

En quittant le sommet du Chor-Kou-La, on suit une route peu inclinée, et on continue à voyager pendant plusieurs jours sur les hauteurs d'un immense massif dont les nombreux rameaux étalent au loin leurs cimes aiguës et les faces escarpées de leurs pics. Depuis Lha-Ssa jusqu'à la province du Sse-Tchouen, dans toute l'étendue de cette longue route, on ne voit jamais que de vastes chaînes de montagnes, entrecoupées de cataractes, de gouffres profonds et d'étroits défilés. Ces montagnes sont tantôt entassées pêle-mêle, et présentent à la vue les formes les plus bizarres et les plus monstrueuses : tantôt elles sont rangées et pressées symétriquement les unes contre les autres, comme les dents d'une immense scie ; ces contrées changent d'aspect à chaque instant, et présentent aux yeux des voyageurs des tableaux d'une variété infinie. Nous arrivâmes enfin à *Tsiamdo*. Il y avait trente-six jours que nous étions partis de Lha-Ssa ; d'après l'*Itinéraire chinois* nous avions parcouru environ deux mille cinq cents lis (deux cent cinquante lieues).

CHAPITRE IX

Mauvais état du Pacificateur.
Brave famille chinoise thibétaine.

Nous nous arrêtâmes à Tsiamdo pendant trois jours ; car notre conducteur, le Pacificateur des royaumes, avait un besoin urgent de repos. Les fatigues de cette pénible route avaient sensiblement altéré sa santé. Ses jambes s'étaient tellement enflées, qu'il ne pouvait plus monter à cheval ni en descendre, sans le secours de plusieurs personnes. Les médecins et les sorciers de Tsiamdo, que l'on consulta, donnèrent des réponses dont le sens le plus clair était que, si cette maladie diminuait, cela ne serait pas grand'chose, mais que, si elle empirait, cela pourrait devenir sérieux. Les gens les plus raisonnables conseillaient à Ly-Kouo-Ngan de continuer sa route en palanquin. Un Mandarin chinois du lieu voulait lui vendre le sien, et lui procurer des porteurs. Ce parti était, sans contredit, plein de prudence ; mais l'avarice se mit en travers, et le malade protesta qu'il se fatiguerait bien davantage en palanquin qu'à cheval.

A la maladie de Ly-Kouo-Ngan, était venue encore se joindre une autre cause de retard. Une caravane chinoise, partie de Lha-Ssa quelques jours après nous, était parvenue à Tsiamdo le soir même de notre arrivée. Cette caravane se composait d'un *Liang-*

Taï ou fournisseur de vivres, de son fils, jeune homme de dix-huit ans, et d'une nombreuse suite de soldats et de domestiques. Nous voulûmes les laisser passer devant ; car, en voyageant ensemble, il eût été à craindre de ne pas trouver des logements et des oulah suffisants pour une aussi grande multitude. Le Liang-Taï et son fils allaient en palanquin ; cependant, malgré toutes les commodités de ce moyen de transport, ces deux illustres voyageurs étaient tellement exténués de fatigue et découragés, qu'on doutait généralement qu'ils eussent assez de force et d'énergie pour arriver en Chine. Les Mandarins lettrés, étant accoutumés à mener une vie molle et aisée, sont d'ordinaire peu propres à supporter les innombrables misères de la route du Thibet. Parmi ceux qu'on y envoie remplir les divers postes de fournisseurs, il en est peu qui aient le bonheur de revoir leur patrie.

Le jour de notre départ, le vieux Houtouktou de Tsiamdo nous envoya une escorte de quatre cavaliers thibétains, pour protéger notre marche jusque chez le Tchaktchouba de Djaya. En sortant de la ville, nous passâmes sur un magnifique pont entièrement construit avec de grands troncs de sapins, et nous joignîmes la route du Sse-Tchouen, qui serpente sur les flancs d'une haute montagne, au pied de laquelle coule avec rapidité la rivière Dza-Tchou. Après une vingtaine de lis, nous rencontrâmes, à un détour de la montagne, dans une gorge profonde et resserrée, une toute petite troupe de voyageurs qui présentaient un tableau plein de poésie. La marche était ouverte par une femme thibétaine, à califourchon sur un grand âne, et portant un tout jeune enfant solidement attaché sur son dos avec de larges lanières en cuir. Elle traînait après elle, par un long licou, un cheval bâté, et chargé de deux caisses oblongues qui pendaient symétriquement sur ses flancs. Ces deux caisses servaient de logement à deux enfants dont on apercevait les figures rieuses et épanouies, étroitement encadrées dans de petites fenêtres. La différence d'âge de ces enfants paraissait peu notable. Cependant il fallait qu'ils ne fussent pas tous les deux de la même pesanteur ; car, pour établir entre eux un juste équilibre, on avait été obligé de ficeler un gros caillou aux flancs de l'une de ces caisses. Derrière le cheval chargé des boîtes à enfants, suivait à pas lents un cavalier qu'à son costume on pouvait facilement reconnaître pour un soldat chinois en retraite ; il avait en croupe un garçon d'une douzaine d'années. Enfin un énorme chien à poil roux, au regard oblique, et d'une allure pleine de mauvaise humeur, fermait la marche de cette singulière caravane, qui se joignit à nous, et profita de notre compagnie pour aller jusqu'à la province du Sse-Tchouen.

Ce Chinois était un ancien soldat de la garnison de Tsiamdo ; ayant rempli les trois années de service fixées par la loi, il avait obtenu le privilège de rester dans le Thibet pour se livrer au commerce. Il s'y était marié, et après avoir amassé une petite fortune, il s'en retournait dans sa patrie avec toute sa famille. Nous ne pûmes nous empêcher d'admirer le courage, l'énergie et le dévouement de ce brave Chinois, si différent de ses égoïstes compatriotes, qui ne se font pas le moindre scrupule d'abandonner femmes et enfants dans les pays étrangers. Il avait à braver non seulement les dangers et les fatigues d'une longue route, mais encore les railleries de ceux qui n'avaient pas le cœur d'imiter son bel exemple. Les soldats de notre escorte ne tardèrent pas, en effet, à le tourner en ridicule. « Cet homme, disaient-ils, a évidemment une cervelle moisie. Rapporter de chez les peuples étrangers de l'argent et des marchandises, voilà qui est raisonnable ; mais emmener dans la nation centrale, une femme à grands pieds, et tous ces petits barbares, c'est ce qui est contraire à tous les usages... Est-ce que cet homme aurait encore envie d'amasser de l'argent en faisant voir ces bêtes du Thibet?... » Plus d'une fois des propos de ce genre vinrent exciter notre indignation. Nous nous fîmes toujours un devoir de prendre parti pour ce brave père de famille, de louer sa belle conduite, et de réprouver hautement la barbarie et l'immoralité des usages chinois.

Mort d'un Mandarin. Il continue la route.

Nous arrivâmes au petit village de Bagoung peu de temps avant la nuit. Nous allâmes mettre pied à terre au corps de garde chinois, composé de quelques maisonnettes construites en magnifiques fragments de marbre blanc, cimentés avec de la boue ou de la bouse de vache. Aussitôt que nous fûmes arrivés, on nous annonça la mort du *Liang-Taï*, nommé *Peï*, qui nous avait atteints à Tsiamdo. Il y avait deux jours que sa caravane était passée à Bagoung. Étant parvenu au corps de garde, les porteurs du Mandarin, après avoir déposé le palanquin, en ouvrirent les rideaux, selon l'usage, pour inviter Son Excellence à vouloir bien entrer dans l'appartement qu'on lui avait préparé. Mais dans le palanquin il n'y avait plus qu'un cadavre. Selon les usages chinois, le fils du défunt ne pouvait laisser le corps de son père sur une terre étrangère ; il devait le conduire dans sa famille, pour le déposer dans la sépulture des ancêtres. Or, nous étions encore au cœur du Thibet, et la famille du Mandarin *Peï* se trouvait dans la province du *Tche-Kiang*, tout à fait à l'extrémité de la Chine. La route, comme on voit, était longue et difficile ; cependant, il n'y avait pas à balancer, la piété filiale devait aplanir tous les obstacles. Un cercueil tout préparé se trouva, par hasard, au corps de garde. Le fils du Mandarin l'acheta très chèrement aux soldats ; il y déposa les restes de son père ; on adapta au cercueil les brancards du palanquin, et les porteurs, moyennant un supplément de salaire, consentirent à porter jusqu'aux frontières de Chine, un mort au lieu d'un vivant. La caravane avait quitté Bagoung la veille de notre arrivée.

Difficultés à propos des « oulah ».
Foudroyante visite de Proul-Tamba.

La nouvelle de cette mort étonna et frappa tout le monde. Ly-Kouo-Ngan surtout, qui était dans un état bien peu rassurant, en fut épouvanté ; la peur qu'il en eut, l'empêcha de souper ; mais dans la soirée une pensée vint le distraire de ces tristes pensées de la mort. Le chef du village thibétain se rendit au corps de garde, pour annoncer aux voyageurs qu'il avait été arrêté, dans le pays, que désormais on ne fournirait plus les oulah gratuitement ;... que pour un cheval on paierait une once d'argent, et pour un yak une demi-once. « La caravane qui est partie hier, ajouta-t-il, a été obligée d'en passer par là... » Pour bien nous prouver ensuite que ce règlement ne supportait aucune discussion, il nous tira brusquement la langue, et s'en alla.

Un manifeste si clair et si précis fut pour le Pacificateur des royaumes un véritable coup de foudre. Il oublia complètement la mort si mélancolique du pauvre Liang-Taï, pour ne plus s'occuper que de l'effroyable catastrophe qui allait fondre sur sa bourse. Nous participâmes charitablement à sa douleur, et nous essayâmes, de notre mieux, de conformer nos paroles à ses sombres pensées. Mais au fond la chose nous était parfaitement indifférente. Si l'on refusait de nous fournir les moyens de continuer notre route, nous n'avions qu'à rester dans le Thibet ; ce qui, au bout du compte, n'était pas pour nous un parti extrêmement difficile à prendre. En attendant, nous allâmes nous coucher, et nous laissâmes les gens de l'escorte s'occuper de politique et d'économie sociale.

Le lendemain, quand nous nous levâmes, il n'y avait dans la cour du corps de garde ni bœufs ni chevaux. Ly-Kouo-Ngan était plongé dans une profonde désolation. — « Aurons-nous des oulah? lui demandâmes-nous ; partirons-nous aujourd'hui? — Ces hommes sauvages, nous répondit-il, n'entendent pas la raison ; ils ne comprennent pas le mérite de l'obéissance. J'ai pris le parti de m'adresser à *Proul-Tamba;* je lui ai envoyé une députation. Il y a longtemps que je le connais, et j'espère qu'il nous fera avoir des oulah. » Ce Proul-Tamba était un personnage dont nous avions déjà beaucoup entendu parler ; il était à la tête du parti du jeune Tchaktchouba de Djaya, et par conséquent l'ennemi déclaré de l'influence chinoise. Il était, disait-on, aussi instruit que les Lamas les plus savants de Lha-Ssa ; personne ne l'avait jamais égalé en bravoure, jamais dans les combats il n'avait éprouvé de défaite. Aussi, parmi toutes les tribus de la province de Kham, son nom seul était une puissance et agissait comme un talisman sur l'esprit de la multitude. Proul-Tamba était, en quelque sorte, l'Abd-el-Kader de ces rudes montagnards.

La demeure de Proul-Tamba n'était guère éloignée

de Bagoung que de cinq ou six lis. La députation qu'on y avait envoyée fut bientôt de retour, et annonça que le *Grand-Chef* allait lui-même venir. Cette nouvelle inattendue mit tout en émoi au village thibétain et au corps de garde chinois. On se disait, avec empressement : Le Grand-Chef va venir, nous allons voir le Grand-Chef !... Ly-Kouo-Ngan se hâta de mettre ses beaux habits, de chausser ses bottes en soie, et de se coiffer de son bonnet de cérémonie. Les soldats chinois firent aussi de leur mieux un peu de toilette. Pendant que les Thibétains se rendaient, en courant, au-devant de leur chef, Ly-Kouo-Ngan choisit dans ses malles un magnifique khata, ou écharpe de félicité, et alla se poster sur le seuil de la porte pour recevoir le fameux Proul-Tamba. Quant à nous, le rôle qui nous convenait le mieux en cette circonstance, c'était de nous livrer tranquillement à l'étude des physionomies qui nous entouraient. La plus intéressante à observer était, sans contredit, celle du Pacificateur des royaumes. Il était curieux de voir ce Mandarin chinois, ordinairement si plein de morgue et d'insolence en présence des Thibétains, devenu tout à coup humble et modeste, et attendant avec tremblement l'arrivée d'un homme qu'il croyait fort et puissant.

Enfin, le Grand-Chef parut. Il était à cheval, et escorté de quatre cavaliers d'honneur. Aussitôt que tous eurent mis pied à terre, le Pacificateur des royaumes s'approcha, fit une profonde inclination, et offrit son écharpe à Proul-Tamba. Celui-ci fit signe à un de ses hommes de recevoir l'offrande, et, sans rien dire, il traversa brusquement la cour, et alla droit à la chambre préparée pour la réception, et où nous attendions avec le Lama Dchiamdchang. Proul-Tamba nous fit une toute petite inclination de tête, et s'assit, sans façon, à la place d'honneur, sur un grand tapis de feutre gris. Ly-Kouo-Ngan se plaça à sa gauche, le Lama Dchiamdchang à droite, et nous sur le devant. Il y avait entre nous cinq une si respectueuse distance, que nous formions comme un grand cercle. Des soldats chinois et une foule de Thibétains se tenaient debout derrière l'assemblée.

Il y eut un moment d'un silence profond. Le Grand-Chef Proul-Tamba était âgé, tout au plus, d'une quarantaine d'années ; il était de taille moyenne ; pour tout vêtement, il portait une grande robe en soie verte, doublée d'une belle fourrure en peau de loup, et serrée aux reins par une ceinture rouge. De grosses bottes en cuir violet, un effrayant bonnet en peau de renard, et un long et large sabre, passé horizontalement dans la ceinture, complétaient son costume. De longs cheveux d'un noir d'ébène, qui descendaient sur ses épaules, donnaient à sa pâle et maigre figure une grande expression d'énergie. Les yeux étaient, surtout, ce qu'il y avait de plus remarquable dans la physionomie de cet homme ; ils étaient larges, flamboyants, et respiraient un courage et une fierté indomptables. Dans toute son allure, d'ailleurs, Proul-Tamba dénotait un homme vraiment supérieur, et né pour commander à ses semblables. Après nous avoir regardés attentivement les uns après les autres, en tenant ses mains appuyées sur les deux extrémités de son sabre, il tira de son sein un paquet de petits khata, et nous en fit distribuer un à chacun par un de ses hommes. Se tournant ensuite vers Ly-Kouo-Ngan : — « Ah ! te voilà revenu, lui dit-il, d'une voix qui résonnait comme une cloche ; si l'on ne m'avait annoncé ce matin que c'était toi, je ne t'aurais pas reconnu. Comme tu as vieilli, depuis ton dernier passage à Bagoung ! — Oui, tu as raison, répondit le Pacificateur des royaumes, d'une voix papelarde et mielleuse, et en se traînant sur le tapis de feutre pour se rapprocher de son interlocuteur... ; oui, tu as raison, je suis bien caduc ; mais toi, te voilà plus vigoureux que jamais. — Nous vivons dans des circonstances où j'ai besoin d'être vigoureux... Il n'y a plus de paix dans nos montagnes. — C'est vrai, j'ai appris là-bas que vous aviez eu ici, entre vous, une petite contestation. — Voilà plus d'un an que les tribus de Kham se font une guerre acharnée, et tu appelles cela une petite contestation ! Tu n'auras qu'à ouvrir les yeux sur ta route, et tu verras, de toute part, des villages en ruines et des forêts incendiées. Dans quelques jours, nous serons obligés de mettre de nouveau la main à l'œuvre ; car personne ne veut entendre les paroles de paix... Cette guerre eût pu être terminée par quelques combats ; mais depuis que vous autres Chinois, vous avez voulu vous mêler de nos affaires, les partis sont devenus irréconciliables... Oh ! vous autres, Mandarins chinois, vous n'êtes bons qu'à apporter dans nos contrées le désordre et la confusion. Cela ne peut pas durer de la sorte. »

Le grand chef de la province de Kham invectiva longtemps contre la domination des Chinois dans le Thibet. Il attaqua tour à tour l'Empereur, le viceroi du Sse-Tchouen et les ambassadeurs de Lha-Ssa. Le Pacificateur des royaumes se garda bien de faire de l'opposition ; il fit semblant de partager les sentiments de Proul-Tamba, et s'empressa d'accueillir toutes ses paroles par de petites inclinations de tête. Enfin, il se hasarda à lâcher quelques mots touchant le départ et les oulah. — « Les oulah ! répondit Proul-Tamba ; désormais, il n'y en aura plus pour les Chinois, à moins qu'ils ne consentent à les payer convenablement. C'est bien assez que nous laissions des Chinois pénétrer dans nos pays, sans que nous ayons encore la sottise de leur fournir gratuitement des oulah... Cependant, comme je te connais depuis longtemps, on fera aujourd'hui une exception pour ta caravane. Tu conduis, d'ailleurs, deux Lamas du ciel d'occident, qui m'ont été recommandés par le premier Kalon de Lha-Ssa, et qui ont droit à mes services... Où est le Dhéba de Bagoung? qu'il avance. » L'individu qui, la veille, était venu nous dire : Point d'argent, point de oulah..., se présenta ; il posa un genou en terre devant le Grand-Chef, et lui tira respectueusement la langue. « Qu'on conduise les oulah à l'instant, s'écria Proul-Tamba, et que tout le monde fasse son devoir! » Les Thibétains qui se trouvaient dans la cour du corps de garde poussèrent, tous ensemble, une grande acclamation, et se rendirent en courant au village voisin. Proul-Tamba se leva ; et, après nous avoir invités à aller prendre le thé dans sa maison, qui se trouvait sur notre route, il sauta à cheval, et s'en retourna au grand galop. Les oulah ne tardèrent point à arriver, et la caravane se trouva bientôt organisée comme par enchantement.

Le guerrier cul-de-jatte. Son musée d'armes.

Ce que nous trouvâmes de plus remarquable à Angti, ce fut, sans contredit, le Dhéba ou chef de la tribu. Ce personnage, nommé Bomba, était tout au plus haut de trois pieds ; le sabre qu'il portait à la ceinture avait pour le moins deux fois la longueur de sa taille. Malgré cela, cet homme avait un buste magnifique, et surtout une figure large, énergique, et d'une belle régularité. L'exiguïté de sa taille provenait d'un complet avortement des jambes, sans que pourtant ses pieds présentassent aucune difformité : ce manque presque total de jambes n'empêchait pas le chef de la tribu d'Angti d'être d'une activité surprenante. On le voyait sans cesse aller et venir, avec autant d'agilité que les plus ingambes ; il ne pouvait pas, à la vérité, faire de grands pas, mais il y suppléait par la rapidité de ses mouvements. A force de rouler à droite et à gauche, de bondir et de rebondir, il arrivait toujours aussitôt que les autres. Il était, disait-on, le plus habile cavalier et le guerrier le plus intrépide de la tribu. Quand on l'avait une fois hissé sur son cheval, où il se tenait en même temps debout et assis, il était invincible. Dans les assemblées populaires, que les montagnards de ces contrées ont coutume de tenir fréquemment, et toujours en plein air, pour traiter toutes les questions d'intérêt public et privé, le chef Bomba se faisait toujours remarquer par l'ascendant de son éloquence et de son caractère. Quand on débattait à Angti la taxe des oulah, on ne voyait, on n'entendait que l'étonnant Bomba. Perché sur les épaules d'un gros et grand montagnard, il parcourait comme un géant l'assemblée tumultueuse, et la dominait par sa parole et par son geste, encore plus que par sa stature gigantesque.

Le chef d'Angti ne laissa passer aucune occasion de nous donner des témoignages particuliers de bienveillance et de sympathie. Un jour, il nous invita à dîner chez lui : cette invitation avait le double but d'exercer d'abord à notre égard un devoir d'hospitalité, et en second lieu de piquer la jalousie des Chinois, qu'il détestait et méprisait de toute son âme. Après le dîner, qui n'offrit de remarquable qu'une grande profusion de viande crue et bouillie, et un thé richement saturé de beurre, il nous fit visiter

une salle remplie de tableaux et d'armures de toute
espèce. Les tableaux qui tapissaient les murs étaient
des portraits grossièrement coloriés, représentant les
plus illustres ancêtres de la famille des Bomba ; on
y voyait une nombreuse collection de Lamas de
tout âge et de toute dignité, et quelques guerriers
en costume de bataille. Les armes étaient nombreuses, et d'une grande variété : il y avait des
lances, des flèches, des sabres à deux tranchants,
en spirale et en forme de scie ; des tridents, de longs
bâtons armés de grosses boucles de fer, et des fusils
à mèche dont les culasses affectaient les formes les
plus bizarres. Les armes défensives étaient des bou-
cliers ronds en cuir de yak sauvage, et garnis de
clous en cuivre rouge ; des brassards et des cuis-
sards en lames de cuivre, et des camisoles en fil
de fer, d'un tissu épais et serré, et conservant malgré
cela beaucoup d'élasticité. Le chef Bomba nous dit
que ces camisoles étaient des armures des temps
anciens ; qu'on les avait laissées de côté depuis que
l'usage du fusil était devenu général dans leurs contrées. Les Thibétains, comme nous l'avons dit, sont
trop indifférents en matière de chronologie, pour
qu'ils puissent assigner l'époque où ils ont commencé
à se servir des armes à feu. Il est présumable pourtant qu'ils n'auront connu la poudre à canon que
vers le treizième siècle, du temps des guerres de
Tchingghiskhan qui avait, comme on sait, de l'artillerie dans ses armées. Une chose assez remarquable,
c'est que, parmi les montagnes du Thibet, aussi bien
que dans l'empire chinois et dans les steppes de la
Tartarie, il n'est personne qui ne sache fabriquer
la poudre ; chaque famille en fait pour son usage.
En traversant la province de Kham, nous avons
souvent remarqué des femmes et des enfants acti-
vement occupés à broyer le charbon, le soufre et

le salpêtre. La poudre de ces peuples ne vaut certainement pas celle d'Europe : cependant, quand on en met dans un canon de fusil avec une balle par-dessus, il y a assez de force pour pousser la balle, et l'envoyer tuer des cerfs à la chasse et des hommes à la guerre.

Le fils du mort meurt à son tour.
Tous deux nous accompagnent.

Un peu avant d'arriver à la station de *Adzou-Thang*, nous rejoignîmes la troupe qui accompagnait le cercueil du *Liang-Taï* décédé à Bagoung. Le fils, lui aussi, venait de mourir dans une tente noire, après quelques heures d'une affreuse agonie. La caravane, n'ayant plus de chef, se trouvait dans une désorganisation complète ; la plupart des soldats de l'escorte s'étaient dispersés, après avoir pillé les bagages de leur Mandarin ; trois seulement étaient restés à leur poste, et s'occupaient des moyens d'effectuer le transport de ces deux cadavres jusqu'en Chine. Ils désespéraient de pouvoir continuer leur route, en si petit nombre ; aussi l'arrivée de notre caravane les tira-t-elle d'un grand embarras. Le convoi du père avait été convenablement organisé à Bagoung ; restait celui du fils. Les porteurs de son palanquin n'avaient pas voulu s'en charger, parce qu'ils prévoyaient qu'on ne trouverait pas assez d'argent pour les payer. Placer le cercueil sur un bœuf de charge, était une mesure impraticable : jamais on n'eût pu décider les conducteurs thibétains à porter sur un de leurs animaux un cadavre, et surtout le cadavre d'un Chinois ; il fallut donc user de ruse. Le corps du nouveau défunt fut secrètement coupé en quatre parties, puis arrimé dans une caisse qu'on abandonna sans distinction parmi les bagages. On fit croire aux Thibétains que, pour honorer la piété filiale, le corps du fils avait été déposé à côté de celui du père, dans le même cercueil.

Ces deux cadavres, que nous nous étions adjoints pour compagnons de route, donnèrent à la caravane un aspect triste, funèbre, et qui agissait fortement sur l'imagination des Chinois. Ly, le Pacificateur des royaumes, dont les forces allaient tous les jours s'affaiblissant, en était surtout épouvanté ; il eût bien voulu éloigner de lui ce sinistre spectacle, mais il ne l'eût pu sans s'exposer à l'accusation terrible d'avoir mis des obstacles à la sépulture de deux Mandarins morts en pays étranger.

Régions plus fertiles. Bathang, ville frontière.

Nous arrivâmes enfin à Kiang-Tsa, et les Chinois commencèrent à respirer ; car nous entrions dans un pays moins hostile. Kiang-Tsa est une vallée très fertile, et dont les habitants paraissent vivre dans l'aisance. On remarque parmi eux, outre les soldats du poste, un grand nombre de Chinois des provinces de Ssé-Tchouen et du Yun-Nan, qui tiennent quelques boutiques de commerce, et exercent les arts et les métiers de première nécessité. Peu d'années, dit-on, leur suffisent pour faire, dans ce pays, une assez jolie fortune. Les deux Mandarins militaires de Kiang-Tsa, qui avaient été compagnons d'armes du Ly-Kouo-Ngan, furent effrayés de l'état déplorable dans lequel ils le trouvèrent réduit, et lui conseillèrent fortement de continuer sa route en palanquin. Nous joignîmes nos instances aux leurs, et nous eûmes le bonheur de triompher de l'avarice du Pacificateur des royaumes. Il parut enfin comprendre qu'un mort n'avait pas besoin d'argent, et qu'avant tout, il fallait songer à conserver sa vie. Le fils du Mandarin Peï semblait être mort fort à propos, pour mettre à la disposition de Ly-Kouo-Ngan son palanquin et ses huit porteurs chinois ; le tout se trouvait à Kiang-Tsa. On s'arrêta un jour, pour faire quelques réparations au palanquin, et pour donner aux porteurs le temps de réparer leurs sandales de voyage.

Les contrées que nous rencontrâmes au sud de Kiang-Tsa nous parurent moins froides et moins stériles que celles que nous avions parcourues précédemment. Le sol allait en s'inclinant d'une manière très sensible ; nous étions bien encore constamment environnés de montagnes, mais elles perdaient peu à peu leur aspect triste et sauvage ; on ne voyait plus ces formes menaçantes, ces gigantesques masses de granit aux découpures brusques et perpendiculaires. Les grandes herbes et les forêts apparaissaient de toutes parts ; les animaux devenaient plus nombreux ; tout annonçait que nous avancions rapidement vers des climats plus tempérés ; les cimes seules des montagnes avaient encore conservé leurs couronnes de neige et de glaçons.

Le lendemain, nous côtoyames une maigre rivière qui va se réunir au fleuve à sable d'or. Notre cœur était plus épanoui que de coutume, car on nous avait annoncé que le jour même nous arriverions dans une contrée ravissante. Chemin faisant, nous portions donc nos regards de côté et d'autre, avec une inquiète curiosité ; de temps en temps, nous nous dressions sur nos étriers pour voir de plus haut ; mais le tableau ne se hâtait pas de devenir poétique. A notre gauche, nous avions toujours la susdite rivière, sautillant prosaïquement à travers d'énormes cailloux, et à notre droite, une grosse montagne rousse, triste, décharnée, et coupée en tous sens par de profonds ravins ; des masses de nuages blancs, poussés par un vent piquant, glissaient sur les flancs de la montagne, et allaient former devant nous un sombre horizon de brouillards.

Vers midi, la caravane s'arrêta dans une masure, pour boire une écuellée de thé, et manger une poignée de tsamba ; ensuite nous grimpâmes jusqu'au sommet de la montagne rousse, et du haut de ce grand observatoire, nous admirâmes, à notre droite, la magnifique, la ravissante plaine de Bathang (1). Nous nous trouvâmes transportés tout à coup, et comme par enchantement, en présence d'une contrée qui offrait à nos regards toutes les merveilles de la végétation la plus riche et la plus variée. Le contraste surtout était saisissant : d'un côté, un pays stérile, sombre, montagneux, et presque toujours désert ; de l'autre, au contraire, une plaine riante, où de nombreux habitants se livraient, au milieu de fertiles campagnes, aux travaux de la vie agricole. L'*Itinéraire chinois* dit : « Le canton de Bathang est une belle plaine de mille lis de longueur, bien arrosée par des ruisseaux et des sources ; le ciel y est clair, le climat agréable, et tout y réjouit le cœur et les yeux de l'homme. » Nous descendîmes à la hâte le versant de la montagne, et nous continuâmes notre route dans un véritable jardin, parmi des arbres en fleur, et le long de vertes rizières. Une douce chaleur pénétra, peu à peu, nos membres, et bientôt nous sentîmes la pesanteur de nos habits fourrés ; il y avait plus de deux ans que nous n'avions sué ; il nous semblait tout singulier d'avoir chaud, sans être devant un bon feu.

Aux environs de la ville de Bathang, les soldats

(1) Bathang signifie en thibétain : *plaine des vaches*.

de la garnison se trouvèrent en ligne, pour rendre les honneurs militaires au Pacificateur des royaumes, qui, empaqueté au fond de son palanquin, passa au milieu des rangs d'une façon très peu guerrière. La population thibétaine, qui était tout entière sur pied, accompagna la caravane jusqu'à une belle pagode chinoise qui devait nous servir de logement. Le soir même, les Mandarins de la garnison chinoise et les Grands-Lamas de la ville vinrent nous rendre visite, et nous faire des offrandes de viande de bœuf et de mouton, de beurre, de farine, de chandelles, de lard, de riz, de noix, de raisins, d'abricots et de plusieurs autres produits de la contrée.

On remarque, parmi la population de Bathang, un très grand nombre de Chinois ; ils s'occupent d'art et d'industrie ; plusieurs même se livrent à l'agriculture, et font valoir les fermes des Thibétains. Cette plaine, qu'on rencontre, comme par enchantement, au milieu des montagnes du Thibet, est d'une admirable fertilité ; elle fournit deux récoltes par an. Ses principaux produits sont : le riz, le maïs, l'orge grise, le blé, les pois, les choux, les navets, les oignons, et plusieurs autres variétés de légumes. Parmi les fruits, on remarque le raisin, la grenade, la pêche, l'abricot et le melon d'eau. Le miel y est aussi très abondant. Enfin, on y trouve des mines de cinabre (sulfure de mercure), dont on retire une grande quantité de mercure. Les Thibétains l'obtiennent dans toute sa pureté, en dégageant le soufre par la combustion, ou en le combinant avec de la chaux éteinte.

La ville de Bathang est grande et très populeuse ; ses habitants paraissent vivre dans l'aisance. Les Lamas y sont très nombreux, comme dans toutes les villes thibétaines. La principale lamaserie, qu'on nomme grand couvent de *Ba*, a pour supérieur, un

Khampo, qui tient son autorité spirituelle du Talé-Lama de Lha-Ssa.

La puissance temporelle du Talé-Lama finit à Bathang. Les frontières du Thibet proprement dit furent fixées en 1726, à la suite d'une grande guerre que les Thibétains eurent avec les Chinois. Deux jours avant d'arriver à Bathang, on rencontre, au sommet de la montagne *Mang-Ling*, un monument en pierre, indiquant ce qui fut réglé à cette époque, entre le gouvernement de Lha-Ssa et celui de Péking, au sujet des limites. Actuellement, les contrées situées à l'est de Bathang sont indépendantes de Lha-Ssa, sous le rapport temporel. Elles sont gouvernées par des Tou-Sse, espèce de princes feudataires, institués à leur origine par l'Empereur chinois, et reconnaissant encore aujourd'hui son autorité suzeraine. Ces petits souverains sont tenus de se rendre à Péking tous les trois ans, pour offrir leur tribut à l'Empereur.

Nous nous arrêtâmes à Bathang pendant trois jours. La maladie de notre conducteur Ly-Kouo-Ngan fut la cause de ce retard. Les fatigues journalières de cette longue route avaient tellement accablé ce pauvre Mandarin, qu'il était dans un état presque désespéré. Son meilleur parti était de profiter du beau climat de Bathang, et de laisser la caravane poursuivre sa route. Ses amis le lui conseillèrent, mais ce fut vainement. Il voulut continuer le voyage, et chercha, par tous les moyens imaginables, à se faire illusion sur la gravité de son mal. Pour notre compte, nous jugeâmes son état si dangereux, que nous crûmes devoir profiter du repos et du calme dont nous jouissions à Bathang, pour lui parler sérieusement de son âme et de l'éternité. Les conversations que nous avions eues en route, l'avaient déjà suffisamment éclairé sur les prin-

cipales vérités du christianisme. Il ne s'agissait plus
que de lui faire voir bien clairement sa position,
et de le convaincre de l'urgence d'entrer franchement et définitivement dans la voie du salut. Ly-
Kouo-Ngan fut tout à fait de notre avis ; il trouva
que nos observations surabondaient en raison. Il
nous parla lui-même fort éloquemment de la fragilité et de la brièveté de la vie, des vanités du
monde, de l'impénétrabilité des décrets de Dieu, de
l'importance du salut, de la vérité de la religion
chrétienne, et de l'obligation pour tout homme de
l'embrasser. Il nous dit sur tout cela des choses
très sensées et très touchantes. Mais, quand il fallait
conclure, en venir à la pratique, en un mot, se déclarer chrétien, tout se détraquait. Il voulait absolument attendre qu'il fût arrivé dans sa famille, et
qu'il eût abdiqué son mandarinat. Nous eûmes beau
lui représenter le danger auquel il s'exposait en
ajournant cette grande affaire ; tout fut inutile. —
Tant que je suis Mandarin de l'Empereur, disait-il,
je ne puis me mettre au service du Seigneur du
ciel. — Il avait logé cette idée absurde si avant
dans son cerveau, qu'il n'y eut pas moyen de l'en
arracher.

En quittant le poste de Bathang, nous fûmes contraints de remonter, pendant quelque temps, tout
à fait vers le nord, pour reprendre la direction de
l'est ; car depuis notre départ de Tsiamdo, pendant
vingt jours consécutifs, nous n'avions cessé un instant de descendre vers le midi. Les caravanes sont
obligées d'allonger cette route d'une manière si considérable, afin d'aller chercher un endroit où l'on
puisse passer avec quelque sécurité le grand fleuve
Kin-Cha-Kiang.

Notre première journée de marche, en nous éloi-
gnant de Bathang, fut pleine de charmes ; car nous

cheminâmes avec une douce température, à travers
des paysages d'une ravissante variété. L'étroit sentier que nous suivions était continuellement bordé
de saules, de grenadiers et d'abricotiers en fleurs.
Le jour suivant, nous retombâmes au milieu des
horreurs et des dangers de notre ancien routier.
Nous eûmes à gravir une montagne extrêmement
élevée, sur laquelle nous fûmes impitoyablement
battus par la neige et le vent du nord. C'était une
véritable réaction contre le sybaritisme que nous
avions savouré dans la plaine tiède et fleurie de
Bathang. Au pied de la montagne, la neige fut
remplacée par une pluie abondante et glaciale, qui
s'infiltrait jusqu'à la moelle des os. Pour comble
d'infortune, nous fûmes forcés de passer la nuit dans
une habitation dont le toit, largement crevassé en
plusieurs endroits, donnait un libre passage au vent
et à la pluie. Nous étions cependant tellement exténués de fatigue, que cela ne nous empêcha pas trop
de dormir. Le lendemain, nous nous éveillâmes dans
la boue ; nous trouvâmes nos couvertures entièrement imbibées, et nos membres raidis par le froid.
Nous fûmes obligés de nous frictionner violemment
avec des morceaux de glace, pour faire reprendre
au sang sa circulation. L'abominable hameau qui
nous procura cet affreux logis porte le nom de
Ta-So.

Splendide forêt de pins et de houx.

En sortant de la vallée de Ta-So, on monte, par
une étroite gorge, à un plateau que nous trouvâmes
encombré de neige. De là, nous entrâmes dans une
forêt magnifique, la plus belle que nous ayons vue
dans les montagnes du Thibet. Les pins, les cèdres
et les houx entrelaçaient leurs vigoureuses branches,

et formaient un dôme de verdure impénétrable au soleil, sous lequel on se trouve bien mieux à l'abri de la pluie et de la neige que dans les maisons de Ta-So. Les branches et les troncs de ces grands arbres sont recouverts d'une mousse épaisse, qui se prolonge en longs filaments extrêmement déliés. Qaund cette mousse filandreuse est récente, elle est d'une jolie couleur verte ; mais lorsqu'elle est vieillie, elle est noire, et ressemble exactement à de longues touffes de cheveux sales et mal peignés. Il n'est rien de monstrueux et de fantastique comme ces vieux pins qui portent un nombre infini de longues chevelures suspendues à leurs branches. Le houx épineux, qu'on rencontre sur les montagnes du Thibet, est remarquable par le prodigieux développement qu'il acquiert. En Europe, il ne dépasse jamais la taille d'un arbuste ; mais là, il s'élève toujours à la proportion d'un grand arbre. S'il ne vient pas tout à fait aussi haut que le pin, il rivalise avec lui par la grosseur du tronc ; il lui est même supérieur par la richesse et l'abondance de son feuillage.

Cette journée de marche fut longue et fatigante. Il était nuit close, quand nous arrivâmes à la station de *Samba*, où nous devions changer les oulah. Nous étions sur le point de nous coucher, quand on remarqua qu'il manquait un Thibétain de l'escorte. C'était précisément celui qui avait été désigné pour notre domestique. On le chercha avec soin mais en vain, dans tous les recoins du petit village où nous venions d'arriver. On conclut qu'il s'était égaré dans la forêt. La première pensée fut d'envoyer à sa découverte ; mais avec la nuit obscure qu'il faisait, comment trouver un homme dans cette vaste et épaisse forêt? On se contenta de se rendre en troupe sur une colline voisine, de pousser des cris, et d'allumer un grand feu. Vers minuit, le voyageur égaré reparut presque mourant de fatigue. Il portait sur son dos la selle de son cheval qui, trouvant sans doute la route trop longue, avait jugé à propos de se coucher au milieu de la forêt, sans qu'il ait été possible de le faire relever. Le retour de ce pauvre jeune homme combla de joie tout le monde, et chacun alla prendre un peu de sommeil.

Le lendemain, on se leva tard. Pendant que les habitants de *Samba* conduisaient les chevaux et les bêtes de somme, pour l'organisation de la caravane, nous allâmes faire une petite promenade, et jeter un coup d'œil sur cette contrée, où nous étions arrivés de nuit. Le village de Samba est un assemblage d'une trentaine de maisonnettes, construites avec de gros cailloux, et grossièrement cimentées, les unes avec de la bouse de vache, les autres avec de la boue. L'aspect du village est triste ; mais les environs sont assez riants. Deux ruisseaux venant, l'un de l'ouest, l'autre du sud, opèrent leur jonction tout près du village, et donnent naissance à une rivière qui roule ses eaux transparentes à travers une vaste prairie. Un petit pont de bois peint en rouge, des troupeaux de chèvres et de bœufs à long poil, qui folâtraient parmi les pâturages, des cigognes et des canards sauvages, qui pêchaient leur déjeuner sur les bords de l'eau, quelques cyprès gigantesques disséminés çà et là, la fumée même qui s'élevait des cases thibétaines, et que le vent chassait doucement le long des coteaux voisins, tout contribuait à donner de la vie et du charme à ce tableau. Le ciel, du reste, était pur et serein. Déjà le soleil, ayant fait un peu de chemin au-dessus de l'horizon, nous promettait un beau jour et une douce température.

Mort du Pacificateur. Nous prenons la tête de la caravane.

Nous retournâmes au logis, en continuant à pas lents notre promenade. La caravane était organisée et sur le point de se mettre en route. Les bêtes de somme étaient chargées de leurs fardeaux ; les cavaliers, la robe retroussée et le fouet à la main, étaient prêts à monter à cheval. — « Nous sommes en retard, dîmes-nous, pressons le pas ;... et d'une course nous fûmes à notre poste. — Pourquoi vous hâter? nous dit un soldat chinois ; Ly-Kouo-Ngan n'est pas prêt ; il n'a pas encore ouvert la porte de sa chambre. — Aujourd'hui, répondîmes-nous, il n'y a pas de grande montagne ; le temps est beau, rien n'empêche de partir un peu tard... Cependant, va avertir le Mandarin que la caravane est prête. » Le soldat poussa la porte, et entra dans la chambre de Ly-Kouo-Ngan ; il en ressortit à l'instant, pâle et les yeux hagards. « Ly-Kouo-Ngan est mort ! » nous cria-t-il à voix basse... Nous nous précipitâmes dans la chambre, et nous vîmes l'infortuné Mandarin étendu sur son grabat, la bouche entr'ouverte, les dents serrées, et les yeux crispés par la mort. Nous plaçâmes la main sur son cœur, et sa poitrine se souleva lentement. Il y avait encore un faible reste de vie ; mais tout espoir était perdu. L'agonisant avait tout à fait perdu l'usage de ses sens ; il poussa encore quelques râlements, et rendit le dernier soupir. Les humeurs dont ses jambes étaient engorgées avaient reflué à sa poitrine et l'avaient étouffé.

La mort de notre conducteur n'avait pas été imprévue ; elle n'avait, au fond, rien qui dût nous surprendre ; mais elle était arrivée d'une manière si triste et si pitoyable, que tout le monde en fut bouleversé. Pour nous, en particulier, nous en fûmes attristés au delà de toute expression. Nous regrettâmes amèrement qu'il ne nous ait pas été donné d'assister à sa dernière heure cet infortuné, que nous désirions tant faire passer des ténèbres du paganisme aux clartés de la foi. O que les décrets de Dieu sont impénétrables !...

Ce jour-là, la caravane ne se mit pas en marche; les animaux furent dessellés et renvoyés au pâturage; puis les soldats de l'escorte disposèrent tout ce qui était nécessaire, d'après les rites chinois, pour transporter le corps de leur Mandarin jusque dans sa famille. Nous n'entrerons pas ici dans les détails de tout ce qui fut fait à ce sujet, parce que ce qui concerne les mœurs, les usages et les cérémonies des Chinois, trouvera sa place ailleurs. Nous dirons seulement que le défunt fut enveloppé dans un grand linceul qui lui avait été donné par le Bouddha-vivant de Djachi-Loumbo. Ce linceul, à fond blanc, était entièrement recouvert de sentences thibétaines et d'images de Bouddha, imprimées en noir. Les Thibétains et autres bouddhistes ont une confiance illimitée dans les suaires imprimés qui sont distribués par le Talé-Lama et le Bandchan-Remboutchi. Ils sont persuadés que ceux qui ont le bonheur d'y être enveloppés après leur mort, ne peuvent manquer d'avoir une heureuse transmigration.

Par la mort de Ly-Kouo-Ngan, la caravane se trouva sans chef et sans conducteur. Il y avait bien le Lama Dchiamdchang, à qui le pouvoir eût dû revenir de droit et par une succession légitime; mais les soldats chinois n'étant que très peu disposés à reconnaître son autorité, nous passâmes de l'état monarchique à la forme républicaine démocratique. Cet état de choses dura tout au plus une demi-journée. Nous étant aperçus que les gens de la caravane, soit Thibétains, soit Chinois, n'étaient pas encore mûrs pour un gouvernement si parfait ; considérant que l'anarchie débordait de toute part, et que les affaires menaçaient d'aller à la débandade ; n'envisageant enfin que l'intérêt public, et voulant assurer le salut de la caravane, nous nous emparâmes de la dictature. Nous lançâmes immédiatement force décrets, afin que tout fût prêt le lendemain à la pointe du jour pour nous remettre en route. Le besoin d'être gouverné se faisait tellement sentir, que personne ne s'avisa de faire de l'opposition, et que nous fûmes obéis ponctuellement.

Nous obtenons un nouveau Mandarin.
Nous rentrons en Chine.

A l'heure fixée, nous nous éloignâmes de Samba. La caravane avait un aspect mélancolique et sombre Avec ses trois cadavres, elle ressemblait absolument à un convoi funèbre. Après trois jours de marche à travers des montagnes, où nous rencontrâmes, à l'ordinaire, du vent, de la neige et du froid, nous arrivâmes au poste de *Lithang* (1). Le gouvernement chinois y tient un magasin de vivres, et une garnison composée d'une centaine de soldats. Les Mandarins de Lithang sont : un Liang-Taï, un Cheou-Peï et deux Pa-Tsoung. Quelques minutes après notre arrivée, ces messieurs vinrent nous rendre visite. Avant toute chose, il fut longuement parlé de la maladie et de la mort de notre conducteur. Ensuite il fallut dire quelle était notre qualité, et à quel titre nous étions dans la caravane. Pour toute explication, nous exhibâmes une longue et large pancarte, munie du cachet et de la signature de l'ambas-

---

(1) Lithang veut dire plaine à cuivre.

sadeur Ki-Chan, et contenant les instructions qui avaient été données à Ly-Kouo-Ngan à notre sujet. — « C'est bien, c'est bien, nous dirent ces personnages ; la mort de Ly-Kouo-Ngan ne doit rien changer à votre position : vous serez bien traités partout où vous passerez. Jusqu'à ce jour vous avez toujours vécu en paix avec les gens de la caravane ; certainement la bonne harmonie durera jusqu'au bout. — Nous l'espérions bien ainsi. » Cependant, comme, vu la fragilité humaine, il pouvait s'élever en route des difficultés, surtout parmi les soldats chinois, nous désirions beaucoup avoir avec nous un Mandarin responsable. Nous en fîmes la demande, et on nous répondit que, des quatre Mandarins qui étaient à Lithang, aucun ne pouvait s'absenter pour nous conduire ; que nous pourrions bien aller tout doucement, comme cela, avec notre escorte thibétaine et chinoise, jusqu'aux frontières ; et que là on nous trouverait facilement un Mandarin pour nous conduire jusqu'à la capitale du Sse-Tchouen. — « Bon ! dîmes-nous, puisque vous ne pouvez pas nous donner un Mandarin, dans ce cas, nous allons voyager comme nous l'entendrons, et aller où il nous plaira. Nous ne répondons même pas de ne pas reprendre en sortant d'ici la route de Lha-Ssa. Vous voyez, que nous y allons franchement ; réfléchissez. » Nos quatre magistrats se levèrent, en disant qu'ils allaient délibérer sur cette importante affaire, et que dans la soirée nous aurions une réponse.

Pendant notre souper, un Pa-Tsoung, l'un des quatre Mandarins, se présenta en costume de cérémonie. Après les politesses d'usage, il nous annonça qu'il avait été désigné pour commander notre escorte jusqu'aux frontières ; que jamais, dans ses rêves d'ambition, il n'avait songé à l'honneur de conduire des gens de notre espèce ; qu'il était confus d'avoir, dès le premier jour, à nous demander une faveur : c'était celle de vouloir bien nous reposer pendant deux jours à Lithang, afin de réparer un peu nos forces, qui devaient être épuisées par une si longue et si pénible route... Nous comprîmes que notre homme avait besoin de deux jours pour terminer quelques affaires, et se disposer à un voyage qu'il n'avait pas prévu. — « Voilà, lui répondîmes-nous, que ton cœur est déjà plein de sollicitude pour nous ! Nous nous reposerons donc pendant deux jours, puisque tu trouves que ce sera bien ainsi... » Le pouvoir ayant été de nouveau constitué, notre dictature cessa. Mais nous crûmes nous apercevoir que cela plaisait fort peu à nos gens, qui eussent bien mieux aimé avoir affaire à nous qu'à un Mandarin.

La ville de Lithang est bâtie sur les flancs d'un coteau qui s'élève au milieu d'une place assez vaste, mais presque stérile. Il n'y vient qu'un peu d'orge grise, et quelques maigres herbes, qui servent de pâturages à de chétifs troupeaux de chèvres et d'yaks. Vue de loin, la ville a mine de quelque chose ; deux grandes lamaseries, richement peintes et dorées, qui sont construites tout à fait sur le sommet de la colline, lui donnent surtout un aspect imposant. Mais, quand on parcourt l'intérieur, on ne trouve que des rues laides, sales, étroites, et tellement inclinées, qu'il faut avoir les jambes bien façonnées aux routes des montagnes pour ne pas perdre l'équilibre à chaque pas.

En deçà du grand fleuve à sable d'or, on remarque, parmi les tribus qu'on rencontre, une assez notable modification dans les mœurs, le costume et le langage même. On voit qu'on n'est plus dans le Thibet proprement dit. A mesure qu'on se rapproche des frontières de la Chine, les indigènes ont moins de fierté et de rudesse dans le caractère ; on les trouve déjà un peu cupides, flatteurs et rusés ; leur foi religieuse n'est plus même ni si vive ni si franche. Quant au langage, ce n'est plus le thibétain pur qui se parle à Lha-Ssa et dans la province de Kham : c'est un dialecte qui tient beaucoup de l'idiome des *Si-Fan*, et où l'on remarque plusieurs expressions chinoises. Les Thibétains de Lha-Ssa qui nous accompagnaient avaient toutes les peines du monde à comprendre et à être compris. Le costume ne varie en général que dans la coiffure. Les hommes portent un chapeau de feutre gris ou brun, ressemblant assez à nos chapeaux de feutre, lorsqu'ils sortent du fouloir, et qu'ils n'ont pas encore été arrondis sur la forme. Les femmes fabriquent avec leurs cheveux une foule innombrable de petites tresses qu'elles laissent flotter sur leurs épaules. Elles appliquent ensuite sur leur tête une grande plaque en argent, assez semblable à une assiette. Les plus élégantes en mettent deux, une de chaque côté, de façon que les deux extrémités aillent se rencontrer au-dessus de la tête. Le précepte de se barbouiller la figure en noir n'existe pas pour les femmes de Lithang. Ce genre de toilette n'est en vigueur que dans les pays qui sont temporellement soumis au Talé-Lama.

La plus importante des lamaseries de Lithang possède une grande imprimerie pour les livres bouddhiques. C'est là qu'aux jours de fête, les Lamas des contrées voisines vont s'approvisionner. Lithang fait encore un assez grand commerce de poudre d'or, de chapelets à grains noirs, et d'écuelles fabriquées avec des racines de vignes et de buis.

Au moment où nous sortîmes de Lithang, la garnison chinoise se trouva sous les armes, pour rendre les honneurs militaires à Ly-Kouo-Ngan. On n'en fit ni plus ni moins que s'il eût été en vie. Quand le cercueil passa, tous les soldats fléchirent le genou et s'écrièrent : « Au Tou-Sse, *Ly-Kouo-Ngan*, la chétive garnison de Lithang, salut et prospérité... » Le petit Mandarin, à globule blanc, qui était devenu notre conducteur, rendit le salut à la garnison au nom du défunt. Ce nouveau chef de la caravane était un Chinois d'origine musulmane. On ne trouvait dans toute sa personne rien qui parût tenir le moins du monde du beau type de ses ancêtres : son corps mince et rabougri, sa figure pointue et goguenarde, sa voix de fausset, son étourderie, tout contribuait à lui donner la tournure d'un petit garçon de boutique, mais pas du tout celle d'un Mandarin militaire. Il était prodigieux en fait de bavardage. Le premier jour, il nous amusa assez ; mais il ne tarda pas à nous être à charge. Il se croyait obligé, en sa qualité de musulman, de nous parler à tout propos de l'Arabie et de ses chevaux qui se vendent leur pesant d'or, de Mahomet et de son fameux sabre qui coupait les métaux, de la Mecque et de ses remparts en bronze.

Depuis Lithang jusqu'à *Ta-Tsien-Lou*, ville frontière de Chine, on ne compte que six cents lis, qui se divisent en huit étapes. Nous trouvâmes la fin de cette affreuse route du Thibet, en tout semblable à son milieu et à son commencement. Nous avions beau franchir des montagnes, nous en trouvions toujours de nouvelles devant nous : montagnes toujours d'un aspect menaçant, toujours couvertes de neiges et semées de précipices. La température n'avait pas subi non plus un changement sensible. Il nous semblait que, depuis notre départ de Lha-Ssa, nous ne faisions que nous mouvoir dans un même cercle. Cependant, à mesure que nous avancions, les villages devenaient plus fréquents, sans pouvoir rien perdre de leur style thibétain. Le plus important de ces villages est *Makian-Dsoung*, où quelques marchands chinois tiennent des magasins pour approvisionner les caravanes. A une journée de Makian-Dsoung, on passe en bateau le *Ya-Loung-Kiang*, rivière large et rapide. Sa source est aux pieds des monts Bayen-Kharat, tout près de celle du fleuve Jaune. Elle se réunit au Kin-Cha-Kiang, dans la province du Sse-Tchouen. D'après les traditions du pays, les bords du Ya-Loung-Kiang auraient été le premier berceau de la nation thibétaine.

Pendant que nous passions le Ya-Loung-Kiang en bateau, un berger traversait la même rivière sur un pont uniquement composé d'un gros câble en peau d'yak, fortement tendu d'un bord à l'autre. Une espèce d'étrier en bois était suspendu, par une solide lanière, à une poulie mobile sur le câble. Le berger n'eut qu'à se placer à la renverse sous ce pont étrange, en appuyant les pieds sur l'étrier, et en se cramponnant au câble de ses deux mains ; ensuite il tira le câble par petits coups ; et le poids du corps faisant avancer la poulie, il arriva de l'autre côté en peu de temps. Ces ponts sont assez répandus dans le Thibet ; ils sont très commodes pour traverser les torrents et les précipices, mais il faut être habitué à s'en servir. Nous n'avons jamais osé nous y aventurer. Les ponts en chaînes de fer sont aussi très en usage, surtout dans les provinces d'Oueï et de Dzang. Pour les construire, on fixe sur les deux bords de la rivière autant de crampons en fer qu'on veut tendre de chaînes ; on place ensuite sur les chaînes des planches qu'on recouvre quelquefois d'une couche de terre. Comme ces ponts sont extrêmement élastiques, on a le soin de les garnir de garde-fous.

Enfin nous arrivâmes sains et saufs aux frontières de la Chine, où le climat du Thibet nous fit de bien froids adieux. En traversant la montagne qui précède la ville de *Ta-Tsien-Lou*, nous fûmes presque ensevelis sous la neige, tant elle tombait épaisse et abondante. Elle nous accompagna jusque dans la vallée où est bâtie la ville chinoise qui nous reçut avec une pluie battante. C'était dans les premiers jours du mois de juin 1846. Il y avait près de trois mois que nous étions partis de Lha-Ssa; d'après l'*Itinéraire chinois*, nous avions parcouru cinq mille cinquante lis.

Nous nous reposâmes trois jours à Ta-Tsien-Lou. Pendant ce temps, nous eûmes à nous quereller plusieurs fois par jour avec le principal Mandarin du lieu, qui ne voulait pas consentir à nous faire continuer notre route en palanquin. Il dut pourtant en passer par là; car nous ne pouvions pas même supporter l'idée d'aller encore à cheval. Nos jambes avaient enfourché tant de chevaux de tout âge, de toute grandeur, de toute couleur et de toute qualité, qu'elles n'en voulaient plus; elles aspiraient irrésistiblement à s'étendre en paix dans un palanquin. Cela leur fut accordé, grâce à la persévérance et à l'énergie de nos réclamations.

L'escorte thibétaine, qui nous avait accompagnés si fidèlement pendant cette longue et pénible route, faisait, de son côté, ses préparatifs pour retourner à Lha-Ssa. Nous remîmes au Lama Dchiamdchang une lettre pour le Régent, dans laquelle nous le remerciâmes de nous avoir donné une escorte si dévouée, et qui n'avait cessé de nous faire souvenir, tous les jours de notre voyage, des bons traitements que nous avions reçus à Lha-Ssa. En nous séparant de ces bons Thibétains, nous ne pûmes nous empêcher de verser des larmes; car insensiblement, et comme à notre insu, il s'était formé entre nous des liens qu'il était bien pénible de rompre. Le Lama Dchiamdchang nous dit, en secret, qu'il était chargé de nous rappeler, au moment de nous quitter, la promesse que nous avions faite au Régent. Il nous demanda si l'on pouvait compter de nous revoir à Lha-Ssa. — Nous lui répondîmes que oui ; car à cette époque nous étions bien loin de prévoir de quelle nature seraient les obstacles qui s'opposeraient à notre rentrée dans le Thibet.

Le lendemain, à l'aube du jour, nous entrâmes dans nos palanquins, et nous fûmes portés aux frais du trésor public, jusqu'à la capitale de la province du Sse-Tchouen où, par ordre de l'Empereur, nous devions subir un jugement solennel par devant les grands Mandarins du Céleste Empire.

P.-S. — Notre rentrée en Chine, pour retourner dans notre Mission de la Tartarie mongole, nous force de laisser inachevé le travail que nous avions entrepris... Il nous resterait encore à parler de nos relations avec les tribunaux et les Mandarins chinois, à jeter un coup d'œil sur les provinces que nous avons parcourues, et à les comparer avec celles que nous avons eu occasion de visiter durant nos voyages antérieurs dans le Céleste Empire. Cette lacune, nous essaierons de la remplir, dans les heures de délassement que nous pourrons trouver au milieu des travaux du saint ministère. Peut-être serons-nous en mesure de donner quelques notions exactes sur un pays, dont, à aucune époque, sans contredit, on n'a eu des idées aussi erronées que de nos jours.

FIN DU TOME DEUXIÈME.

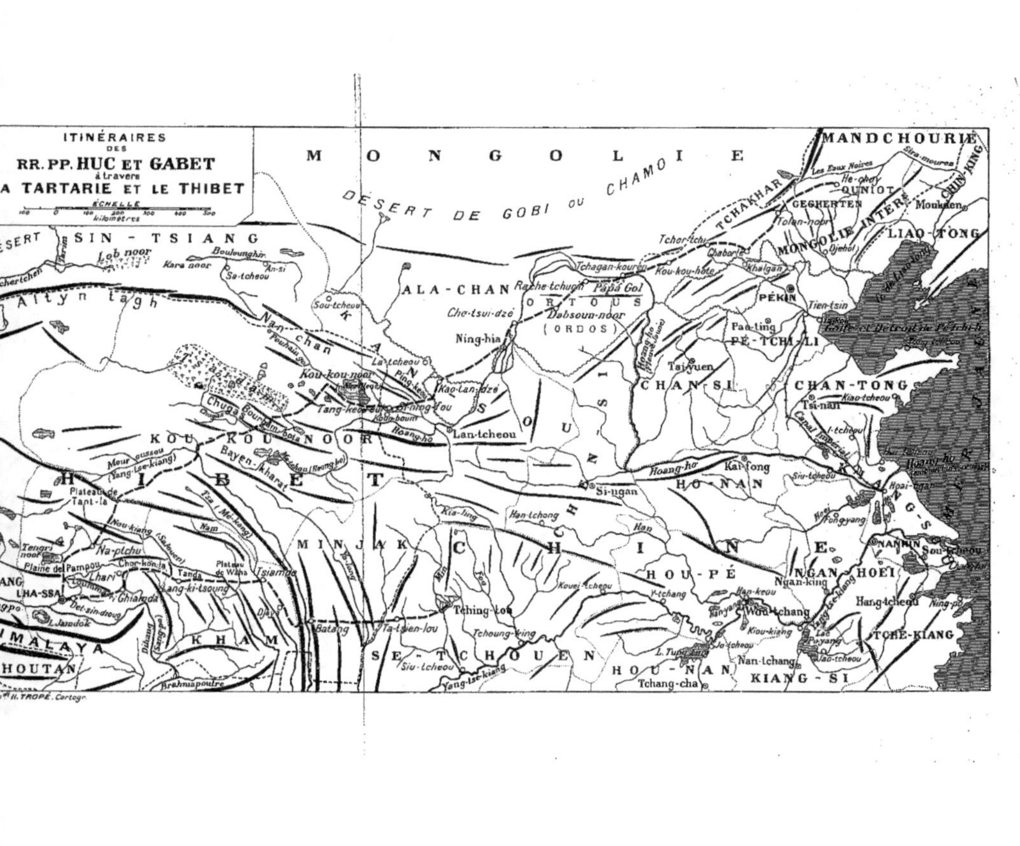

ITINÉRAIRES
DES
RR. PP. HUC ET GABET
à travers
LA TARTARIE ET LE THIBET
ÉCHELLE
kilomètres
MONGOLIE
DÉSERT DE GOBI ou CHAMOIE
MANDCHOURIE
CHIN-KING
TCHAKHAR
MONGOLIE INTER⁵
LIAO-TONG
QUNIOT
GEGHERTEN
Moukden
Ojehol
Tolon-nopr
Tchagan-kouren
Kou-kou-hote
Tcher-tchy
Chaborle
Tchalgan
Les Eaux Noires
He-chuy
Sira-mouren
DÉSERT
SIN - TSIANG
Tchertchen
Lob noor
Kara noor
Bouleunghir
An-si
Sa-tcheou
Altyn tagh
Tarim
ALA-CHAN
Rache-tchuen
Papa Gol
ORTOUS
(ORDOS)
Cho-tsui-dzé
Dabsoun-noor
Sou-tcheou
Nan-chan
Ning-hia
PÉKIN
Tien-tsin
PÉ-TCHA-LI
Pao-ting
Hoang-ho
Tai-yuen
CHAN-SI
CHAN-TONG
Tsi-nan
Kiao-tcheou
Golfe et Détroit de Petchili
Kou-kou-noor
La-tcheou
Ping-fou
Kiao-lan-dzé
Si-ning-fou
Kou-boum
Kian-tcheou
Lan-tcheou
Hoang-ho
Tang-keou
Tang-keou
Peuhou
Mou-Requia
SOU-
SI
Chuga
Bourkan-bota
KOU - KOU - NOOR
Mour-oussou
(Yang-tse-kiang)
Bayen-kharat
HOANG-HO
Kai-fong
Siu-tcheou
HO-NAN
Hoai-ngan
Hoang-ho
THIBET
Plateau de
Tant-la
Tsa (Mé-kong)
Nou-kiang
Nam
MINJAK
CHINE
Si-ngan
Kia-ling
Han-tchong
Han
NANKIN
Sou-tcheou
Tengri
noor
Na-ptchu
Plaine de Pampou
Chor-kou-la
Tanda
Tsiamdo
Plateau
de Wama
Yang-ki-tsoung
Kouei-tcheou
HOU-PÉ
Ngan-king
NGAN-HOEI
Hang-tcheou
Ning-po
TCHE-KIANG
SANG
LHA-SSA
Tsangpo
Dzi-koumboum
L. Chiamdo
Y-tchang
Han-keou
Han-yang
Wou-tchang
Yo-tcheou
Lac
Tong-yang
L. Poyang
HIMALAYA
BHOUTAN
KHAM
Brahmapoutre
SE-TCHOUEN
Siu-tcheou
Yang-tse-kiang
HOU-NAN
Nan-tchang
Liao-tcheou
KIANG-SI
Tchang-cha
Batang
Ta-tsien-lou
Tching-Lou
Tchoung-king
Djali
Imp⁵ H. TROPÉ. Cartogr.

TABLE DES MATIÈRES

CHAPITRE IX

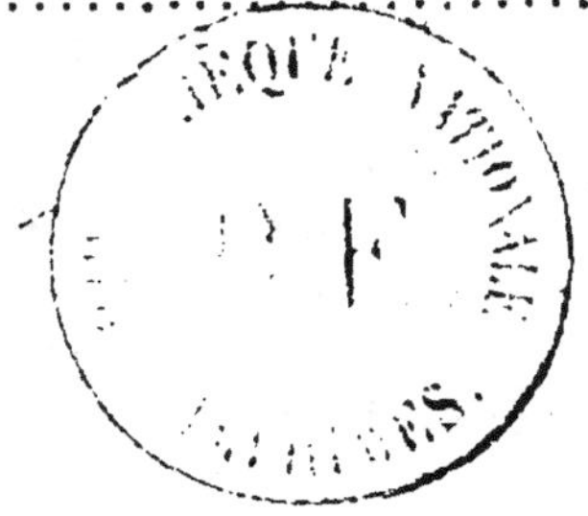

PARIS

TYPOGRAPHIE PLON-NOURRIT ET Cie

8, rue Garancière

DERNIÈRES PUBLICATIONS

Germaine ACREMANT
La Sarrasine, *roman.*

Gabriel d'AUBARÈDE
Le Jeune homme puéril, *roman.*

A. AUGUSTIN-THIERRY
La princesse Belgiojoso.

Jean BALDE
Le Goéland, *roman.*

Florence L. BARCLAY
* L'Auréole brisée, *roman.*

Maurice BARRÈS
L'Appel au soldat. 2 *vol.*

René BENJAMIN
La Prodigieuse vie d'Honoré de Balzac.

Georges BERNANOS
Sous le soleil de Satan, *roman.*

Henry BORDEAUX
Les Jeux dangereux, *roman.*

Paul BOURGET
Le Danseur mondain, *roman.*

Paul BOURGET — Gérard d'HOU-VILLE — Henri DUVERNOIS — Pierre BENOIT.
Le Roman des Quatre. Micheline et l'Amour, *roman.*

Jean-Marie CARRÉ
La Vie aventureuse de Jean-Arthur Rimbaud.

Jean CARRÈRE
La Fin d'Atlantis, *roman.*

Henriette CELARIÉ
*Le Dragon des Hespérides.

Gaston CHÉRAU
Le Vent du destin, *nouvelles.*

Georges CLEMENCEAU
Démosthène.

Jean DUFOURT
Calixte ou l'introduction à la vie lyonnaise, *roman.*

Ellen FOREST
Yuki-San, *roman.*

Julien GREEN
Mont-Cinère, *roman.*

Paule HENRY-BORDEAUX
La Sorcière de Djoun.

Emile HENRIOT
L'Enfant perdu, *roman.*

René JOUGLET
Le Bal des Ardents.

James JOYCE
Gens de Dublin, *nouvelles.*

Pierre de LA GORCE
La Restauration. Louis XVIII.

Louis LATZARUS
La Vie paresseuse de Rivarol.

LONGWORTH CHAMBRUN
Shakespeare acteur — poète.

Jaime MIR
Mémoires d'un condamné à mort.

W. MONTGOMERY Mac GOVERN
Mon Voyage secret à Lhassa.

Général H. MORDACQ
La Mentalité allemande.

Pierre NOTHOMB
Le Lion ailé, *roman.*

Ferdinand OSSENDOWSKI
De la présidence à la prison.

Maurice PALÉOLOGUE
Un grand réaliste — Cavour.

Raymond POINCARÉ
Au service de la France, *souvenirs.* 3 *vol.*

Elissa RHAIS
Le Mariage de Hanifa, *roman.*

Jacques RIVIÈRE—Paul CLAUDEL
Correspondance (1907-1914).

Isabelle SANDY
Llivia ou les Cœurs tragiques, *roman.*

Charles SILVESTRE
*Prodige du cœur, *roman.*

Antone TCHÉKHOV
Récit d'un inconnu, *nouvelles.*

J. et J. THARAUD
Notre cher Péguy. 2 *vol.*

Pierre VARILLON
La Fausse route.

Jean VIOLLIS
*L'Oiseau bleu s'est endormi, *roman.*

PARIS. — TYP. PLON-NOURRIT ET Cie, 8, RUE GARANCIÈRE — 33583-I-15.